铁路运输企业收入管理

主　编　王明轩　郑传义

主　审　祝祖强

编　委　（以姓氏笔画为序）

于子元　马宏图　王晓梅

王道新　李　生　李景峰

黄　勇

西南交通大学出版社

·成　都·

图书在版编目（CIP）数据

铁路运输企业收入管理 / 王明轩，郑传义主编. —成都：西南交通大学出版社，2009.8（2024.8 重印）
ISBN 978-7-5643-0382-2

Ⅰ. 铁… Ⅱ. ①王… ②郑… Ⅲ. 铁路运输－工业企业－财务管理 Ⅳ. F530.68

中国版本图书馆 CIP 数据核字（2009）第 146891 号

铁路运输企业收入管理
主编　王明轩　郑传义

责任编辑	刘婷婷
封面设计	墨创文化
出版发行	西南交通大学出版社 （四川省成都市二环路北一段 111 号 西南交通大学创新大厦 21 楼）
营销部电话	028-87600564　87600533
邮　　编	610031
网　　址	http://www.xnjdcbs.com
印　　刷	四川森林印务有限责任公司
成品尺寸	170 mm×230 mm
印　　张	19.875
字　　数	357 千字
版　　次	2009 年 8 月第 1 版
印　　次	2024 年 8 月第 8 次
书　　号	ISBN 978-7-5643-0382-2
定　　价	49.80 元

前　言

铁路运输企业收入管理是铁路运输企业财务管理工作的重要方面。由于生产经营的特殊性，铁路运输企业的收入管理工作也有其自身的特点，本书围绕收入的一般属性，结合铁路运输企业实际，对客货运输收入的计算、运输收入预算管理、运输收入进款管理、客货运输票据管理、运输收入进款会计核算、运输收入监督检查等铁路运输企业收入管理的各个环节进行了全面、系统、详细的介绍。

本书在编写过程中，参考了大量铁道部有关铁路运输企业收入管理方面的规章制度，以及沈阳铁路局有关铁路运输企业收入管理方面的细则、办法等，目的是增强本书的实用性。

本书由吉林铁道职业技术学院王明轩、沈阳铁路局收入稽查处郑传义任主编，北京交通大学祝祖强任主审，参编人员包括吉林铁道职业技术学院于子元、王晓梅、李生、李景峰、黄勇，沈阳铁路局收入稽查处马宏图、王道新。编写过程中得到了沈阳铁路局收入稽查处和财务处，以及吉林车务段收入科有关业务人员的大力支持，在此表示由衷的谢意！

由于编者水平有限，加之时间仓促，疏漏之处敬请批评指正。

编　者

2009 年 6 月

目　录

第一章　绪　论

铁路运输企业是指在中华人民共和国境内办理铁路客货运输业务的所有企业。与其他经济组织一样，铁路运输企业在生产经营活动中，需要人力、物力、财力等方面的投入，并通过完成客货运输任务后，从旅客和货主那里获取收入加以补偿。由于铁路运输企业在生产经营上具有特殊性，因此在其收入的管理方面，既具有与其他企业相同之处，又有其自身的特点。本章从收入的一般属性、收入的确认与计量，以及铁路运输企业收入的特殊性进行介绍。

第一节　收入概述

收入的一般属性以及收入的确认与计量，是通过《企业会计准则—— 收入》加以规范的。

一、收入的概念与分类

收入是指企业在日常活动中形成的、会导致所有者权益增加的、与所有者投入资本无关的经济利益的总流入。其中“日常活动”，是指企业为完成其经营目标所从事的经常性活动以及与之相关的活动。

收入可以有不同的分类。按照企业从事日常活动的性质，可以将收入分为销售商品收入、提供劳务收入、让渡资产使用权收入、建造合同收入等。

（1）销售商品收入，是指企业通过销售商品实现的收入，如工业企业制造并销售产品、商业企业销售商品等实现的收入。

（2）提供劳务收入，是指企业通过提供劳务实现的收入，如咨询公司提供咨询服务、软件开发企业为客户开发软件、安装公司提供安装服务、铁路运输企业提供客货运输服务等实现的收入。

（3）让渡资产使用权收入，是指企业通过让渡资产使用权实现的收入，如商业银行对外贷款、租赁公司出租资产等实现的收入。

（4）建造合同收入，是指企业承担建造合同所形成的收入，按照企业从事日常活动在企业的重要性，可以将收入分为主营业务收入、其他业务收入等。

①主营业务收入是指企业为完成其经营目标所从事的经常性活动实现的收入，如工业企业生产并销售产品、商业企业销售商品、铁路运输企业提供客货运输服务、咨询公司提供咨询服务、软件公司为客户开发软件、安装公司提供安装服务、商业银行对外贷款、保险公司签发保单、租赁公司出租资产等实现的收入；②其他业务收入是指与企业为完成其经营目标所从事的经常性活动相关的活动形成的收入，如工业企业对外出售不需用的原材料，利用闲置资金对外投资，对外转让无形资产使用权等。

企业发生的既不属于经常性活动也不属于与经常性活动相关的其他活动，如工业企业处置固定资产、无形资产等形成的经济利益的总流入不构成收入，应当确认为营业外收入。

二、收入的确认与计量

企业收入的来源渠道多种多样，不同收入来源的特征有所不同，确认条件也往往存在差异，如销售商品、提供劳务、让渡资产使用权等。基本准则规定了收入的确认至少应当符合以下3个条件：一是与收入相关的经济利益很可能流入企业；二是经济利益流入企业的结果会导致资产的增加或者负债的减少；三是经济利益的流入额能够可靠计量。

（一）商品销售收入的确认与计量

商品包括企业为销售而生产的产品和为转售而购进的商品，如工业企业生产的产品、商业企业购进的商品等。企业销售的其他存货，如原材料、包装物等，也视同企业的商品。

销售商品收入同时满足下列条件的，才能予以确认：

1. 企业已将商品所有权上的主要风险和报酬转移给购货方

企业已将商品所有权上的主要风险和报酬转移给购货方，是指与商品所有权有关的主要风险和报酬同时转移给了购货方。其中，与商品所有权有关的风险，是指商品可能发生减值或毁损等形成的损失；与商品所有权有关的报酬，是指商品价值增值或通过使用商品等产生的经济利益。

判断企业是否已将商品所有权上的主要风险和报酬转移给购货方，应当关注交易的实质而不是形式，同时考虑所有权凭证的转移或实物的交付。如果与商品所有权有关的任何损失均不需要销货方承担，与商品所有权有关的任何经济利益也不归销货方所有，就意味着商品所有权上的主要风险和报酬转移给了购货方。

2. 企业既没有保留通常与所有权相联系的继续管理权，也没有对已售出的商品实施有效控制

通常情况下，企业售出商品后不再保留与商品所有权相联系的继续管理权，

也不再对售出商品实施有效的控制，商品所有权上的主要风险和报酬已经转移给购货方，应在发出商品时确认收入。

3. 收入的金额能够可靠地计量

收入的金额能够可靠地计量，是指收入的金额能够合理地估计。如果收入的金额不能够合理估计，就无法确认收入。企业在销售商品时，商品销售价格通常已经确定。但是，由于销售商品过程中某些不确定因素的影响，也有可能存在商品销售价格发生变动的情况。在这种情况下，新的商品销售价格未确定前通常不应确认销售商品收入。企业通常应按从购货方已收或应收的合同或协议价款确定收入金额；合同或协议价款延期收取具有融资性质时，企业应按应收的合同或协议价款的公允价值确定收入金额；已收或应收的价款不公允的，企业应按公允的交易价格确定收入金额。

4. 相关的经济利益很可能流入企业

相关的经济利益很可能流入企业，是指销售商品价款收回的可能性大于不能收回的可能性，即销售商品价款收回的可能性超过50%。企业在确定销售商品价款收回的可能性时，应当结合以前和买方交往的直接经验、政府有关政策、其他方面取得的信息等因素进行分析。企业销售的商品符合合同或协议要求，已将发票账单交付买方，买方承诺付款，通常表明满足本确认条件（相关的经济利益很可能流入企业）。如果企业判断销售商品收入满足确认条件确认了一笔应收债权，以后由于购货方资金周转困难无法收回该债权时，不应调整原确认的收入，而应对该债权计提坏账准备、确认坏账损失。如果企业根据以前与买方交往的直接经验判断买方信誉较差，或销售时得知买方在另一项交易中发生了巨额亏损，资金周转十分困难，或在出口商品时不能肯定进口企业所在国政府是否允许将款项汇出等，就可能会出现与销售商品相关的经济利益不能流入企业的情况，不应确认收入。

5. 相关的已发生或将发生的成本能够可靠地计量

通常情况下，与销售商品相关的已发生或将发生的成本能够合理地估计，如库存商品的成本、商品运输费用等。如果库存商品是本企业生产的，其生产成本能够可靠计量；如果是外购的，购买成本能够可靠计量。有时，与销售商品相关的已发生或将发生的成本不能够合理地估计，此时企业不应确认收入，已收到的价款应确认为负债。

企业销售商品满足收入确认条件时，应当按照已收或应收合同或协议价款的公允价值确定销售商品收入金额。

从购货方已收或应收的合同或协议价款，通常作为公允价值。某些情况下，合同或协议明确规定销售商品需要延期收取价款，如分期收款销售商品，实质上具有融资性质的，应当按照应收的合同或协议价款的现值确定其公允价值。应收的合同或协议价款与其公允价值之间的差额，应当在合同或协议期间内，按照应收款项的摊余成本和实际利率计算确定的摊销金额，冲减财务费用。

三、提供劳务收入的确认与计量

（一）提供劳务交易的结果能够可靠估计

企业在资产负债表日提供劳务交易的结果能够可靠估计的，应当采用完工百分比法确认提供劳务收入。完工百分比法，是指按照提供劳务交易的完工进度确认收入与费用的方法。

提供劳务交易的结果能够可靠估计，是指同时满足下列条件：

(1) 收入的金额能够可靠地计量，是指提供劳务收入的总额能够合理地估计。通常情况下，企业应当按照从接受劳务方已收或应收的合同或协议价款确定提供劳务收入总额。随着劳务的不断提供，可能会根据实际情况增加或减少已收或应收的合同或协议价款，此时，企业应及时调整提供劳务收入总额。

(2) 相关的经济利益很可能流入企业，是指提供劳务收入总额收回的可能性大于不能收回的可能性。企业在确定提供劳务收入总额能否收回时，应当结合接受劳务方的信誉、以前的经验以及双方就结算方式和期限达成的合同或协议条款等因素，综合进行判断。

企业在确定提供劳务收入总额收回的可能性时，应当进行定性分析。如果确定提供劳务收入总额收回的可能性大于不能收回的可能性，即可认为提供劳务收入总额很可能流入企业。通常情况下，企业提供的劳务符合合同或协议要求，接受劳务方承诺付款，就表明提供劳务收入总额收回的可能性大于不能收回的可能性。如果企业判断提供劳务收入总额不是很可能流入企业，应当提供确凿证据。

(3) 交易的完工进度能够可靠确定，是指交易的完工进度能够合理地估计。

(4) 交易中已发生和将发生的成本能够可靠地计量，是指交易中已经发生和将要发生的成本能够合理地估计。企业应当建立完善的内部成本核算制度和有效的内部财务预算及报告制度，准确地提供每期发生的成本，并对完成剩余劳务将要发生的成本作出科学、合理地估计。同时应随着劳务的不断提供或外部情况的不断变化，随时对将要发生的成本进行修订。

企业应当按照从接受劳务方已收或应收的合同或协议价款确定提供劳务收入总额，但已收或应收的合同或协议价款不公允的除外。

（二）提供劳务交易的结果不能可靠估计

企业在资产负债表日提供劳务交易结果不能够可靠估计，即不能满足上述四个条件中的任何一条时，企业不能采用完工百分比法确认提供劳务收入。此时，企业应正确预计已经发生的劳务成本能够得到补偿和不能得到补偿，分别进行会计处理：① 已经发生的劳务成本预计全部能够得到补偿的，应按已收或预计能够收回的金额确认提供劳务收入，并结转已经发生的劳务成本。② 已经发生的劳务成本预计部分能够得到补偿的，应按能够得到补偿的劳务成本金额确认提供劳务收入，并结转已经发生的劳务成本。③ 已经发生的劳务成本预计全部不能得到补偿的，应将已经发生的劳务成本计入当期损益，不确认提供劳务收入。

（三）同时销售商品和提供劳务交易

企业与其他企业签订的合同或协议，有时既包括销售的商品又包括提供的劳务，如销售电梯的同时负责安装工作、销售软件后继续提供技术支持、设计产品的同时负责生产产品等。此时，如果销售商品部分和提供劳务部分能够区分且能够单独计量，企业应当分别核算销售商品部分和提供劳务部分，并将销售商品的部分作为销售商品处理，将提供劳务的部分作为提供劳务处理；如果销售商品部分和提供劳务部分不能够区分，或虽能区分但不能够单独计量，企业应当将销售商品部分和提供劳务部分全部作为销售商品部分进行会计处理。

四、让渡资产使用权收入的确认与计量

让渡资产使用权收入主要包括：① 利息收入，主要是指金融企业对外贷款形成的利息收入，以及同行业之间发生往来形成的利息收入等。② 使用费收入，主要是指企业转让无形资产（如商标权、专利权、专营权、软件、版权）等资产的使用权形成的使用费收入。

企业对外出租资产收取的租金、进行债权投资收取的利息、进行股权投资取得的现金股利，也构成让渡资产使用权收入，有关的确认与计量方面的要求，应依据租赁、金融工具确认和计量、长期股权投资等准则的相关规定进行。

让渡资产使用权收入同时满足下列条件的，才能予以确认：① 相关的经济利益很可能流入企业；② 收入的金额能够可靠地计量。

企业应当分下列情况确定让渡资产使用权收入金额：① 利息收入金额，按照他人使用本企业货币资金的时间和实际利率计算确定；② 使用费收入金额，按照有关合同或协议约定的收费时间和方法计算确定。

第二节 铁路运输收入概述

一、铁路运输收入的概念及分类

铁路运输收入，是指铁路运输企业在办理客货运输业务和辅助作业中，向旅客、托运人、收货人核收的票款、运费、杂费等运输费用的总称。

铁路运输收入实质是铁路运输企业运输产品的销售收入，用以补偿铁路运输企业生产过程中的耗费，亦是铁路运输企业维持生产和自我发展所需资金的主要来源。

铁路运输收入分为客运收入、货运收入、铁路建设基金、代收款。

（1）客运收入，是指铁路运输企业在办理旅客运输业务和辅助作业中，使用铁路运输票据，按规定向旅客、托运人、收货人核收的票款、运费、杂费。

（2）货运收入，是指铁路运输企业在办理货物运输业务和辅助作业中，使用铁路运输票据，按规定向托运人、收货人核收的运费、杂费。

（3）铁路建设基金，是指铁路运输企业在办理货物运输业务过程中，使用铁路运输票据，按规定向托运人、收货人核收的经国家批准征收的铁路建设基金。

（4）代收款，是指铁路运输企业在办理旅客、货物运输业务和辅助作业中，使用铁路运输票据或其他专用票据，按规定向旅客、托运人、收货人核收的费用。代收款具体包括：① 国际联运应清算给外国铁路的旅客票价收入，行李、包裹、货物运杂费；内地与香港直通运输中应清算给有关铁路方的旅客票价收入，行李、包裹、货物运杂费。② 装卸费及其他作业费。③ 旅客、托运人、收货人预付款。④ 经铁道部批准的其他代收款。

二、铁路运输收入的确认与计量

上述构成铁路运输收入的各个内容项目，其性质是不同的。从是否能够为企业带来经济利益流入这一角度考察，“铁路建设基金”是经国务院批准征收的专门用于铁路建设的政府性基金，主要用于铁路建设项目以及与建设项目有关的支出，具有特定的用途，属于专项资金；“代收款”顾名思义，属于代其他主体收取的款项。这两项实际上均不能作为铁路运输企业的营业收入加以确认，需要按收入准则加以确认的铁路运输收入是指其中的客运收入和货运收入。

由于铁路运输费用具体核收方式的不同，以及铁路运输收入性质和管理方式的特殊性，铁路运输收入应按以下原则进行确认与计量：

（1）旅客和货物（含行包）运输，无论是否收讫价款，都应当在售出车票或办理承运手续并出具运输票据后确认收入。

这是针对铁路旅客运输存在预售客票、发售定期票（如月票）的情况，以及铁路货物（含行包）运输存在预付运费的情况提出的。出现上述情况时，售出车票或办理承运手续并出具运输票据，与实际完成运输任务，在时间上会不一致，此时应以前一个时间作为客货运输收入确认的时点。

（2）对先运输后办理手续的军事运输和政府指令性运输等特殊运输业务，应当以实际运输后的后付票据确认收入。

这两种运输在实际工作中均采取后付费用的方式，因此，其收入的确认应以取得相应的票据为依据。

（3）两个及两个以上企业联合完成的运输业务，以及企业之间互相提供相关服务，按照国务院铁路主管部门（目前即为铁道部，以下称铁道部）制定的收入清算办法或联合运输合同、协议，根据全国铁路运输收入清算机构出具的收入结算凭证，或者企业间互相认定的结算金额，确认各自的收入。

如果一项运输业务是由两个或两个以上的独立核算的铁路运输企业共同完成的，那么，由发送旅客和货物的铁路运输企业收取的票款、运费、杂费等，就应按铁道部制定的收入清算办法或联合运输合同、协议，在相关铁路运输企业之间进行分配，作为各铁路运输企业的营业收入加以确认；对于各企业之间互相提供相关服务，也应按铁道部的相关规定进行清算。

三、铁路运输进款清算

由于铁路运输具有网络特性，大量运输业务需要各个铁路运输企业联合完成，因而，企业在办理客货运输业务过程中应向旅客、托运人或收货人等核收的各项费用，即铁路运输进款，不能直接作为本企业的营业收入。应先在本企业归集，再按铁道部制定的相关清算办法进行清算，属于本企业的部分才能确认为本企业的营业收入。

目前，铁路运输进款清算的总体思路是：收入来自市场，旅客运输、专业运输承运结算，普通货运分段计算，提供服务相互清算。具体可以分为以下几种情况：

（1）与旅客列车运行直接相关的客运进款原则上作为列车担当企业的客运营业收入，其余客运进款作为收款企业的客运营业收入。行包专列、行邮专列、集装箱专列、特货专列比照旅客列车办理。

(2)专业运输全程与专业运输直接相关的进款作为专业运输公司的营业收入。

（3）普通货物运输，在不同铁路类型的企业主体之间，按“分段计算”进行清算，在铁路运输企业之间按“管直”清算，即管内货运进款全部归已，直通货运按运行、发送、到达分别清算。运行收入按周转量和统一单价清算，发送收入按照直通发送收入和统一的直通货运发送清算比率清算，到达收入按直通到达吨和统一的直通货运到达清算单价进行清算。

(4) 不同运输主体之间提供的服务全部要相互清算。线路使用费也作为相关服务的一个项目，由列车担当（或者组织开行的）企业向线路所属企业付费。

铁路运输企业的进款清算，包括客运进款清算、普通货运进款清算、专业运输进款清算、其他运输进款清算和提供服务收入清算五部分。

（一）客运进款清算

铁路运输企业客运进款清算的内容，包括客票进款、行包专列运费进款、列车补票进款，与列车有关的客运其他进款以及客票发展金。

1. 客票进款的清算

客票进款包括：旅客票价进款、卧铺订票费进款、车站候车室空调费进款。

(1) 旅客票价进款，包括基本票价进款和各种浮动票价进款。

执行国家铁路统一票价的旅客票价进款，包括基本票价进款、季节浮动票价进款和各种高等级列车（豪华列车、旅游列车等）在基本票价基础上的上浮票价进款，全部清算给列车担当企业（包括在本企业担当的旅客列车上加挂的外企业客车取得的上述票价进款），作为其客运营业收入中的客票收入。

进入或通过合资铁路、股份制铁路、地方铁路及临管线实行分段计费高于上述国家铁路运价部分的票价进款，全部清算给线路所属企业，作为其客运营业收入中的浮动票价收入。

(2) 卧铺订票费进款，70% 部分清算给列车担当企业（包括在本企业担当的旅客列车上加挂的外企业客车取得的卧铺订票费进款），纳入其客运营业收入中的客票收入；30% 部分清算给车票发售企业，纳入其客运营业收入中的客运其他收入。

车站候车室空调费进款，全部集中汇缴铁道部统筹分配。铁道部每年按定额的办法增加铁路运输企业的营业收入，作为专项收入清算。

2. 行包专列运费进款的清算

行包专列运费进款，原则上全部清算给组织列车开行的企业，作为其客运营业收入中的行包专列收入。但是，其中外企业加挂车辆所取得的进款清算给车辆加挂企业，作为其客运营业收入中的行包专列收入。

3. 列车补票进款的清算

列车补票进款，全部清算给列车担当企业，作为其客运营业收入中的列车补票收入。

4. 与列车有关的客运其他进款以及客票发展金的清算

与列车有关的客运其他进款，全部清算给收款企业，作为其客运营业收入中的客运其他收入。

客票发展金，全部清算给车票发售企业，作为其客运营业收入中的客票发展金收入。

（二）普通货运进款的清算

铁路运输企业普通货运进款清算的内容，包括货物运费进款、电气化附加费、货车中转技术作业费等，但这里仅指普通货物的整车、零担运输部分，不包括集装箱、特种货物运输的部分。

1. 普通货物运费进款的清算

普通货物运费进款包括：整车、零担运输的各种货物运费（含国际联运国内段运费、变更到站运费）、快运费，自备机车、货车和租用机车，货车挂运费、空车回送费等。

普通货物运输进款，在执行不同运价政策的主体之间实行“分段计费”，在相同运价政策下不同企业类型的主体（国家铁路与股份制铁路等）之间按“分段计算”的办法清算，除铁路运输企业外，直接作为相应企业（主体）的货运营业收入。

国家铁路与股份制铁路之间普通货物运费实行“分段计算”的办法清算，股份公司的营业收入包括：在股份公司管内取得的分段运费，按分段计算方法清算的在股份公司管界内的电力附加费，杂费中的中转技术作业费收入（管内运输的全部，直通运输按里程比例应得部分）。但不包括各种分流运费、新路新价均摊运费、建设基金、保价收入等。

如果股份制铁路与国家铁路直通运输的货物运费只收取一个基价 1 时，则基价 1 按规定的比例在发送企业与到达企业之间分配。

铁路运输企业普通货物运费进款的清算，按“管直”的办法进行。货物运费收入清算的项目包括：货运管内清算收入、货运直通运行清算收入、货运直通发送清算收入、货运直通到达清算收入。

(1) 铁路运输企业的货运管内清算收入。铁路运输企业的货运管内清算收入，以本企业实际完成的整车、零担运输的管内进款作为本企业的货运营业收入。

(2) 铁路运输企业的货运直通运行清算收入。铁路运输企业的货运直通运行清算收入，按照本企业实际完成的普通货物直通周转量和全路统一的直通货物周转量清算单价计算。计算公式如下：

铁路运输企业的货运直通运行清算收入＝本企业完成的普通货物直通周转量×全路统一的直通货物周转量清算单价

在计算全路统一直通货物周转量清算单价时，除直通货物运费收入外，包括各种分流运费、新路新价均摊运费、货车中转技术作业费，但要扣除货运直通发送清算、货运直通到达清算、编组站调车、空车走行单项补偿及用于货物违流运输清算补偿所需的费用。

(3) 铁路运输企业的货运直通发送清算收入。铁路运输企业的货运发送清算收入，按照本企业实际完成的整车、零担运输的直通货物运费进款和全路统一的直通发送清算比率计算，计算公式如下：

铁路运输企业的货运发送清算收入＝铁路运输企业实际完成的直通货物运费进款×全路统一的直通发送清算比率

(4) 铁路运输企业的货运直通到达清算收入。铁路运输企业的货运到达清算收入，按照本企业实际完成的普通直通货物到达吨数和全路统一的货运到达清算单价计算，计算公式如下：

铁路运输企业的货运到达清算收入＝本企业完成的普通直通货物到达吨数×全路统一的货运到达清算单价

2. 普通货运电力附加费的清算

股份制铁路的电力附加费，根据管界内运输的实际里程，按“分段计算”的办法进行清算，直接作为相应企业的货运营业收入。

铁路运输企业普通货运电力附加费清算收入，按照本企业电力牵引区段产生的普通货物周转量和全路统一的电力附加费清算单价计算，计算公式如下：

电力附加费清算收入＝铁路运输企业电力牵引区段产生的普通货物周转量×全路统一的电力附加费清算单价

3. 普通货车中转技术作业费的清算

股份制铁路普通货车中转技术作业费，与前述普通货物运费进款的清算办法有关内容相同。

4. 铁路运输企业普通货车中转技术作业费不单独清算

5. 各种分流运费、新路新价均摊运费的清算

在铁路运输企业线路上运输，核收的各种整车及零担的分流运费、新路新价均摊运费全部集中汇缴铁道部，纳入铁路运输企业的货运直通清算。

（三）专业运输进款清算

铁路运输企业专业运输进款清算的内容，包括“客运运输进款”项下的行李运费进款、普通包裹运费进款、邮运进款、行邮专列运费进款，“货运运输进款”项下的集装箱、特种货物运输的货物运费进款、电气化附加费、货车中转技术作业费，集装箱使用费和篷布使用费、延期使用费，特种车回送费，长大货物车使用费、车延期使用费等。

上述所明确的专业运输的各种进款，不论执行何种运价政策，也不论是否分段计费，均按照专业运输的性质将全程进款全部清算给相应的专业运输公司。

承运行李、普通包裹在票据上核收的行李运费、普通包裹运费，行邮专列运费、邮运运费、行李车租用费、行李车包车运费、租用行李车挂运费、行李车包车停留费全部清算给行包公司作为行包公司的营业收入。

承运集装箱货物在票据上核收的全部集装箱货物运费（包括零担拼箱运费）、货物快运费、变更运费、电气化附加费、各种分流运费、新路新价均摊运费，以及集装箱使用费（包括铁路拼箱费）、自备集装箱管理费、集装箱延期使用费、货车篷布使用费、货车篷布延期使用费、地方铁路货车篷布和集装箱使用费、地方铁路及在建线货车（集装箱专用平车）使用费、集装箱赔偿费、篷布赔偿费、集装箱租赁费、集装箱一口价中的组织服务费等全部清算给集装箱公司作为集装箱公司的营业收入。

承运冷藏车（B 型车）、家畜车（J 型车）、长大货物车（D 型车）装运的货物，在票据上核收的货物运费、变更运费、货物快运费、电气化附加费、新路新价均摊运费、京广线加收京九分流运费、货车中转技术作业费、长大货物车空车回送费、冷藏车（取消托运时）空车回送费、冷藏车制冷费及冷却费、加冰（盐）费、冷藏车（家畜车、长大货物车）车辆租用费、押运人乘车费、地方铁路及在建线货车（冷藏车、家畜车、长大货物车）使用费、长大货物车使用费、长大货物车延期使用费等全部清算给特货公司作为特货公司的营业收入。

（四）其他运输进款清算

铁路运输企业其他运输进款清算的内容，包括“客运运输进款”项下的车站客运其他进款，“货运运输进款”项下的货运其他进款，“运输关联进款”项下除客票发展金外的各项进款，“专项进款”项下的铁路建设基金等。

车站客运其他进款、货运其他进款、运输关联进款除下列情况外原则上全部清算给收款企业：

(1) 上述规定的应清算给行包公司、集装箱公司、特货公司等专业运输公司的进款。

(2) 行包公司直管站核收的行李包裹变更手续费、行李包裹查询费、行李包裹保管费、标签费以及行李包裹装卸费、行李包裹搬运费、行李包裹接取送达费等清算给行包公司，作为行包公司的营业收入。

(3) 集装箱一口价中的运单表格费、货签表格费、施封材料费、清扫费，除集装箱公司直管站清算给集装箱公司外，其余清算给发送的铁路运输企业；集装箱一口价中的各种代收款（包括装卸作业费、港站费用及转场费用、护路联防费，福建省附加等)、印花税，发送铁路运输企业作为代收款，通过集装箱公司清算。

(4) 集装箱公司直管站核收的运单表格费、货签表格费、施封材料费、集装箱变更手续费清算给集装箱公司，作为集装箱公司的营业收入。

(5) 承运冷藏车（B 型车)、家畜车（J 型车)、长大货物车（D 型车）装运的货物，其印花税由发送铁路运输企业作为代收款，通过特货公司清算。

铁路建设基金，不论是在国家铁路运输的货物核收的，还是股份制铁路运输的货物核收的，全部通过铁道部汇缴中央财政。

（五）提供服务收入清算

铁路运输企业的提供服务收入，包括线路使用费收入、客运提供服务收入、货网提供服务收入、其他服务收入四部分。

1. 线路使用费收入

铁路运输企业的线路使用费收入，包括客运线路使用费收入、行包专列线路使用费收入和专业运输公司开行各种专列（行邮专列、集装箱专列、特货专列）支付的线路使用费收入。

铁路运输企业的线路使用费收入，按照本企业管界内实际核收的线路使用费进行清算。

2. 客运提供服务收入

客运提供服务收入是指铁路运输企业向外企业客运业务提供各种服务而向受益方收取的服务收入，包括提供加挂客车收入、行李、邮运车辆挂运服务收入、行包专列挂运收入、行包专列发送服务收入、行李车检修服务收入等。

(1) 提供加挂客车收入，是指在外企业担当的旅客列车上加挂本企业的客车，而向列车担当企业收取的服务收入。提供加挂客车收入按照实际挂运的车辆公里和全路统一的提供加挂客车服务费单价进行清算，计算公式如下：

提供加挂客车收入＝在外企业旅客列车上加挂本企业车辆产生的车辆公里×全路统一的提供加挂客车服务费单价

(2) 行李、邮运车辆挂运服务收入，是指在本企业担当的旅客列车上加挂行李车、邮政车而向行包公司收取的服务收入。行李、邮运车辆挂运服务收入分两部分清算，一部分按车辆公里清算（用于弥补线路使用费)，另一部分按总重吨公里清算（用于弥补机车牵引费)。

按车辆公里清算的部分，根据车辆所经行线路的客运线路类别，执行全路统一的分类别辆公里单价；按总重吨公里清算部分，根据车辆所经行的企业及牵引机车的类型按相应的机车牵引费单价执行，计算公式如下：

行李、邮运车辆挂运服务收入＝∑在本企业旅客列车上加挂的行李车、邮政车产生的分类别的车辆公里×相应类别的车辆公里挂运费单价＋∑在本企业旅客列车上加挂的行李车、邮政车在不同线路上产生的总重吨公里×相应企业相应机车牵引种别的机车牵引费单价

(3) 行包专列挂运收入，是指在本企业行包专列上加挂外企业车辆，而向车辆配属企业收取的服务收入。行包专列挂运收入按照实际挂运的车辆公里和全路统一的行包专列挂运服务费单价进行清算，计算公式如下：

行包专列挂运收入＝在本企业行包专列上加挂外企业车辆产生的车辆公里×全路统一的行包专列挂运服务费单价

(4) 行包专列发送服务收入，是指为外企业组织的行包专列提供发送服务，而向行包专列开行企业收取的发送服务收入。行包专列发送服务收入按照实际完成的外企业行包专列进款和全路统一的行包专列发送服务费比例进行清算，计算公式如下：

行包专列发送服务收入＝本企业实际完成的外企业行包专列的进款×全路统一的行包专列发送服务费比例

(5) 行李车检修服务收入，是指本企业的客车段为行包公司的行李车进行检修，而向行包公司收取的行李车检修服务收入。行李车检修服务的各种单价由相关的企业与行包公司协商制定。

3. 货网提供服务收入

货网提供服务收入是指铁路运输企业向外企业提供除以上客运业务以外的各种服务，而向受益方收取的服务收入，包括：机车牵引服务收入、车站旅客服务收入、车站上水服务收入、售票服务收入、接触网服务（含电费）收入、承运及发送服务收入、到达服务收入、中转服务收入、车辆挂运服务收入、车辆编解服务收入、货车租用收入、劳务收入、加冰加盐服务收入。

(1) 机车牵引服务收入，是指本企业机车牵引旅客列车向列车担当企业收取的服务收入，牵引行包专列、行邮专列、集装箱专列、特货专列向组织专列运输的企业收取的服务收入，以及牵引一般货物列车跨企业管界（在外企业管内）运行时向受益方收取的服务收入。机车牵引服务收入按实际完成的总重吨公里和部公布的价格计算，计算公式如下：

机车牵引服务收入＝机车牵引旅客列车或各种专列（分蒸、内、电）的总重吨公里×相应属性（机车的客货运属性）相应种别（分蒸、内、电）单价＋机车牵引货车（分蒸、内、电）的跨企业总重吨公里×相应（分蒸、内、电）单价

一站直达旅客列车的机车牵引服务清算执行区段统一单价；其余旅客列车和各种专列的机车牵引服务清算，原则上执行机车牵引企业分机车种别（内燃、电力）的平均单价，但当跨企业牵引时，执行机车担当企业与线路所属企业的同种机车牵引费单价的算术平均数；由机车向旅客直接供电的机车交路在上述执行机车牵引服务清算单价的基础上，增加机车向客车供电的附加单价清算。

货运机车跨企业长交路轮乘制清算执行区段统一单价；其余货运跨企业机车牵引，以机车牵引企业与线路所属企业的同种别（内燃、电力）机车牵引费单价的算术平均数计算机车牵引服务收入。

货运机车跨企业长交路轮乘制工作量按机车配属企业统计；乘务员不属于机车配属企业时，按雇用乘务员处理。

（2）车站旅客服务收入，是指管内各车站为旅客列车提供发送服务而向列车担当企业收取的服务收入。车站旅客服务收入按照发送人，分管内慢车 100 km 以内和其他两档，按全路统一的单价计算，计算公式如下：

车站旅客服务收入＝本企业各站发送的管内慢车 100 km 以内的人数×管内慢车旅客发送服务收入单价＋本企业各站其他旅客发送人数×其他旅客发送服务收入单价

（3）车站上水服务收入，是指管内各上水车站为旅客列车提供上水服务而向列车担当企业收取的服务收入。车站上水服务收入按照实际通过上水站上水的旅客列车列次和全路统一的单价计算，计算公式如下：

车站上水服务收入＝∑通过本企业上水站的旅客列车列次×车站上水服务收入单价

（4）售票服务收入，是指本企业管内各车站为外企业担当的旅客列车提供售票服务而向列车担当企业收取的服务收入。售票服务收入按照所售票款的进款收入和全路统一的比例计算，计算公式如下：

售票服务收入＝本企业管内车站所售外企业担当列车的进款收入×售票服务收入比例

（5）跨企业客运电力机车接触网服务（含电费）收入，是指铁路运输企业向外企业的客运电力机车提供接触网设施而收取的服务收入及电费。该项收入按照实际提供的总重吨公里和部公布的单价计算。

一站直达旅客列车执行分线的区段统一的跨企业客运电力机车接触网服务（含电费）收入清算单价，其余执行不同企业别的跨企业客运电力机车接触网服务

（含电费）收入清算单价，机车向旅客列车直接供电的机车交路在此基础上增加机车向客车供电的附加单价清算，计算公式如下：

接触网服务收入＝外企业客运电力机车在本企业管内产生的总重吨公里×相应的客运电力机车用电及接触网服务单价

（6）承运及发送服务收入，是指铁路运输企业为专业运输公司办理承运及发送作业，而向专业运输公司收取的与承运及发送相关的服务收入。

承运及发送服务收入分两部分计算：一部分为代办承运业务的服务收入，另一部分为办理发送作业的服务收入。

承运服务收入按照代办承运的全部运费和全路统一的比例计算；发送作业服务收入按照发送吨（或换算箱）和全路统一的发送作业服务单价计算，计算公式如下：

承运及发送服务收入＝代办承运的全部运费×承运服务收入清算比例＋发送吨（换算箱）×发送作业清算单价

（7）到达作业服务收入，是指铁路运输企业为专业运输公司承运的对象办理到达作业而向专业运输公司收取的与到达业务相关的服务收入。

到达作业服务收入按照到达吨（换算箱）和全路统一的到达作业清算单价计算，计算公式如下：

到达作业服务收入＝到达吨（换算箱）×到达作业清算单价

（8）中转作业服务收入，是指铁路运输企业为专业运输公司承运的对象办理中转作业而向受益方收取的与中转业务相关的服务收入

中转作业服务收入按照中转吨（换算箱、行包件）和全路统一的中转作业清算单价计算，计算公式如下：

中转作业服务收入＝中转吨（换算箱、行包件）×中转作业清算单价

（9）专业货运车辆挂运服务收入，是指在本企业开行的货物列车上加挂专业运输公司组织运输的车辆，而向专业运输公司收取的服务收入。

专业货运车辆挂运服务收入分两部分清算：一部分按车辆公里清算（用于弥补线路使用费部分），另一部分按总重吨公里清算（用于弥补机车牵引费部分）。

按车辆公里清算的部分，根据车辆所经行货运的线路类别，执行全路统一的分类别辆公里单价；按总重吨公里清算部分，根据车辆所经行的线路区段及牵引机车的类型按相应的机车牵引费单价执行，计算公式如下：

车辆挂运服务收入＝∑在本企业开行的货物列车上加挂的其他企业的车辆产生的车辆公里×相应线路类别的车辆公里挂运费单价＋∑在本企业开行的货物列车上加挂的其他企业的车辆产生的总重吨公里×相应企业相应机车牵引种别的机车牵引费单价

(10) 车辆编解服务收入，是指铁路运输企业为专业运输公司组织的列车或车辆在编组站办理中转作业（包括有调中转、无调中转），而向专业运输公司收取的与编解作业相关的服务收入。

车辆编解服务收入按照编组站中转货车数（不分有调、无调作业）和全路统一的编解服务清算单价计算，计算公式如下：

车辆编解服务收入＝通过编组站的辆次×编解服务清算单价

(11) 车辆租用服务收入。本企业的车辆被外企业使用，要向受益方收取车辆租用服务收入。车辆租用服务收入按照实际使用车辆日和全路统一的分类别（客货、分普通和特种等）车辆租用费单价计算，计算公式如下：

车辆租用服务收入＝实际使用车辆日×全路统一的分类别的车辆租用服务单价

铁路运输企业管界（包括纳入铁路运输企业管界口径的合资铁路、股份制铁路、地方铁路、临管线等）内，专业运输公司使用的部属货车，按照专业公司租用相应铁路运输企业的车辆计算车辆租用费。

国家铁路货车进入合资铁路、股份制铁路、地方铁路，按照《铁路货物运价规则》的规定，收取货车占用费。

(12) 劳务收入，是指铁路运输企业向专业运输公司提供劳务，而向专业运输公司收取的与劳务输出相关的服务收入。

劳务收入的清算指标原则上为年，具体的清算标准由各铁路运输企业与专业运输公司协商确定。

(13) 加冰、加盐服务收入，是指铁路运输企业为特货公司组织运输的货物提供加冰、加盐服务，而向特货公司收取的与加冰、加盐相关的服务收入。

加冰、加盐服务收入的清算办法由铁路运输企业与特货公司协商确定。

铁路运输企业向外企业提供以上项目以外的其他服务，根据提供与接受服务的双方协商的价格及签认的工作量进行清算。

四、铁路运输进款清算的实施

铁路运输企业营业收入的确认或清算，从方式上划分为以下三种情形：即由铁道部客、货运收入清算系统确认，通过铁道部资金清算中心清算；由铁道部财务司确认，通过上下级往来清算；由铁路运输企业确认，通过企业间清算。

1．由铁道部客、货运收入清算系统确认，通过铁道部资金清算中心清算的项目

由铁道部客、货运收入清算系统确认，通过铁道部资金清算中心清算的项目包括：①客票与行包专列收入，通过票据核收的集装箱、特货公司运费、杂费等全部收入（不包括规定作为发送企业代收款的部分）；②旅客列车、行包专列、行邮专列、集装箱专列、特货专列线路使用费收入，旅客列车、行包专列、行邮专列、集装箱专列、特货专列以及跨企业的货运机车牵引服务收入（其中铁路运输企业应收行邮专列的线路使用费及机车牵引费只确认，不结算）；③跨企业客运电力机车接触网服务（含电费）收入、加挂客车收入、行包专列挂运收入、车站旅客服务收入、车站上水服务收入、售票服务收入、行包专列发送服务收入、行包专列车辆使用费、办理集装箱及特货运输的承运及发送服务收入、中转服务收入、到达服务收入、车辆挂运服务收入（其中，铁路运输企业应收行李车、邮政车的车辆挂运服务收入只确认，不结算）、车辆编解服务收入、车辆租用服务收入。

对于以上项目，由铁道部资金清算中心根据客、货运收入清算系统提供的信息及铁道部统计中心提供的资料计算，定期公布并通知相关的单位列账。

国家铁路、合资铁路、股份制铁路、地方铁路以及临管线之间相互代收的货运收入，由各运输企业收入部门按有关规定确认收入并向铁道部资金清算中心上报相关的信息，通过铁道部资金清算中心办理资金结算。

2．由铁道部财务司确认，通过上下级往来清算的项目

由铁道部财务司确认，通过上下级往来清算的项目包括：铁路运输企业的货运管内清算收入、货运直通清算收入、货运发到清算收入、货运其他收入、单项清算收入、营业外单位收入、空调候车室收入、办理行包运输的承运及发送服务收入、中转服务收入、到达服务收入、普通行包及行邮专列的各项收入。

对于以上项目，由铁道部财务司根据有关收入报表、正式的统计报表及经铁道部客、货运收入清算系统确认的信息，对铁路运输企业、行包公司的数据进行确认，通知铁路运输企业、行包公司按季度列账。

铁路运输企业应收行李车、邮政车挂运服务收入，行邮专列的线路使用费及机车牵引费也通过铁道部财务司与铁路运输企业、行包公司的上下级往来进行清算。

3．由运输企业确认，在本企业内清算或者通过企业之间清算的项目

由运输企业确认，在本企业内清算或者通过企业之间清算的项目包括列车补票及客运其他收入，劳务收入，加冰、加盐服务收入，其他服务收入以及规定的各种代收款等。

对于铁路运输企业的列车补票及客运其他收入，根据收入部门提供的有关凭证直接列账，对于铁路运输企业的其他项目，由企业主体之间签订协议，相互确

认工作量并进行清算，铁道部有明确单价的项目要执行铁道部规定的单价，铁道部没有明确单价的项目，由企业主体之间协商定价。

对于国家铁路、合资铁路、股份制铁路、地方铁路以及临管线之间相互代收的货运收入在企业之间确认的基础上，通过铁道部资金清算中心办理资金结算。

五、铁路运输收入管理

（一）铁路运输收入管理的基本任务

铁路运输收入管理工作是指对铁路客货运输票据、运输进款资金运动和运输收入实现的全过程进行监督与管理。铁路运输收入管理的基本任务是：

（1）监督客、货营业单位正确核收各种运输费用。

（2）负责运输收入进款资金的管理，确保运输收入完整和资金的及时缴拨。

（3）对各项运输收入进行审核和会计核算，编制会计报表，提供准确的运输收入数据信息。

（4）为各经济主体之间的资金结算和运输收入清算提供准确的运输收入数据信息。

（5）负责铁路客货运输票据的印制、供应、使用和保管等管理工作，保证运输生产的需要。

（6）负责编制铁路运输收入预算，并组织落实。

（7）查处各种侵犯铁路运输收入的违章违纪行为。

（二）铁路运输收入管理体制

铁路运输进款及运输收入实行分级管理、单位领导负责制。铁路运输企业根据需要设置运输收入管理机构，站段要设置具体负责运输收入管理和运输进款收、缴工作的部门和专（兼）职人员。

铁路运输企业收入管理部门内部应设有承担预算、会计、审核、票据管理、电算技术、稽查等职责人员。国家铁路运输企业运输进款及运输收入会计核算单位为铁路运输企业（铁路局和专业运输公司，下同），对客货运输票据的专业审核工作必须在铁路运输企业或专业运输公司收入管理部门进行；铁路运输企业和专业运输公司收入专业管理人员数量由铁路运输企业、专业运输公司根据工作量设定。

设立全国铁路收入清算机构，负责铁路运输企业的运输收入清算和资金结算工作。

（三）国家铁路运输企业内部运输收入管理工作的具体职责

铁路运输企业负责贯彻国务院铁路主管部门有关规章、制度，并制定实施细则；按照运输收入管理范围和基本任务的要求组织管理本企业运输收入工作，研究、分析运输收入，提出和制定挖潜提效、增运增收、堵漏保收、提高企业经济效益的措施和激励政策；对站段、营业站运输收入工作进行监督与指导；负责收入部门计算机软、硬件的推广和应用工作，对所属单位应用的与运输收入相关的计算机软件进行审定和监督、检查；编制下达运输收入预算，建立经济活动分析制度，保证运输收入预算的实现；向国务院铁路主管部门提报运输收入会计决算报表。

站段负责管理车间、班组的运输收入工作；分劈、下达、组织完成运输收入预算，组织客货职工增运增收和堵漏保收；请领、保管和使用客货运输票据；正确核收客货运杂费；办理运输进款存汇和上缴；按期编制“运输进款收支报告”，整理报送各种收入票据、报表，传送数据，收集和报告市场信息。

第二章　铁路货物运输收入的计算

铁路货物运输收入（简称货运收入，下同），是指铁路运输企业在办理货物运输业务和辅助作业中，使用铁路运输票据，按规定向托运人、收货人核收的运费、杂费。铁路货物运输收入是铁路运输收入的组成部分之一，有关它的计算是铁路运输企业收入管理工作的重要方面。

第一节　我国铁路货运运价体系

在运量不变的情况下，直接影响不同时期运输收入的因素是各期的运价水平，制定科学合理的铁路运价体系，无论是对铁路运输企业，还是对整个国民经济以及人民生活，均具有重要意义。

目前，我国铁路货物运价体系，按适用范围划分，包括普通运价、特定运价、地方运价、国际联运运价和军运运价；按货物运输类别划分，包括整车货物运价、零担货物运价、集装箱货物运价和特殊条件运价。

一、按适用范围划分的运价

1. 普通运价

普通运价是货物运价的基本形式，适用于全国铁路一般货物运输。现行铁路整车货物、零担货物、集装箱货物、冷藏车货物运价均属于普通运价。普通运价是计算各种货物运费的基本依据。

2. 特定运价

特定运价是指在一定条件下，对运送一定种类货物规定的特殊运价，是普通运价的必要补充。根据国家的经济政策，一定时期内限制或鼓励某些货物，利用对其制定不同时期的特定运价，是铁路运输的一种重要手段。特定运价可以高于、低于普通运价，或免收运费。

3. 地方运价

地方运价是指地方铁路、合资铁路、股份制铁路、临时营业线和特殊正式营业线等的运价。

4. 国际联运运价

国际联运运价是指为国际铁路联运过境货物规定的货物运价。

5. 军运运价

军运运价是指为运送军需物资规定的运价。

二、按货物运输类别划分的运价

1. 整车货物运价

整车货物运价是铁路对按整车运送的货物所规定的运价,适用于一批按重量、体积或形状，需要以一辆货车装载，按整车托运的货物。冷藏车货物运价属于整车货物运价的组成部分，是为按冷藏车运送的货物所规定的。

2. 零担货物运价

零担货物运价是铁路对按零担运送的货物所规定的运价，适用于每批不够整车运输条件，而按零担托运的货物。

3. 集装箱货物运价

集装箱货物运价是铁路对按集装箱运送的货物所规定的运价，适用于使用集装箱运送的货物。

4. 特殊条件运价

特殊条件运价适用于快运、超限、限速、使用特种货车和军运等特殊条件办理的货物，或按普通货物加成，或另收特种货车使用费，以补偿额外的运输支出。

第二节　货运收入的计算依据及程序

一、货运收入的计算依据

正确计算货运收入，是保证铁路货运运费正确、及时、准确核收的重要前提。计算的主要依据有:

《铁路货物运价规则》、《铁路货物运输品名检查表》、《货物运价里程表》、《铁路货物装卸作业计费办法》、《铁路货物保价运输办法》、《铁路运输计费付费办法》及铁道部、铁路运输企业其他计费有关文、电等。

二、货运收入的计算程序

《铁路货物运价规则》对货运收入的计算程序作了明确的规定,具体内容如下:

(1) 按《货物运价里程表》计算出发站至到站的运价里程。

(2)根据货物运单上填写的货物名称查找《铁路货物运输品名分类与代码表》、《铁路货物运输品名检查表》，确定适用的运价号。

(3) 整车、零担货物按货物适用的运价号，集装箱货物根据箱型、冷藏车货物根据车种分别在“铁路货物运价率表”中查出适用的运价率（即基价 1 和基价 2，以下同）。

(4) 根据《铁路货物运价规则》确定计费重量。

(5) 货物适用的基价 1 加基价 2 与货物的运价里程相乘之积，再与按确定的计费重量（集装箱为箱数）相乘，计算出运费。

(6) 计算杂费。

第三节　计算货物运输费用的基本条件

一、货物运费的计费重量的确定

整车货物以吨为单位，吨以下四舍五入；零担货物以 10 kg 为单位，不足 10 kg 进为 10 kg；集装箱货物以箱为单位。

整车货物除下列情况外，均按货车标记载重量（简称标重，以下同。标重尾数不足 1 吨时四舍五入）计费。货物重量超过标重时，按货物重量计费。

(1) 使用矿石车、平车、砂石车，经铁路局批准装运“铁路货物运输品名分类与代码表”“01”、“0310”、“04”、“06”、“081”和“14”类货物按 40 t 计费，超过时按货物重量计费。

(2) 表 2.1 中所列货车装运货物时，计费重量按表中规定计算，货物重量超过规定计费重量的，按货物重量计费。

(3) 使用自备冷板冷藏车装运货物时按 50 t 计费；使用自备机械冷藏车装运货物时按 60 t 计费；使用标重不足 30 t 的家畜车，计费重量按 30 t 计算；使用标重低于 50 t、车辆换长小于 1.5 的自备罐车装运货物时按 50 t 计费（表 2.1 中明定的车种车型按上述第（2）项办理）。

(4) 始发、中途均不加冰运输的加冰冷藏车和代替其他货车装运非易腐货物的铁路冷藏车，均按冷藏车标重计费。

(5) 车辆换长超过 1.5 的货车（D 型长大货物车除外）本条未注明计费重量的，按其超过部分以每米（不足 1 米的部分不计）折合 5 t 与 60 t 相加之和计费。

(6) 米、准轨间换装运输的货物，均按发站的原计费重量计费。

整车货物计费重量表如表 2.1 所示。

表 2.1　整车货物规定计费重量表

车 种 车 型	计费重量/t
B6　B6N　B6A　B7（加冰冷藏车）	38
BSY（冷板冷藏车）	40
B18（机械冷藏车）	32
B19（机械冷藏车）	38
B20 B21（机械冷藏车）	42
B10（机械冷藏车）	44
B22 B23（机械冷藏车）	48
B15E（冷藏车改造车）	56
SQ1（小汽车专用平车）	80
QD3（凹底平车）	70
GY95S GY95 GH40 GY40 GH95/22 GY95/22（石油液化气罐车）	65
GY100S GY100 GY100－I GY100－II（石油液化气罐车）	70

二、运价里程的确定

运价里程应根据《货物运价里程表》，按照发站至到站间国铁正式营业线最短径路（与国家铁路办理直通的合资、地方铁路和铁路局临管线到发的货物也按发、到站间最短径路）计算，但《货物运价里程表》内或铁道部规定有计费径路的，按规定的计费径路计算。运价里程不包括专用线、货物支线的里程。通过轮渡时，应将规定的轮渡里程加入运价里程内计算。水陆联运的货物，应将换装站至码头线的里程，加入运价里程内计算。

下列情况发站在货物运单内注明，运价里程按实际经由计算：

(1) 因货物性质（如鲜活货物、超限货物等）必须绕路运输时；

(2) 因自然灾害或其他非铁路责任，托运人要求绕路运输时；

(3) 属于“五定”班列运输的货物，按班列径路运输时。

承运后的货物发生绕路运输时，仍按货物运单内记载的径路计算运费。

实行统一运价的营业铁路与特价营业铁路直通运输，运价里程应分别计算，

押运人乘车费由发站按国铁的运价里程（含办理直通的铁路局临管线和工程临管线）计算。

通过合资、地方铁路的将其通过的合资、地方铁路运价里程合并计入，　在合资、地方铁路到发的计算到合资、地方铁路的分界站。

D 型长大货物车使用费、铁路集装箱使用费、货车篷布使用费按发站至到站的运价里程（含与国铁办理直通运输的合资、地方铁路的运价里程）计算核收。

《货物运价里程表》的使用方法如下：

（一）查找车站及里程的方法

首先从上册站名首字汉语拼音或首字笔画索引表中，查出发站和到站在站名索引表中的页数，再根据站名索引表查出发站和到站在里程表下册中的页数，即可从里程表中找出发站和到站至接算站的里程，通过计算得出发到站间的里程。

里程表页数栏中，一个站有多个页码时，带有“()”的页码所对应的线名即为该站所属线名。

（二）计算里程的方法

（1）发站和到站在同一线内，用两站到本线起点站或终点站的里程相减，即可求得两站间的里程。

（2）发站和到站不在同一线上，首先参照货物运价里程接算站和货物运价里程最短径路示意图，查明发站至到站间的最短径路，再按下列方法求得两站间的里程。

① 东北与北南方相互间：发站至到站经由山海关或丰台时，以发站和到站至山海关或丰台接算站的里程相加；

② 北方与南方相互间：发站至到站经由郑州北或南京东时，以发站和到站至郑州北或南京东接算站的里程相加；

③ 东北地区内：发站至到站经由沈阳、哈尔滨、郑家屯，或部分发站至到站经由锦州、梅河口、吉林、牡丹江、佳木斯等接算站时，以发站和到站至各该接算站的里程相加；

④ 北方地区内：发站至到站经由丰台、大同，或部分发站至到站经由天津、济南、徐州北、石家庄、太原北、洛阳东、榆次、宝鸡等接算站时，以发站和到站至各该接算站的里程相加；

⑤ 南方地区内：发站至到站经由株洲、衡阳，或部分发站至到站经由上海、柳州、堂溪等接算站时，以发站和到站至各该接算站的里程相加；

⑥ 发站至到站跨及两线以上但不通过前五项中的接算站时，以发站和到站至最近的接算站的里程，与该两接算站间的里程相加。

（3）接算站：在货物运价里程接算站示意图中用红色“○”表示；在里程表中用“★”表示。

（4）在里程表接算站栏里程的上部或中部，所列的站名或线名，表示计算里程经由的站名或线名。附有“()”的里程，表示最短径路的里程。

（5）国际联运货物，经由国境线时，应另加算国境站至国境线的里程（参照国际联运国境线里程表）。

(6) 最短径路示意图，是以环状线上主要接算站，分别用“→”线指明该环状线不同方向的最短径路的分界点，据以求得发站至到站间的最短径路。

(7) 线路名称表附注栏有“注”字者，为该线里程表下注有要求事项。

(8) 暂不办理通过的线路，除发到本线各站货物适用最短径路外，本线两端的车站相互间发到的货物也适用于本线里程，但本线任何一端的车站（不包括尽头线终端的车站）与其他营业线间的货物运输均不适用本线里程。

三、货物运价号的确定

铁路所运输的货物，其品种、规格、形状繁多，为方便体现货物种别、运输类别和距离别的差别运价，便于货物运费的计算，需要对货物品名及其适用的运价，加以科学地分类和合理的编排并给予一个固定的编号（或称代码），即运价号。用运价号来反映货物运价等级，并编制成《货物运输品名分类与代码表》（简称《分类与代码表》），将不同的货物等级列示于表上，在计算运费时，可以直接从表中查出所适用的运价等级。

现行的《分类与代码表》的分类原则，是以货物的自然属性和铁路运输的特点为主要依据。凡是属于统一生产行业、统一生产系列或生产性质接近的产品，合并为一类。在“类”之下又分为若干“项”，同一项类载列运价和运输条件相同的货物品名，在每“项”后还注明该项货物名称包括的范围。现行《分类与代码表》共分 26 类，对整车货物规定了 1～7 号 7 个等级的运价号和机械冷藏车运价号；对零担货物规定了 21～22 号 2 个等级的运价号。

判定货物品类代码、计算货物运输费用的依据是《分类与代码表》和《铁路货物运输品名检查表》（简称《检查表》）。

（一）货物品类代码和运价号的判定

1. 先查《检查表》

使用该表时首先从品名首字汉语拼音索引表或品名首字笔画索引表中，查出该品名在《检查表》中的页数，再根据《检查表》查出该品名的拼音码、代码和运价号。

2. 《检查表》中有具体名称时，按具体名称判定代码和运价号

不属该具体名称的不能比照。但由于货物的别名、俗名、地方名称等不同，而实际属于该具体名称的，仍应按该具体名称适用类别和运价号。

3. 《检查表》中无该具体名称时，则按分类与代码表中概括名称判定类别和运价号

判定类别和运价号时必须遵守以下规定：

（1）适用制材或加工工艺概括名称的，除明定者外，均不分用途。如货物具有两种以上制材时，则按其主要制材判定类别和运价号。

（2）适用用途概括名称时，除明定者外，均不分制材。如货物具有多种用途时，按托运人在运单上声明的用途和铁路有关规定判定类别和运价号。

（3）适用自然属性概括名称的，除明定者外，均不分用途、制材、形态、品种。

（4）半成品除明定者外，均按制成品适用类别和运价号。

（5）在分类表和《检查表》中既无该货物的具体名称，又无概括名称时，按小类→中类→大类的顺序逐层次判定其归属的收容类目。各类均不能归属的货物，则列入总收容类目—9990 未列名的其他货物。对于检查表未列的品名，当确定了该品名归属的品类后，在品名代码栏填记该小类的收容品名（末 3 位为 999），在货物名称栏填记货物实际品名，对于这些品名字典中未列的品名，铁路运输企业须将其货物名称、制作材料、用途、形态、价格、批量、运量及其他有关参考资料报铁道部，由铁道部定期整理，统一核定和补充品名字典。

（二）运单和货票的填写

（1）运单、货票和货物运输服务订单上的货物名称，应使用《分类与代码表》和《检查表》上规定的名称。如无该具体名称时，应用括号在该具体名称后注明相应的括号名称，如扑尔敏（西药）。

（2）不论整车、零担或集装箱运输，同种货物一律使用同一品名代码。

（3）国际联运运单中代码填写入第 60 栏（类项号码栏）。

四、运价率的确定

货物运价率是反映各类货物在一定运价里程内的运价水平。为了方便计算货物运费，货物运价率以《货物运价率表》的形式列示，见表 2.2。

《货物运价率表》由以下三部分构成：

（1）整车货物运价率表，整车（含冷藏车）货物运价号分为 8 个（1～6 号按吨公里计费；7 号按轴公里计费和机械冷藏车），重量以吨为单位。

（2）零担货物运价率表，由 21～22 号组成，重量以 10 kg 为单位。

（3）集装箱货物运价率表，分 1 t 箱、20 ft、40 ft 箱型，按箱计费。

货物运费按照承运货物当日实行的运价率计算，杂费按照发生当日实行的费率核收。

按一批办理的整车货物，运价率不同时，按其中高的运价率计费。

表 2.2　铁路货物运价率表

办理类别	运价号	基价 1		基价 2	
		单　位	标　准	单　位	标　准
整车	1	元/t	5.70	元/吨公里	0.033 6
	2	元/t	6.40	元/吨公里	0.037 8
	3	元/t	7.60	元/吨公里	0.043 5
	4	元/t	9.60	元/吨公里	0.048 4
	5	元/t	10.40	元/吨公里	0.054 9
	6	元/t	14.80	元/吨公里	0.076 5
	7			元/吨公里	0.244 5
	机械冷藏车	元/t	11.50	元/吨公里	0.079 0
零担	21	元/10kg	0.117	元/10（kg·km）	0.000 55
	22	元/10kg	0.167	元/10（kg·km）	0.000 75
集装箱	1 t 箱	元/箱	10.10	元/箱公里	0.036 9
	20 ft 箱	元/箱	219.00	元/箱公里	1.037 4
	40 ft 箱	元/箱	429.80	元/箱公里	1.637 4

五、加成、减成率

（1）一批或一项货物，运价率适用两种以上减成率计算运费时，只适用其中较大的一种减成率。

（2）一批或一项货物，运价率适用两种以上加成率时，应将不同的运价率相加之和作为适用的加成率。

（3）一批或一项货物，运价率同时适用加成率和减成率时，应以加成率和减成率相抵后的差额作为适用的加（减）成率。

适用加减成率的整车运费公式：

运费 =（基价 1 + 基价 2 × 运价里程）×（1 + 加减成率）× 计费重量

例 2.1　某企业自备平车一辆装运金属结构架一件，一级超限，其运价率既适用于加成率又适用于减成率，超级超限货物加成率 150%，用自备车装运减成率 20%。因此该批货物适用的运价率为加成 150% − 20% = 130%。

金属结构架价号为 5 号，基价 1：10.40 元/t，基价 2：0.054 9 元/（t · km）。

基价 1 = 10.40 ×（1 + 50% − 20%）= 13.52 元/t

基价 2 = 0.054 9 ×（1 + 50% − 20%）= 0.071 37 元/（t · km）

常见的运价率加（减）成有“冷藏车货物运费加减成”、“超限、限速货物运价率加成”、“游车（超长、超限货物）计费规定”、“自备或租用铁路货车、客车计费规定”等。“冷藏车货物运费加减成”规定如表 2.3 所示。

表 2.3　冷藏车货物运费加减成表

货物种别	运价率加成	备注
机械冷藏车运输的货物	按“铁路货物运价率表”中规定的冷藏车运价率计费	
使用铁路冷板冷藏车运输的货物	按加冰冷藏车运价率加 20% 计费	
用铁路机械冷藏车运输，要求途中保持温度 −12 °C（不含）以下的货物	按机械冷藏车运价率加 20% 计费	
途中不需要加温（或托运人自行加温）或制冷的机械冷藏车	按机械冷藏车运价率减 20% 计费	
自备冷藏车、隔热车（即无冷源车）和代替其他货车装运非易腐货物的铁路冷藏车	按所装货物适用的运价率计费	

第四节　货物运费的计算

一、整车货物运费的计算

1. 常见的在货票上核收的运杂费及其计算方法

常见的在货票上核收的运杂费及其计算方法如表 2.4 所示。

表 2.4　常见的在货票上核收的运杂费及其计算方法

顺号	收费名称	计 算 公 式
1	运费	（基价 1＋基价 2×运价里程）×（1＋加减成率）×计费重量（或箱数） （以吨为单位，吨以下四舍五入）
	运费 （按轴公里计费）	基价 2×运价里程×轴数
2	印花税	运费（含统一运价运费、特价或加价运费、合资和地方铁路运费、新路均摊费、电力附加费）×0.05%（运费不足 200 元免税，角以下四舍五入）
3	铁路建设基金	费率×基金里程×计费重量 费率：农药 0.019 元，磷矿石 0.028 元，整车农用化肥、黄磷、内贸粮食、棉花、豆粕、豆饼免征
4	电气化附加费	费率×电化里程×计费重量
5	押运人乘车费	3.00 元×（计费里程÷100，尾数进整）×押运人数
6	取送车费	9.00 元×取送车费里程×取送车数 取送车费里程：自车站中心线起至交接地点或专用线最长线路终端止里程往返合计（不足 1 km 的尾数进整为 1 km）

续表 2.4

顺号	收费名称	计算公式
7	特价线路运费	费率×特价里程×（1+减成率）×计费重量（或箱数）
	特价线路运费（按轴公里计费）	费率×特价里程×轴数
8	集装箱使用费	基本费率（500 km 以内）+∑（各里程档次的费率×各该里程档次/100）
9	广深运费	[(基价 1+基价 2×广深里程)×(1+加减成率)+0.012×广深里程]×计费重量（或箱数）
	广深运费（按轴公里计费）	（电力费率+轴公里基价 2）×广深里程×轴数
10	广坪运费	[（电力费率+基价 2）×广坪里程）]×（1+加减成率）×计费重量（或箱数）
	广坪运费（按轴公里计费）	（电力费率+轴公里基价 2）×广坪里程×轴数

每项运费、杂费的尾数不足一角时按四舍五入处理。

各项杂费凡不满一个计算单位，均按一个计算单位计算（另定者除外）。

零担货物的起码运费每批 2.00 元。

例 2.2 铁岭站发运到丹东一车生铁，货重 61 t，使用标重为 60 t 的 C62 型车装运，货物保价运输，货物价值 50 000 元，托运人自装车，计算此车运输费用如下：

（1）查《货物运价里程表》：铁岭到丹东运价里程为 347 km，电气化里程 86 km，基金里程 347 km；

（2）查《货物运输品名分类与代码表》与《铁路货物运输品名检查表》知：生铁为 4 号运价；

（3）查运价率表知：4 号运价的基价 1 为 9.6 元/t，基价 2 为 0.048 4 元/（t · km）；

（4）货物保价费率表中生铁保价费率为 1‰，则

运费 =（基价 1+基价 2×运价里程）×计费重量

=（9.6+0.048 4×347）×61=1 610.10（元）

电气化附加费 = 0.012×86×61 = 62.952 = 63.00（元）

铁路建设基金 = 0.033×347×61 = 698.50（元）

印花税 =（运费+电气化附加费）×0.000 5 = 0.80（元）

保价费 = 保价金额货物×保价费率 = 50 000×1‰ = 50.00（元）

合计：2 422.40 元。

2. 对特殊情况的整车货物运输按下列规定计费

(1)承运人提供的D型长大货物车的车辆标重大于托运人要求的货车吨位时，

经中铁特货运输公司批准可根据实际使用车辆的标重减少计费重量，但减吨量最多不得超过 60 t。

（2）按一批办理的整车货物，运价率不同时，按其中高的运价率计费。

（3）运输超限货物，发站应将超限货物的等级在货物运单内注明，按下列规定计费：

① 超限、超长货物和限速运行货物，因运输条件特殊，按规定运费加成办法计费。如一级超限：按运价率加 50% 计费；二级超限：按运价率加 100% 计费；超级超限：按运价率加 150% 计费。对安装超限货物检查架的车辆，不另收运费。

② 需要限速运行（不包括仅通过桥梁、隧道、出入站线限速运行）的货物，按运价率加 150% 计费。

需要限速运行的超限货物，只核收本条规定的加成运费，不另核收超限货物加成运费。

（4）运输危险货物，根据危险货物的性质、等级按下列规定计费：

① 一级毒性物质（剧毒品）按运价率加 100%；

② 爆炸品、易燃气体、非易燃无毒气体、毒性气体、一级易燃液体（代码表 02 石油类除外）、一级易燃固体、一级自燃物品、一级遇水易燃物品、一级氧化性物质、有机过氧化物、二级毒性物质（有毒品）、感染性物质、放射性物质按运价率加 50%。

（5）超长、超限货物使用游车时，游车运费按主车货物的运价率和游车标重计费。利用游车装运货物，所装货物运价率高于主车货物运价率时，按所装货物的运价率核收游车运费。

运输超限货物或需要限速运行的货物使用游车时，游车运费不加成。

两批货物共同使用游车时，游车运费各按主车货物的运价率及游车标重的 1/2 计费。

D 型长大货物车运输货物需用隔离车时，隔离车不另核收运费。隔离车加装货物时，按加装货物适用的运价率核收运费。

自轮运转的轨道机械，以自备货车或租用铁路货车作游车时，按整车 8 号运价率核收游车运费；以铁路货车作游车时，按整车 7 号运价率和游车标重核收游车运费。

（6）站界内搬运的货物，按实际运输里程（不足 1 km 的尾数进整为 1 km）和该货物适用的运价率计算运费，不另收取送车费。

（7）途中装卸货物，不论托运人、收货人要求在途中装卸地点的前方或后方货运站办理托运或领取手续，途中装车按后方货运站计算运价里程；途中卸车按前方货运站计算运价里程，不另收取送车费。

(8) 整车分卸的货物，按照发站至最终到站的运价里程计算全车运费和押运人乘车费；途中每分卸一次，另行核收分卸作业费 80 元（不包括卸车费）。

(9) 托运人自备或租用铁路机车车辆运输货物的运费

① 托运人自备货车或租用铁路货车（不论空重）用自备机车或租用铁路机车牵引时，按照全部列车（包括机车、守车）的轴数与整车 7 号运价率计费。

② 托运人自备货车或租用铁路货车装运货物用铁路机车牵引，或铁路货车装运货物用该托运人机车牵引运输时，按所装货物运价率减 20% 计费。

③ 托运人的自备货车或租用铁路货车空车挂运时，按 7 号运价率计费。

④ 承运人利用自备车回空捎运货物，按所装货物适用的运价率计费，在货物运单铁路记载事项栏内注明，免收回空运费。

⑤ 自备或租用铁路的客车、餐车、行李车、邮政车、专用工作车挂运于货物列车时，空车按 7 号运价率加 100% 计费；装运货物时按其适用的运价率加 100% 和标重计费。但换长 1.5 以下的专用工作车不装货物时不加成。

⑥ 随车人员按押运人乘车费收费。

(10) 货物快运费、冷藏车运费。

货物快运费，按《铁路货物运价率表》规定的该批货物适用运价率的 30%计算核收。

使用铁路加冰、机械冷藏车运输的货物按《铁路货物运价率表》中规定的冷藏车运价率计费。使用铁路冷板冷藏车运输的货物按加冰冷藏车运价率加 20% 计费。

使用铁路机械冷藏车运输，要求途中保持温度－12 °C（不含）以下的货物，按机械冷藏车运价率加 20% 计费。

途中不需要加温（或托运人自行加温）或制冷的机械冷藏车按机械冷藏车运价率减 20% 计费。

加冰冷藏车始发或途中不加冰运输的，仍按冷藏车运价率计费。

自备冷藏车、隔热车（即无冷源车）和代替其他货车装运非易腐货物的铁路冷藏车，均按所装货物适用的运价率计费。

(11) 特殊运价线路的运输费用。

根据国家的规定，对地方铁路、合资铁路、股份制铁路、临时营业线和部分新线、正式营业线实行特殊运价，如广九线广深段、集通线、通霍线等。

例 2.3　长春站 19 日 18 点后承运到湛江一车，车号 C64483001，货车标重 61 t，货物品名：汽车配件，押运人 1 人。内勤货运 19 日 19 时制票，并在货票承运日期戳记下注明“翌”字，该发货人于 21 日 13：00 来车站结算费用，其他资料见表 2.5 所示。

表 2.5

基价 1/（元/km）	基价 1/（元/km）	三茂费率/（元/km）	广梅汕费率/（元/km）	京九费率/（元/km）	广坪里程/km	电化里程/km	京九分流/km
14.8	0.076 5	0.10	0.10 元	0.039	6	1 045	1 986
全程里程/km	运价里程/km	基金里程/km	京九里程/km	分流里程/km	广梅汕里程/km	广深里程/km	三茂里程/km
3 918	3 147	3 243	1 819	1 986	306	90	369

计算长春站应收费用如下：

（1）运费：

（14.8＋0.0 765×3 147）×61＝15 588.30（元）

（2）印花税：

（15 588.30＋764.90＋726.90＋1 388.70＋1 866.6＋2 250.9＋31.80）×0.005%＝11.30（元）

（3）电气化附加费：0.012×1 045×61＝764.90（元）

（4）铁路建设基金：0.033×61×3 243＝6 528.20（元）

（5）押运人费：3.00×40（3918/100，进整）＝120.00（元）

（6）京九分流费：0.006×61×1 986＝726.90（元）

（7）广深运费：[14.8＋（0.012＋0.0 765）×90]×61＝1 388.70（元）

（8）广梅汕运费：0.1×306×61＝1 866.6（元）

（9）三茂运费：0.1×369×61＝2 250.9（元）

（10）广坪运费：（0.012＋0.0 765）×6×61＝31.80（元）

货票合计：29 277.60 元。

（11）迟交金：29 277.60×0.3%×1＝87.80（元）

合计：29 365.40 元。

二、零担货物的运费计算

零担货物运费计算是按货物重量或规定的计费重量与相应的运价率计算。在货物运单内分项填记重量的货物，应分项计费；但运价率相同时，重量应合并计算。

零担货物按货物重量或货物体积折合重量择大计费，即每立方米重量不足 500 kg 的轻浮货物，按每 1 m^3 体积折合重量 500 kg 计算，但下列货物除外：

（1）本规则有规定计费重量的货物（指裸装货物），按规定计费重量计费；

（2）“铁路货物运输品名分类与代码表”列“童车”、“室内健身车”、“209 其他鲜活货物”、“9914 搬家货物、行李”、“9960 特定集装化运输用具”等裸装运输时按货物重量计费。零担货物规定计费重量表见表 2.6。

表 2.6 零担货物规定计费重量表

顺号	货物名称	计费单位	规定计费重量/kg
1	组成的摩托车： 双轮； 三轮（包括正、侧带斗的，不包括三轮汽车）	 辆 辆	 750 1 500
2	组成的机动车辆、拖斗车（单轴的拖斗车除外）： 车身长度不满 3 m； 车身长度 3 m 以上，不满 5 m； 车身长度 5 m 以上，不满 7 m；车身长度 7 m 以上	辆 辆 辆 辆	4 500 15 000 20 000 25 000
3	组成的自行车	辆	100
4	轮椅、折叠式疗养车	（辆）件	60
5	牛、马、骡、驴、骆驼	头	500
6	未装容器的猪、羊、狗	头	100
7	灵柩、尸体	具（个）	1 000

三、集装箱货物运费的计算

集装箱货物实行按箱计费，按照每种箱型适用的运价率与箱数计算。

集装箱货物的运费按照使用的箱数和《铁路货物运价率表》中规定的集装箱运价率计算。

罐式集装箱、其他铁路专用集装箱按《铁路货物运价率表》中规定的运价率分别加 30%、20% 计算。标记总重量为 30.480 t 的通用 20 英尺集装箱按《铁路货物运价率表》中规定的运价率加 20% 计算，按规定对集装箱总重限制在 24 t 以下的除外。

装运一级毒性物质（剧毒品）的集装箱按《铁路货物运价率表》中规定的运价率加 100% 计算；装运爆炸品、易燃气体、非易燃无毒气体、毒性气体、一级易燃液体（代码表 02 类石油除外）、一级易燃固体、一级自燃物品、一级遇水易燃物品、一级氧化性物质、有机过氧化物、二级毒性物质（有毒品）、感染性物质、放射性物质的集装箱，按《铁路货物运价率表》中规定的运价率加 50% 计算。

装运危险货物的集装箱按上述两款规定适用两种加成率时，只适用其中较大的一种加成率。

自备集装箱空箱运价率按《铁路货物运价率表》规定重箱运价率的 40% 计算。

承运人利用自备集装箱回空捎运货物，按集装箱重箱适用的运价率计费，在货物运单铁路记载事项栏内注明，免收回空运费。

运价率不同的货物在一个包装内或按总重量托运时，按该批或该项货物中高的运价率计费。

在货物运单内分项填记重量的货物，应分项计费，但运价率相同时，应合并计算。

例 2.4 图们站发往大窑湾港站一批塑料布，货物重量为 29 t，用 1 个 40ft 自备集装箱装运，保价 30 000 元，费率 3‰，运价下浮 20%，计算应核收的运杂费如下：

运价里程 1 224 km；电气化里程 697 km；基金里程 1 224 km。基价 1：429.8 元/箱，基价 2：1.637 4 元/箱公里。

运费 =（429.8 + 1.637 4 × 1 224）×（1 − 20%）× 1 = 1 947.20（元）

印花税 =（1 947.20 + 227.50）× 0.0 005 = 1.10（元）

电气化附加费 = 0.408 × 697 ×（1 − 20%）× 1 = 227.50（元）

铁路建设基金 = 1.122 × 1 224 ×（1 − 20%）× 1 = 1 098.60（元）

保价费 = 30 000 × 3‰ ×（1 − 20%）= 72.00（元）

施封材料费 = 1.50 ×（1 − 20%）= 1.20（元）

发站装卸费 = 292.50 × 90% ×（1 − 20%）= 210.60（元）

合计 3 558.20 元。

第五节 铁路建设基金、电气化附加费及新路新价均摊运费的计算

一、铁路建设基金

（1）铁路建设基金按国铁正式营业线和实行统一运价的运营临管线的运价里程计算。铁路建设基金由发站一次核收。

（2）国际联运国内段铁路建设基金，出口货物由发站核收，进口货物由国境站核收。军事运输也按规定的费率核收铁路建设基金。

（3）铁路建设基金的计费重量：整车、零担货物按该批运费的计费重量计算；集装箱货物按箱计费。货物运单内分项填记重量的货物，按运费计费重量合并计算。

（4）铁路建设基金的尾数不足 1 角按四舍五入处理。

（5）免收运费的货物、站界内搬运的货物免收铁路建设基金。

（6）货物承运后发生运输变更时，按《铁路货物运价规则》处理运费的方法处理。

（7）承运后发现托运人匿报、错报货物品名或货物重量不符，致使铁路建设基金少收时，到站除按正当铁路建设基金补收差额外，另核收该差额等额的违约金。集装箱货物超过集装箱标记总重量，对其超过部分：1 t 箱每 10 kg；10 t 箱、20 ft 箱、40 ft 箱每 100 kg 按该箱型费率的 1.5% 计算。

（8）国铁的正式营业线和实行统一运价的运营临管线按《铁路建设基金费率表》（表 2.7 所示）规定的费率核收铁路建设基金。

铁路建设基金的计算公式为：

建设基金＝费率×计费重量（箱数或轴数）×运价里程

表 2.7　铁路建设基金费率表

<table>
<tr><th colspan="3">项目
种类</th><th>计费单位</th><th>农药</th><th>磷矿石</th><th>其他货物</th></tr>
<tr><td colspan="3">整车货物</td><td>元/吨公里</td><td>0.019</td><td>0.028</td><td>0.033</td></tr>
<tr><td colspan="3">零担货物</td><td>元/10（kg·km）</td><td>0.000 19</td><td colspan="2">0.000 33</td></tr>
<tr><td colspan="3">自轮运转货物</td><td>元/轴公里</td><td colspan="3">0.099</td></tr>
<tr><td rowspan="6">集装箱</td><td colspan="2">1 t 箱</td><td>元/箱公里</td><td colspan="3">0.019 8</td></tr>
<tr><td colspan="2">20 ft 箱</td><td>元/箱公里</td><td colspan="3">0.528 0</td></tr>
<tr><td colspan="2">40 ft 箱</td><td>元/箱公里</td><td colspan="3">1.122 0</td></tr>
<tr><td rowspan="3">空自备箱</td><td>1 t 箱</td><td>元/箱公里</td><td colspan="3">0.009 9</td></tr>
<tr><td>20 ft 箱</td><td>元/箱公里</td><td colspan="3">0.264 0</td></tr>
<tr><td>40 ft 箱</td><td>元/箱公里</td><td colspan="3">0.561 0</td></tr>
</table>

注：整车化肥、黄磷免征铁路建设基金。

二、电气化附加费

（1）铁路电气化附加费按该批货物经由国铁正式营业线和实行统一运价的运营临管线电气化区段的运价里程合并计算。铁路电气化附加费由发站一次核收。

（2）国际联运国内段铁路电气化附加费，出口货物由发站核收，进口货物由国境站核收。军事运输也按规定的费率核收铁路电气化附加费。

(3) 铁路电气化附加费的计费重量：整车、零担货物按该批运费的计费重量计算；集装箱货物按箱计费。货物运单内分项填记重量的货物，按运费计费重量合并计算。

(4) 铁路电气化附加费的尾数不足 1 角按四舍五入处理。

(5) 免收运费的货物、站界内搬运的货物免收铁路电气化附加费。

(6) 货物承运后发生运输变更时，按《铁路货物运价规则》处理运费的方法处理。

(7) 承运后发现托运人确定的货物重量不符，致使铁路电气化附加费少收时，到站应按正当铁路电气化附加费补收。

集装箱货物超过集装箱标记总重量，对其超过部分：1 t 箱每 10 kg；10 t 箱、20 ft 箱、40 ft 箱每 100 kg 按该箱型费率的 1.5% 补收电气化附加费。

(8) 电气化附加费费率如表 2.8 所示。

表 2.8 电气化附加费费率表

<table>
<tr><th colspan="3">项目
种类</th><th>计费单位</th><th>费率</th></tr>
<tr><td colspan="3">整车货物</td><td>元/吨公里</td><td>0.012</td></tr>
<tr><td colspan="3">零担货物</td><td>元/10 千克公里</td><td>0.000 12</td></tr>
<tr><td colspan="3">自轮运转货物</td><td>元/轴公里</td><td>0.036</td></tr>
<tr><td rowspan="6">集装箱</td><td colspan="2">1t 箱</td><td>元/箱公里</td><td>0.007 2</td></tr>
<tr><td colspan="2">20ft 箱</td><td>元/箱公里</td><td>0.192</td></tr>
<tr><td colspan="2">40ft 箱</td><td>元/箱公里</td><td>0.408</td></tr>
<tr><td rowspan="3">空自备箱</td><td>1t 箱</td><td>元/箱公里</td><td>0.003 6</td></tr>
<tr><td>20ft 箱</td><td>元/箱公里</td><td>0.096</td></tr>
<tr><td>40ft 箱</td><td>元/箱公里</td><td>0.204</td></tr>
</table>

电气化附加费计算公式为：

电气化附加费 = 费率 × 计费重量（箱数或轴数）× 电化里程

三、新路新价均摊运费

铁路新路新价均摊运费专项用于部分新改建铁路项目还贷。

2003 年 12 月调整国家铁路统一运价时，将原来执行的兰新复线改造新路新价均摊运费并入了运营价格。目前铁路新路新价均摊运费运价为零，但此项目仍保留，以备今后新建铁路运价均摊时使用。

铁路新路新价均摊运费计算公式为：

新路新价均摊运费＝均摊运价率×计费重量（箱数或轴数）×运价里程

第六节　铁路军事运输的计费

铁路计算军事运输产生的费用实行“后付”和“现付”两种付费方式。“后付”由运费主管部门定期向铁路部门清算；“现付”按铁道部有关规定，实行同类物资的商运运价，由托运单位直接向车站支付。

铁路车站应当凭乘车部队或者装备物资发送单位提交的“铁路军运费后付凭证”或者“军运现付证明”受理铁路军事运输。

一、军运后付的有关要求

办理后付运输的请求车手续，部队应当提交“铁路军运费后付凭证”（未列入《超限的特种装备装运办法》的超限装备运输还应当提交“托运超限货物说明书”，挂运自备车辆的还应当提交铁路车辆部门出具的车辆技术状态合格证明）。

装载站办理承运手续，应当按照规定核查“铁路军运费后付凭证”，并与铁路局军（特）调核对军运号码和付费号码。

铁路军运运价属指令性运价，未经运价主管部门批准，任何地区、部门、单位不得擅自提价或者另行收取其他费用。

任何单位或个人不得以军运名义办理军运范围以外的运输。对违反军运规定的，经铁路有关部门和部队计划审批单位确认后，到站按照铁路商运运价的两倍向乘坐人员或者收货单位收取运费。其中，已按照军运后付办理的运输，运费由运费主管部门先支付铁路部门，再由部队计划审批单位向提计划单位追回已支付的运费。

二、人员运输计费

（1）按照军运后付办理的人员运输，依据《军运人员票价表》和下列规定计费：

① 客车：整车按照乘坐列车种类、车辆定员的席别票价计费，每批不够整车的剩余人员单独使用整车按照整车计费，未使用整车按照实乘人数、席别计费；途中发生换乘时，按照第一发站乘坐列车的种类、席别计费，不分段计算；

② 公务车，按照18人定员的高级包房软卧票价计费。

③ 军用卫生列车（包括伤员车、手术车、行李车、餐车、硬座车），每车按照 75 人定员的硬座票价计费。

④ 棚车代用客车，不分车辆吨位和实乘人数，每车按照 45 人硬座票价计费。

(2) 按照军运后付办理的人员乘坐动车组，票价按照动车组公布票价的 50% 计费。

(3) 按照军运后付办理的，使用旅客列车运送人员或者挂运在旅客列车上的车辆、军运人员专列，按照客运运价里程计算；人员、货物混合列车，按照货运运价里程计算。

(4) 按照现付办理的人员运输，车站按《铁路旅客运输规程》、《铁路旅客运价规则》的规定和铁路旅客票价计费。

包用铁路客车、公务车、行李车、邮政车、合造车、餐车，需在中途或者折返站停留时，包车停留费和餐车使用费按照《铁路旅客运输规程》的有关规定计费。

三、物资运输计费

(1) 按照军运后付办理的整车货物运输（不含军品外贸运输），按照 4 号运价率和下列规定计费：

① 棚车、敞车、平车按照 60t 计费；

② 罐车按照标重计费；

③ 冷藏车按照《铁路货物运价规则》的有关规定计费；

④ 超长、超限货物使用的游车按照第（一）项规定计费。

(2) 按照军运后付办理的整车超限货物运输，按照下列规定计费：

① 一级超限货物，按照 4 号运价率加 50% 计费；

② 二级超限货物，按照 4 号运价率加 100% 计费；

③ 超级超限货物，按照 4 号运价率加 150% 计费；

④ 对安装超限货物检查架的车辆，不另收运费。

(3) 按照军运后付办理的整车货物，需要限速运行的（不含通过桥梁、隧道、出入站线限速运行），按照 4 号运价率加 150% 计费；整车超限货物需要限速运行的，只核收限速运行的加成运费，不另核收超限货物加成运费。

(4) 按照军运后付办理的集装箱军事运输，按照《铁路货物运价规则》的有关规定计费。

(5) 按照军运后付办理的货物运价里程，按照《货物运价里程表》和相关文件规定确定。

(6) 按照现付办理的整车、集装箱、零担货物运输，发送单位应向装载站提交货物运单，车站按照《铁路货物运价规则》和有关规定计费。

四、自备车或者租用车运输的计费

(1) 自备车辆或者租用铁路货车使用自备机车或者租用铁路机车牵引时，按照列车（包括机车、守车）的轴数和轴公里运价率计费。

(2) 自备客车或者租用铁路车辆挂运在铁路货物列车上的人员输送，棚车代用客车按照 45 人计费，客车按照定员（席别）军运人员票价的 80% 计费。

(3) 自备车辆或（含自备仪器车）或者租用铁路货车挂运在铁路货物列车上的货物运输，按照适用运价率的 80% 计费。

(4) 自备车辆或者租用铁路车辆空车挂运在货物列车上的军事运输，按照车辆轴数和轴公里运价率计费。

(5) 自备车辆挂运在铁路旅客列车上，按照每轴公里 0.55 元计费。

五、输送训练用车计费

(1) 输送训练使用铁路车辆（不分车种），按照每车每日（不足一日按一日计）72 元核收车辆占用费。

(2) 随铁路列车挂运或者按照指定径路运行的输送训练用车，除核收车辆占用费外，货车按照适用运价率的 80% 计费；棚车代用客车按照 45 人计费，客车按照车辆定员（席别）军运人员票价的 80% 计费。

(3) 输送训练用车使用铁路机车单独挂运时，自机车调到使用地点至使用终止，按照《铁路货物运价规则》规定的费率核收机车作业费。

六、军运杂费

(1) 按照军运后付办理的货物运输，每车免费乘坐押运员 2 名；途中每加装或者分卸一批货物，增加免费乘坐押运员 1 名。押运人员超过免费乘坐限额的，按照每人每百公里（不足百公里按照百公里计）核收乘车费 3 元。

前款规定押运人员乘车费之外的其他杂费，按照《铁路货物运价规则》的有关规定计费。

(2) 按照军运后付办理的货物运输，除超过押运人员数额的乘车费、集装箱使用费、货车篷布使用费、长大货车使用费、长大货车回送费列入后付运费结算外，其他杂费，由货物发送或者接收单位直接向车站支付。

(3) 按照军运后付办理的军事运输，中途变更到站或者增减车辆，不另计费，不核收变更手续费。

由于部队责任在中途倒装、加固、补修等所产生的费用，发生站应填写垫款通知书，开具垫款收据，收货单位向到达站支付。

(4) 铁路电气化附加费、铁路建设基金，按照《铁路货物运价规则》规定计费，列“铁路军运费后付凭证”结算。

七、军工产品运输

按照军运后付办理的军工产品运输，按照本办法计费；按照军运后付办理的军品外贸运输，按照《铁路货物运价规则》规定和 6 号运价率计费。

第七节 铁路货物运价下浮

一、下浮条件

轻泡货物采用整车分品类运输时，运价可按表 2.9 所列幅度下浮。轻泡货物是指每立方米（货物体积按紧密堆码状态的外廓尺寸组成的立方体确定）重量不足 300kg 的成件货物和组成的汽车、摩托车、拖斗车、轮式机械及其附件。分品类整车货物指由单一品类、适用单一运价号的货物组成的一批货物。

表 2.9 轻泡货物采用整车分品类运输时的下浮

序号	运价号	最高下浮幅度/%
1	4	25
2	5	35
3	6	50

空车方向分品类顺路装运轻泡货物以外的整车货物，可按其适用运价号在 25% 的幅度内下浮。

整车货物不分品类装运时，可按 5 号运价在 5% 的幅度内下浮。

运价下浮实行批准号制度。批准号格式为 AA 货优价 BBCCC 号，AA 是铁路运输企业标识符，各铁路局为标准简称后加“局”字组成，集装箱、特货公司和中铁快运股份公司分别为“集”、“特”、“快运”；BB 是年份，取日历年的后两位；CCC 是顺序号，顺序使用。

运价下浮顺序号一项一号，一个下浮号里不得包括两个及两个以上下浮项目。

运价下浮不跨年度执行。

二、运价下浮计算

整车和集装箱货物运价下浮应按照《铁路货物运价规则》规定的计费办法和计费条件，只对费用下浮，下浮项目包括：运费、铁路建设基金、新路新价均摊运费、电气化附加费、特定线路运费、特定加价运费、国务院批准的地方铁路建设附加费和发站实际发生的装卸费、长大货物车使用费、货车篷布使用费、集装箱使用费、取送车费五项杂费。其中，铁路建设基金和电气化附加费与运价同幅度下浮，运价的下浮幅度不高于杂费的下浮幅度，但当运价下浮幅度超过 20% 时，装卸费按 20% 幅度下浮，铁路局认为需超过 20% 的由铁路局自行决定。

实行集装箱一口价的集装箱运价下浮时，集装箱一口价的各项目均按同比例下浮。

一批货物同时符合两种下浮条件的，只能适用其中一种。

实行运价下浮的货物和不实行运价下浮的货物混装、不同运价下浮幅度的货物混装时，均按正常运价计费。

货物运价下浮的运费计算公式为:

$$下浮后的费用=\sum[单项正常费用\times(1-下浮幅度)]$$

印花税按下浮后的费用计算。

实行运价下浮的货物运输，在铁路货物运单（或中铁快运运单）承运人记载事项栏和货票（或包裹票）记事栏内填记“××货优价××号，运价下浮×%”。

三、协议与考核

实行运价下浮的货物运输，铁路运输企业必须与托运人签订运量协议，运量协议也可委托所属车站与托运人签订。协议运量应保证下浮后的总收入大于按原运价和原运量计算的总收入。铁路运输企业直接与托运人签订的运量协议应转各发站存备。实行班列包租运输的，在包租协议中一并议定上述内容，不另签订运量协议。

无法指定托运人的运价下浮,应由实行运价下浮的车站在营业场所进行公告。

运价下浮的包量人或包租人必须拥有货源，应是运价下浮货物的托运人，如由于税款抵扣问题，托运人名称不能填记包量人或包租人时，由铁路运输企业货物主管部门确认，托运人在运单“托运人记载事项”栏内注明“委托×××办理运输”。

指定托运人的运价下浮采用预交运量保证金或先收后退的方式。保证金的数额应相当于考核期协议运量运价下浮部分总额的 1.2 倍。先收后退是指先全额核收正常运费，达到协议运量后次月退回下浮部分运费。实行班列包租运输的，不采用预交运量保证金或先收后退的方式。

保证金及先收的下浮部分运费按预收款管理。

协议运量按月或按季考核，因承运人原因未完成的运量，经铁路运输企业货运主管部门认可，考核时可相应扣减协议运量，因托运人原因运量没有达到协议运量的，该考核期不得享受运价下浮，用运费杂费收据补收正常运费与下浮运费的差额，并按业务范围在货物名称栏填记“补收下浮运费（或集装箱运费或特货运费）”。

同一个运价下浮项目中同时包括分品类和不分品类下浮的，其协议运量应分别确定、分别考核。

实行运价下浮的货物运输不办理变更到站。若发生变更，则在新到站补收全程正常运费与已收运费的差额，不再执行原运价下浮。发站采取先收后退方式考核的，到站仍按上述规定执行，并发电报通知发站退还下浮部分运费，并不得计入运量考核数。

四、监督检查

对运价下浮货物，发站应严格按规定进行监装，到站要加强核查。凡承运后发现装运货物超出规定下浮品名，按批核收全程正常运费（含建设基金、电气化附加费等进行运价下浮的所有项目）2 倍的违约金；所装货物未超出规定下浮品名，但与填记的品名不符或不附物品清单，按批核收全程正常运费（含建设基金、电气化附加费等进行运价下浮的所有项目）1 倍的违约金。均不另补收运费差额，并不得计入运量考核数。如发站实行先收后退方式考核的，到站核查不符时，到站仍按上述规定执行，并发电报通知发站退还下浮部分运费。

第八节 农用化肥运输

一、农用化肥运价

（1）凡具有农用化肥合法生产，经营资格的企业，经铁路运输列入《实行铁路优惠运价的农用化肥品种目录》的农用化肥，实行化肥运价。实行铁路优惠运价的农用化肥品种目录为：

硫酸铵、尿素、氯化铵、碳酸氢铵、氰氨化钙、过磷酸钙、重过磷酸钙、钙镁磷肥、肥料级磷酸氢钙、氯化钾、硫酸钾、磷酸铵（磷酸一铵、磷酸二铵）、硝基磷酸铵、硝酸磷肥、磷酸二氢钾、硝酸钾、硝酸铵钙、钙镁磷钾肥、复混肥料（复合肥料）。

货主实际填报的货物品名中完整包含上述农用化肥品种名称，附加文字主要是对上述农用化肥品种性态、用途进行说明的，也按上述农用化肥品种执行（用途说明为非农业用途的除外）。

（2）各类线路化肥运价的具体规定。

国铁正式营业线和执行统一运价的运营临管线，按《铁路货物运价规则》规定的“化学肥料”（简称化肥，以下同）运价率计费。

津霸、横麻线和京九线黄村至沙河街北，三江镇至定南段按《铁路货物运价规则》规定的“化肥”运价率计费，另核收每吨公里0.006元的京九分流运费。

兰新线乌阿段和除京九、津霸、横麻线以外的实行特价的各铁路局临管线（含塔韩、伊敏、通霍、胶新、临沂北、胶黄、西康、宣杭、北仑、上铅、乐德、南昆、威红、南疆、红岭、小厉、南阳西线，宁西线西合段、侯月线翼城东至莲东段、广乐线嘉普段、内六线豆梅段、横南线横永段、武九线大沙段）以及集通、阳涉、西延、邯济、合九、萧甬、达成（含达万线）、宁启、石长、武夷山、龙岩、广梅汕、三茂、粤海铁路公司，不分管内到发和通过运输均按每吨公里 0.054 8 元的运价率计费。

通过漯阜、长荆、水柏线运输目录内农用化肥，按每吨公里 0.054 8 元的运价率计费。

（3）出口化肥和用于工业生产的化工品（不含用于混配复合肥生产的化肥）不享受农用化肥运价优惠政策，不得按化肥运价号计费。

二、农用化肥运输

办理化肥运输时，托运人应当出具托运人和收货人营业执照复印件（复印件应经持证企业盖章确认，其中“经营范围”一栏应当包括“化肥”或“复合肥”）。发站必须认真查验托运人出具的有关证照，落实货物包装、货物实际品名与填报是否一致。到站对收货人化肥经营资格有疑义的，可以要求收货人出具营业执照复印件。变更收货人的，应当要求出具变更后收货人的营业执照复印件。到站发现实际运输的货物与外包装不一致的，按匿报品名处理。

托运人匿报、错报货物品名，或采取出具虚假证照等欺诈手段享受农用化肥运价优惠政策的，到站后改变农用化肥用途的，均按照或比照《价规》第48条的规定处理，到站处理的应当通知发站。

例 2.5　2009 年 04 月 14 日，辽宁化肥有限责任公司由丹东站发往通辽站磷酸二铵（化肥）1 200 件 60 t，收件人为通辽市博通农业生产资料有限公司，使用车号 P62NK/3313233、标重 60t 车装运。运价里程 593 km，电气化里程 76 km，基价 1 为 6.40 元/t，基价 2 为 0.0 378 元/吨公里，计费重量为 60 t。计算的运输费用如下（托运人所出具的托运人和收货人的营业执照复印件符合铁道部文电要求）:

运费 =（6.40 + 0.0378 × 593）× 60 = 1 728.90（元）

电气化附加费 = 0.012 × 76 × 60 = 54.70（元）

印花税 =（1 349.20 + 54.70）× 0.000 5 = 0.70（元）

合计 1 784.50 元。

第九节　货运杂费及印花税的计算

杂费是货物运输费用的组成部分，是由运输货物而发生的辅助作业费。铁路杂费按实际发生的项目和发生当日实行的杂费费率核收，未发生的项目不准核收。各项杂费不满一个计算单位的，均按一个计算单位计算（另定者除外），杂费的尾数不足1角时按四舍五入处理。

一、货运营运杂费

货运营运杂费主要有表格材料费、冷却费、D型长大货物车使用费、货车篷布使用费、集装箱使用费、货物装卸作业费、货物保价费等。铁路货物运输营运中的杂费按实际发生的项目和表2.10的规定核收。

表2.10　铁路货运营运杂费费率表

<table>
<tr><th>顺号</th><th colspan="3">项　目</th><th>单　位</th><th>费　率</th></tr>
<tr><td rowspan="8">1</td><td rowspan="8">表格材料费</td><td rowspan="2">运单</td><td>普通货物</td><td>元/张</td><td>0.10</td></tr>
<tr><td>国际联运货物</td><td>元/张</td><td>0.20</td></tr>
<tr><td rowspan="2">货签</td><td>纸制</td><td>元/个</td><td>0.10</td></tr>
<tr><td>其他材料制</td><td>元/个</td><td>0.20</td></tr>
<tr><td colspan="2">危险货物包装标志</td><td>元/个</td><td>0.20</td></tr>
<tr><td colspan="2">物品清单</td><td>元/张</td><td>0.10</td></tr>
<tr><td colspan="2" rowspan="2">施封锁材料费
（承运人装车、箱的除外）</td><td rowspan="2">元/个</td><td rowspan="2">1.50</td></tr>
<tr></tr>
<tr><td>2</td><td colspan="3">冷却费</td><td>元/吨</td><td>20</td></tr>
<tr><td>3</td><td colspan="3">D型长大货物车空车回送费</td><td>元/吨</td><td>20.00</td></tr>
<tr><td rowspan="7">4</td><td rowspan="7">D型长大货物车使用费</td><td rowspan="3">标重不足180t</td><td>不超重</td><td>元/吨公里</td><td>0.25</td></tr>
<tr><td>一级超重</td><td>元/吨公里</td><td>0.30</td></tr>
<tr><td>二级超重</td><td>元/吨公里</td><td>0.35</td></tr>
<tr><td rowspan="4">标重180t以上</td><td>不超重</td><td>元/吨公里</td><td>0.30</td></tr>
<tr><td>一级超重</td><td>元/吨公里</td><td>0.35</td></tr>
<tr><td>二级超重</td><td>元/吨公里</td><td>0.40</td></tr>
<tr><td>超级超重</td><td>元/吨公里</td><td>0.60</td></tr>
<tr><td rowspan="3">5</td><td colspan="2" rowspan="3">取送车费</td><td>整车</td><td>元/车公里</td><td>9.00</td></tr>
<tr><td>40 ft 集装箱</td><td>元/箱公里</td><td>9.00</td></tr>
<tr><td>20 ft 集装箱</td><td>元/箱公里</td><td>4.50</td></tr>
<tr><td>6</td><td colspan="3">机车作业费</td><td>元/半小时</td><td>90.00</td></tr>
</table>

续表 2.10

<table>
<tr><th>顺号</th><th colspan="3">项 目</th><th>单位</th><th>费率</th></tr>
<tr><td>7</td><td colspan="3">押运人乘车费</td><td>元/人百公里</td><td>3.00</td></tr>
<tr><td rowspan="4">8</td><td rowspan="4">货车篷布使用费</td><td rowspan="2">D 型篷布</td><td>500 km 以内</td><td>元/张</td><td>120.00</td></tr>
<tr><td>501 km 以上</td><td>元/张</td><td>168.00</td></tr>
<tr><td rowspan="2">其他篷布</td><td>500 km 以内</td><td>元/张</td><td>60.00</td></tr>
<tr><td>501 km 以上</td><td>元/张</td><td>84.00</td></tr>
<tr><td rowspan="13">9</td><td rowspan="13">集装箱使用费</td><td rowspan="4">1t 箱</td><td>500 km 以内</td><td>元/箱</td><td>6.50</td></tr>
<tr><td>501～2 000 km 每增加 100 km 加收</td><td>元/箱</td><td>0.52</td></tr>
<tr><td>2 001～3 000 km 每增加 100 km 加收</td><td>元/箱</td><td>0.26</td></tr>
<tr><td>3 001 km 以上计收</td><td>元/箱</td><td>16.90</td></tr>
<tr><td rowspan="4">20ft 箱</td><td>500 km 以内</td><td>元/箱</td><td>130.00</td></tr>
<tr><td>501～2 000 km 每增加 100 km 加收</td><td>元/箱</td><td>13.00</td></tr>
<tr><td>2001～3 000 km 每增加 100 km 加收</td><td>元/箱</td><td>6.50</td></tr>
<tr><td>3 001 km 以上计收</td><td>元/箱</td><td>390.00</td></tr>
<tr><td rowspan="4">40ft 箱</td><td>500 km 以内</td><td>元/箱</td><td>260.00</td></tr>
<tr><td>501～2 000 km 每增加 100km 加收</td><td>元/箱</td><td>26.00</td></tr>
<tr><td>2 001～3 000 公里每增加 100 km 加收</td><td>元/箱</td><td>13.00</td></tr>
<tr><td>3001 km 以上计收</td><td>元/箱</td><td>780.00</td></tr>
<tr><td colspan="2">铁路拼箱（一箱多批）</td><td>元/10 kg</td><td>0.20</td></tr>
<tr><td>10</td><td colspan="2">货物装卸作业费</td><td colspan="3">按铁道部《铁路货物装卸作业计费办法》的规定核收</td></tr>
<tr><td>11</td><td colspan="2">货物保价费</td><td colspan="3">按铁道部《关于修订货物保价费率的通知》的规定核收</td></tr>
</table>

《铁路货运运价规则》对铁路货运营运杂费核收的具体规定如下：

（1）在温季和热季（按装车时外温确定）使用机械冷藏车装运需要途中制冷运输的未冷却的瓜果、蔬菜，按货物重量核收冷却费。

加冰冷藏车始发所需的冰、盐由托运人准备。如托运人要求承运人供应，承运人则按实际发生的费用核收。

（2）应托运人要求，铁路冷藏车在其他站加冰、盐后送至发站装货时，由发站或加冰站按 7 号运价率与自加冰站至发站间里程核收货车回送费。

（3）使用铁路 D 型长大货物车装运货物时，除核收运费外，并核收下列费用：

① 按确定的计费重量、运价里程，核收 D 型长大货物车使用费。

② 按货车轴数，核收 D 型长大货物车回送费，托运人取消托运时，仍核收此项费用。

（4）用铁路机车往专用线、货物支线（包括站外出岔）或专用铁路的站外交接地点调送车辆时，核收取送车费。计算取送车费的里程应自车站中心线起算，到交接地点或专用线最长线路终端止，里程往返合计（不足 1km 的尾数进整为 1km），取车不另收费。

向专用线取送车，由于货物性质特殊或设备条件等原因，托运人、收货人要求加挂隔离车时，隔离车按需要使用的车数核收取送车费。

（5）托运人或收货人使用铁路机车进行取送车辆以外的其他作业时，另核收机车作业费。

（6）派有押运人押运的货物核收押运人乘车费。

（7）使用铁路货车篷布苫盖货车时，向托运人核收货车篷布使用费。

（8）使用铁路集装箱装运货物，向托运人核收集装箱使用费。使用铁路集装箱装运危险货物时，集装箱使用费加 20% 核收。

（9）整车、零担、集装箱货物装卸费以及准、米轨间整车货物直通运输换装费，按《铁路货物装卸作业计费办法》的规定计费。

整车、零担货物和不按一口价办理的集装箱，装费由发站向托运人核收，卸费由到站向收货人核收；按一口价办理的集装箱货物，发站和到站的装卸费均由发站向托运人一次核收；准、米轨间整车货物直通运输的换装费，从米轨发运的由发站向托运人核收，从准轨发运的由到站向收货人核收。

（10）货物保价费，按货物保价金额和规定的费率计算。

二、延期使用运输设备、违约及委托服务费用

主要包括过秤费、货物暂存费、专用线、专用铁路货车使用费、D 型长大货物车延期使用费、集装箱延期使用费、冷藏车（取消托运时）空车回送费、机械冷藏车制冷费、货物运输变更手续费、清扫除污费。

《铁路货运运价规则》对延期使用运输设备、违约及委托服务费用的核收，具体规定如下：

（1）延期使用铁路运输设备或违约以及委托铁路提供服务发生的杂费，按实

际发生的项目和表 2.11 的规定核收。

零担货物暂存费按计费重量计算。

表 2.11　延期使用运输设备、违约及委托服务杂费费率表

<table>
<tr><th>顺号</th><th colspan="3">项　目</th><th>单位</th><th>费率</th></tr>
<tr><td rowspan="7">1</td><td rowspan="7">过秤费</td><td colspan="2">整车轨道衡</td><td>元/车</td><td>30.00</td></tr>
<tr><td colspan="2">整车普通磅秤</td><td>元/吨</td><td>1.50</td></tr>
<tr><td colspan="2">零担</td><td>元/百千克</td><td>0.40</td></tr>
<tr><td colspan="2">1 t 箱</td><td>元/箱</td><td>1.50</td></tr>
<tr><td colspan="2">10 t 箱</td><td>元/箱</td><td>15.00</td></tr>
<tr><td colspan="2">20 ft 箱</td><td>元/箱</td><td>30.00</td></tr>
<tr><td colspan="2">40 ft 箱</td><td>元/箱</td><td>60.00</td></tr>
<tr><td rowspan="5">2</td><td rowspan="5">货物暂存费</td><td colspan="2">整车货物</td><td>元/车日</td><td>60.00</td></tr>
<tr><td colspan="2">零担货物</td><td>元/批百千克日</td><td>0.60</td></tr>
<tr><td colspan="2">1 t 箱</td><td>元/箱日</td><td>3.00</td></tr>
<tr><td colspan="2">20 ft 箱</td><td>元/箱日</td><td>30.00</td></tr>
<tr><td colspan="2">40 ft 箱</td><td>元/箱日</td><td>60.00</td></tr>
<tr><td rowspan="12">3</td><td rowspan="12">专用线、专用铁路货车使用费</td><td rowspan="4">一般货车</td><td>1～10</td><td>元/车小时</td><td>2.00</td></tr>
<tr><td>11～20</td><td>元/车小时</td><td>4.00</td></tr>
<tr><td>21～30</td><td>元/车小时</td><td>6.00</td></tr>
<tr><td>30 h 以上</td><td>元/车小时</td><td>10.00</td></tr>
<tr><td rowspan="4">冰冷车、罐车</td><td>1～10</td><td>元/车小时</td><td>3.00</td></tr>
<tr><td>11～20</td><td>元/车小时</td><td>6.00</td></tr>
<tr><td>21～30</td><td>元/车小时</td><td>9.00</td></tr>
<tr><td>30 h 以上</td><td>元/车小时</td><td>12.00</td></tr>
<tr><td rowspan="4">机冷车</td><td>1～10</td><td>元/车小时</td><td>5.00</td></tr>
<tr><td>11～20</td><td>元/车小时</td><td>8.00</td></tr>
<tr><td>21～30</td><td>元/车小时</td><td>11.00</td></tr>
<tr><td>30 h 以上</td><td>元/车小时</td><td>14.00</td></tr>
</table>

续表 2.11

顺号	项　目			单位	费率
4	D型长大货物车延期使用费			元/吨日	4.00
5	货车篷布延期使用费			元/张日	20.00
			D型篷布	元/张日	40.00
6	集装箱延期使用费		1 t箱	元/箱日	2.00
			10 t箱	元/箱日	20.00
			20 ft箱	元/箱日	40.00
			40 ft箱	元/箱日	80.00
7	冷藏车（取消托运时）空车回送费			元/车	150.00
8	机械冷藏车制冷费		单节型	元/车日	200.00
			5辆型	元/车组日	680.00
			9辆型	元/车组日	1 080.00
9	货物运输变更手续费	变更到站、变更收货人	整车货物和20、40英尺集装箱货物	元/批	300.00
			零担货物和其他集装箱货物	元/批	20.00
		发送前取消托运	整车货物和20、40英尺集装箱货物	元/批	100.00
			零担货物和其他集装箱货物	元/批	10.00
10	清扫除污费	货位清扫	蔬菜、瓜果、牲畜	元/车	10.00
			散堆装货物	元/车	2.00
		集装箱清扫	1t箱	元/箱	0.20
			10t箱	元/箱	1.50
			20ft箱	元/箱	2.50
			40ft箱	元/箱	5.00
		货车清扫		元/车	5.00
	货车洗刷除污	整车货物	毒害品	元/车	100.00
			其他	元/车	60.00
		按零担办理的牛、马、骡、驴、骆驼		元/头	1.00

(2) 由托运人确定重量的货物，经承运人复查重量超过时，核收货物过秤费。

(3) 货物暂存费在应收该费时间段的前三日，按规定的费率计费；自第四日起，允许铁路运输企业根据各地的不同情况适当浮动，上浮幅度最大不得超过规定费率的 300%，下浮幅度最大不得超过规定费率 50%，并报铁道部备案。

危险货物和易燃货物的暂存费率按普通货物费率加 100% 计算。

(4) 在专用线（含铁路的段管线、厂管线）、专用铁路内装卸及其他按规定由托运人、收货人自行装卸的铁路货车（D 型长大货物车除外），按《货车使用费核收暂行办法》的规定核收货车使用费。

(5) 由托运人、收货人自行装卸的 D 型长大货物车，自调到装卸地点（或交接地点）之日起的第四日起，到装卸完了（或交接地点交接完毕）之日止，按日（不足一日按一日）核收 D 型长大货物车延期使用费。

(6) 使用铁路货车篷布超过规定使用期限的，核收货车篷布延期使用费。

使用铁路集装箱超过规定期限的，核收集装箱延期使用费。

(7) 冷藏车送到装车站后，托运人取消托运，应核收空车回送费。已经预冷的机械冷藏车，还应核收一日的制冷费。

由于托运人（收货人）的责任，机械冷藏车超过规定的装（卸）车时间，在此期间需要制冷时，除核收货车使用费外，还应按日（不足 12 小时按半日）核收制冷费。

(8) 托运人要求变更到站时、变更收货人或发送前取消托运，由受理变更站核收货物运输变更手续费。

发送前取消托运，发站退还全部运费（含电气化附加费、京九分流运费和铁路建设基金等）和按里程计算的杂费，如货物运费低于变更手续费时，免收变更手续费，但不退还运费。

货物发送后，托运人或收货人要求变更到站时，运费与押运人乘车费应按发站至处理站，处理站至新到站分别计算，由新到站向收货人清算，处理站应将变更事项记入货票内。

由于处理变更所发生的杂费，应按实际发生分别核收。

对已承运的货物，因自然灾害发生运输阻碍变更到站时，免收变更手续费，运费按发站至处理站与处理站至新到站的实际经由里程合并通算。如至新到站经由发站至处理站的原径路时，计算时应扣除原径路的回程里程。杂费按实际发生核收。

例 2.6 山河屯站承运到黑山站硼砂一车，货重 58 t，货车标重 60 t，货主自装。托运人在沈阳西站办理变更，新到站为百子湾站，处理站和到站计算应核收的运杂费如下：

（1）处理站沈阳西站核收：变更手续费 300.00 元，并在货票内记明变更有关事宜。

（2）百子湾站对运输费用的处理：

① 发站已收运输费用（原货票核收）：山河屯站至黑山站运价里程 720 km，电气化里程 448 km，硼砂运价号为 5 号，运价率基价 1 为 10.4 元/t，基价 2 为 0.054 9 元/吨公里计费重量 60 t。

运费 =（10.4 + 0.0 549 × 720）× 60 = 2 995.70（元）

印花税 =（2 995.70 + 322.60）× 0.000 5 = 1.66 = 1.70（元）

电气化附加费 = 0.012 × 448 × 60 = 322.60（元）

铁路建设基金 = 0.033 × 720 × 60 = 1 425.60（元）

合计 4 745.60 元。

② 新到站百子湾应收：

发站（山河屯站）至处理站（沈阳西站）的运输费用（运价里程 590 km，电气化里程 333 km）：

运费 =（10.4 + 0.054 9 × 590）× 60 = 2 567.50（元）

印花税 =（2 567.50 + 239.80）× 0.000 5 = 1.40（元）

电气化附加费 = 0.012 × 333 × 60 = 239.80（元）

铁路建设基金 = 0.033 × 590 × 60 = 1 168.20（元）

合计 3 975.50 元。

处理站（沈阳西站）至新到站（百子湾站）的运输费用（运价里程 832 km，电气化里程 46 km）：

运费 =（10.4 + 0.054 9 × 832）× 60 = 3 364.60（元）

印花税 =（3 364.60 + 33.10）× 0.000 5 = 1.70（元）

电气化附加费 = 0.012 × 46 × 60 = 33.10（元）

铁路建设基金 = 0.033 × 832 × 60 = 1 647.40（元）

合计 5 045.10 元。

③ 新到站百子湾应补退的运输费用（正号为补收、负号为退还的费用）：

应补退运费 = 发站至处理站运费 + 处理站至新到站运费 − 货票原收运费

= 2 567.50 + 3 364.60 − 2 995.70 = 2 936.40（元）

应补退印花税 = 1.40 + 1.70 − 1.70 = 1.40（元）

应补退电气化附加费 = 发站至处理站电气化附加费 + 处理站至新到站电气化附加费 − 货票原收电气化附加费 = 239.80 + 33.10 − 322.60 = − 49.70（元）

应补退铁路建设基金 = 发站至处理站铁路建设基金 + 处理站至新到站铁路建设基金 − 货票原收铁路建设基金 = 1 168.20 + 1 647.40 − 1 425.60 = 1 390.00（元）

杂费：根据处理站沈阳西站在货票内记明的变更有关事宜和新到站实际发生的核收。

应收合计＝2 936.40＋1.40－49.70＋1 390.00＝4 278.1（元）

(9) 承运后发现托运人匿报、错报货物品名填写运单，致使货物运费减收或危险货物匿报、错报货物品名按一般货物运输时，按批核收全程正当运费二倍的违约金，不另补收运费差额。

承运后发现整车货物超过计费重量但未超过货车规定容许载重量时，到站对超过部分除按该批货物适用的运价率补收全程正当运费；发现整车货物重量超过货车规定的容许载重量时，除补收全程正当运费的差额外，另对超过货车规定容许载重量的部分，核收其运费额五倍的违约金。专用线的自装整零货车少报货物重量时，除补收全程正当运费的差额外。另核收该差额五倍的违约金。

到站发现零担货物的实际重量超过发站确定的计费重量时，对超过部分应按该批货物适用的运价率补收全程正当运费的差额。

集装箱货物超过集装箱标记总重量时 ，对其超过部分：1 t 箱每 10 kg，10 t 箱、20 ft 箱、40 ft 箱每 100 kg 均按该箱型运价率的 5% 核收违约金。

例 2.7　四平站承运到汉西站一车大米，敞车装运，货车标重 60 t，货重 58 t，使用两张路用篷布。该车 8 月 9 日 18 点 10 分调入专用线装车（自装），10 日 9 点 10 分装完（装车时间协议签订为 2 小时）。专用线长 6.501 km，到站发现实际货物品名为花生米，计算四平站原收费用及汉西站补收费用如下（全程里程 2 107 km，电气化里程 957 km，铁路建设基金里程 2 107 km，京九分流里程 1 183 km，计费重量 60 t)：

（1）四平站。

原货票记载：大米运价号为 4 号，基价 1 为 9.60 元/t，基价 2 为 0.048 4 元/吨公里，入关大米根据有关规定按每吨 18 元收取铁路建设基金。

运费＝（9.60＋0.048 4×2 107）×60＝6 694.70（元）

电气化附加费＝0.012×957×60＝689.00（元）

印花税＝（6 694.70＋689.00＋425.90）×0.000 5＝3.90（元）

铁路建设基金＝18.00×60＝1 080.00（元）

篷布使用费＝84.00×2＝168.00（费率:500 公里以上，84.00 元/张）

京九分流费＝0.006×1 183×60＝425.90

取送车费＝取送车费率×取送车费里程×车数＝9.00×14×1＝126.00（元）

（计算取送车费的里程应自车站中心线起算,到交接地点或专用线最长线路终端止，里程往返合计，不足 1 公里的尾数进整为 1 公里。取送车费里程＝6.501×2＝13.002≈14 km）

货车使用费＝（2.00×10＋4.00×3）＝32.00（延长 13 小时）

合计 9 219.50 元。

（2）实际应收运费。

花生米运价号为 5 号，运价率：基价 1 为 10.4 元/吨 ，基价 2 为 0.054 9 元/吨公里

运费 =（10.4 + 0.054 9 × 2 107）× 60 = 7 564.50（元）

电气化附加费 = 0.012 × 957 × 60 = 689.00（元）

印花税 =（7 564.50 + 689.00 + 425.90）× 0.000 5 = 4.30（元）

铁路建设基金 = 0.033 × 2 107 × 60 = 4 171.90（元）

京九分流费 = 0.006 × 1 183 × 60 = 425.90（元）

取送车费、篷布使用费、货车使用费不变。

（3）汉西站按批花生米运价核收全程正当运费二倍的违约金，并补收铁路建设基金差额，另核收该差额等额的违约金。

补收运费违约金 = 7 564.50 × 2 = 15 129.00（元）

补收印花税 = 4.30 − 3.90 = 0.40（元）

补收正当基金差额 = 花生米基金 − 大米基金 = 4 171.90 − 1 080.00 = 3 091.90（元）

补收正当基金差额等额违约金 = 3 091.90（元）

汉西站应补收 21 313.20 元。

例 2.8　某公司从牡丹江站到沈阳站运输生铁一车（机械装载），用 C62A 敞车装运，发站按 60 t 核收运费，货物到站后复查重量为 68.6 t，超载 8.6 t（非轨道衡站）。牡丹江—沈阳运价里程 899 km，电气化里程 543 km，基金里程 899 km，基价 1：9.60 元/t，基价 2：0.048 4 元/吨公里，计费重量 60 t。沈阳站应核收费用计算如下：

承运后发现托运人确定的货物重量不符，致使铁路电气化附加费少收时，到站应按正当铁路电气化附加费补收；致使铁路建设基金少收时，到站除按正当铁路建设基金补收差额外，另核收该差额等额的违约金。

（1）原货票核收：

运费 =（9.60 + 0.048 4 × 899）× 60 = 3 186.70（元）

电气化附加费 = 0.012 × 543 × 60 = 391.00（元）

印花税 =（3 186.70 + 391.00）× 0.000 5 = 1.80（元）

铁路建设基金 = 0.033 × 899 × 60 = 1 780.00（元）

合计 5 359.50 元。

（2）到站应补收费用：

① 应收全程费用（69 t）：

运费 =（9.60 + 0.048 4 × 899）× 69 = 3 664.70（元）

电气化附加费＝0.012×543×69＝449.60（元）

印花税＝（3 664.70＋449.60）×0.000 5＝2.10（元）

铁路建设基金＝0.033×899×69＝2 047.00（元）

合计 6 163.40 元。

② 应补收全程正当运费的差额：

运费＝3 664.70－3 186.70＝478.00（元）

电气化附加费＝449.60－391.00＝58.60（元）

印花税＝2.10－1.80＝0.30（元）

铁路建设基金＝2 047.00－1 780.00＝267.00（元）

合计 803.90 元。

③ 对超过货车容许载重量部分 5.4 t[68.6－（60＋60×2%＋2）]核收违约金：

（9.60＋0.048 4×899）×5t×5＝1 327.80（元）

④ 补收正当铁路建设基金差额等额违约金 267.00 元。

⑤ 过秤费：1.5×69＝103.5（元）

总计应核收费用：803.90＋1 327.80＋267.00＋103.5＝2 502.20（元）

(10) 运杂费迟交金，从应收该项运杂费之次日起至付款日止，每迟延一日，按运杂费（包括垫付款）迟交总额的 3‰ 核收。

另外，整车货物托运人在货场内自装或收货人自带装卸人员提货，未及时将货位清扫干净的，向托运人或收货人核收货位清扫费。

卸后需由承运人洗刷除污的整车货物，按零担办理运输的牛、马、骡、驴、骆驼等，均由到站向收货人核收货车洗刷除污费。

收货人自行掏箱，未清扫干净的，向收货人按箱核收集装箱清扫费。

货位清扫、货车洗刷除污费用，允许铁路局根据各地的不同情况适当提高，但最高不得超过规定费率的一倍，并报铁道部备案。

三、租、占用铁路运输设备费用

租、占用铁路运输设备费用主要包括合资、地方铁路及在建线货车占用费、自备车或租用铁路货车停放费、合资、地方铁路货车篷布占用费、车辆租用费、铁路码头使用费、路产专用线租用费。

《铁路货运运价规则》对租用或占用铁路运输设备发生的杂费的核收，具体规定如下：

(1) 租用或占用铁路运输设备发生的杂费，按实际发生的项目和表 2.12 的规定核收。

表 2.12　租、占用运输设备杂费费率表

顺号	项　目			单位	费率
1	合资、地方铁路及在建线货车占用费		冷藏车	元/车小时	4.90
			D 型长大货物车	元/车小时	8.00
			其他货车	元/车小时	4.40
2	合资、地方铁路货车篷布占用率			元/张日	20.00
3	自备车或租用铁路货车停放费			元/车日	20.00
4	车辆租用费	在营业线上	冰冷车，家畜车	元/吨日	4.00
			罐车，散装水泥、粮食专用车	元/吨日	3.60
			其他货车（机冷车、D 型长大货物车除外）	元/吨日	3.00
		在专用线、专用铁路上	冰冷车，家畜车	元/吨日	8.00
			罐车，散装水泥、粮食专用车	元/吨日	7.20
			其他货车（机冷车、D 型长大货物车除外）	元/吨日	6.00
		机械冷藏车	单节型	元/车日	160.00
			5 辆型	元/车组日	660.00
			9 辆型	元/车组日	1 320.00
		长大货物车	标重 180 吨以上	元/吨日	8.60
			标重不足 180 吨	元/吨日	2.40
		守车		元/车日	60.00
5	铁路码头使用费			元/吨	0.60
6	路产专用线租用费			元/延米年	80.00
7	翻卸车维检费			元/车	40.00
8	机车出租费			元/台日	3 050.00
9	货场场地出租费		仓库	元/平方米月	6.00
			带雨棚站台	元/平方米月	4.00
			露天站台	元/平方米月	3.00
			露天场地（货位）	元/平方米月	2.00
10	自备车管理费			元/辆	120.00
	自备车组织服务费（散装粮食专用自备车）		发送和到达每吨分别核收（空车回送不收取）	元/吨	0.50

(2) 国铁货车进入铁路工程在建线、临管线或合资、地方铁路时，分别向其管理单位核收合资、地方铁路及在建线货车占用费。

(3) 国铁的货车篷布进入未与国铁办理直通运输的合资、地方铁路时，向合资、地方铁路核收合资、地方铁路货车篷布占用费。

（4）自备车或租用铁路货车由于托运人或收货人的原因在铁路站线或未出租的路产专用线存放，从货车到达的次日起，到调离存放地点之日止，按日（存放时间不足 12 h 的免收）核收自备或租用货车停放费。

（5）租用铁路货车或守车，向租用人核收车辆租用费。

车辆租用费按车辆标重（标重不足 30 t 的家畜车按 30 t，机械冷藏车按车组，守车按车）计算。

（6）船舶停靠在铁路码头装卸货物时，按吨核收铁路码头使用费。

（7）出租路产专用线时，应自接轨道岔尖端起，按线路总长度向租用人核收路产专用线租用费。

（8）铁路货车经翻车机卸车作业后向翻车机使用单位核收翻卸车维检费。

四、铁路非运用车运输费用

铁路机车、客车、货车、轨道机械和大型养路机械，回送转属、定检、厂修、新车（机械）至配属段、事故大破损车（机械）由事故现场向就近站段回送、救援列车跨局执行任务时，凭铁道部文电或调度命令，发站填写“特殊货车及运送用具回送清单”挂运，不核收运输费用。

事故大破损车、死车装运回送入厂检修，均按规定核收运输费用。

铁路运输企业运营部门使用的技术鉴定和技术试验用车辆、铁路设施修复或事故救援用车辆、流动修理机械用车辆、轨道机械装备及其附属车辆、站段日常运输作业使用车辆和为管内沿线职工文化生活服务用的车辆，在规定的用途和使用范围内使用时，发站填写“特殊货车及运送用具回送清单”（事故救援用车辆和站段日常运输作业使用车辆除外）挂运，不核收运输费用。上述车辆超过规定使用范围（运输区间、有效时间，下同）时，按规定核收运输费用。

铁路运输企业其他用途的路用车，包括防洪备料车、焊轨厂的长钢轨运输车、采石场的砂石车装运货物挂运时，按所装货物适用的运价率核收运输费用，发站未核收的由到站补收。空车在铁路运输企业管内回送时，发站填写“特殊货车及运送用具回送清单”挂运，不核收运输费用。

铁路施工单位经部批准用于线路施工用途的路用车，按“合资、地方铁路及在建线货车占用费”的规定费率由施工所在企业向使用单位核收货车占用费；车辆在规定使用范围内挂运的，比照自备车核收运输费用，自备机车牵引或空车挂运时按自轮运转货物计费。改变施工用途或超出规定使用范围装用货物时，按“在专用线、专用铁路上”的货车租用费率，自车辆移交之日起核收车辆租用费。

具体规定如表 2.13 所示。

表 2.13 铁路非运用车运输费用一览表

顺号	品名	受理条件	计费办法	运输凭证
1	机车	⑴有动力附挂的机车在回送前，应由机车工厂或机车所属单位拍发电报，电告途经的铁路局总调度室、机车调度，铁路分局调度所、机车调度。 ⑵无动力托运的机车在回送前应按《铁路货物运输规程》的有关规定进行申报，并拍发电报告知途经的铁路局总调度室、机车调度，铁路分局调度所、机车调度。车站凭发运单位提出的“回送机车技术状态书”和“回送机车请求书”，经机务部门检查合格的记录，填发“特殊货车及运送用具回送清单”	免费挂运	特殊货车及运送用具回送清单
2	轨道起重机	由机务段（承修厂）负责技术检查，填写轨道起重机回送状态鉴定书向车站办理免费回送手续	免费挂运	特殊货车及运送用具回送清单（装卸轨道起重机和救援轨道起重机凭调度命令挂运，但属于租用出动的轨道起重机，往返还须起票收费）

续表 2.13

顺号	品名	受理条件	计费办法	运输凭证
3	技术鉴定和技术试验用车辆、铁路设施修复或事故救援用车辆、流动修理机械用车辆、轨道机械装备及其附属车辆、站段日常运输作业使用车辆和为管内沿线职工文化生活服务用的车辆	发站填写“特殊货车及运送用具回送清单”（事故救援用车辆和站段日常运输作业使用车辆除外）挂运	(1)在规定的用途和使用范围内使用时，不核收运输费用； (2)超过规定使用范围（运输区间、有效时间，下同）时，按规定核收运输费用	特殊货车及运送用具回送清单（装卸部门轨道起重机的附属车及沿线装卸机械修理的维修车，还须凭调度命令挂运）； 超范围运输和跨局运输时凭运单、货票
4	事故救援用车辆和站段日常运输作业使用车辆	车站凭车辆部门检查合格的记录和路用车使用证明书以及路用车使用标记	免费挂运	
5	铁路局其他用途的路用车，包括防洪备料车、焊轨厂的长钢轨运输车、采石场的砂石车	车站凭托运人提出的货物运单，并根据车辆部门检查合格的记录和路用车使用证明书以及路用车使用标记，办理承运	① 装运货物挂运时，按所装货物适用的运价率核收运输费用，发站未核收的由到站补收。 ② 空车在铁路局管内回送时，发站填写“特殊货车及运送用具回送清单”，挂运，不核收运输费用	运单、货票
6	铁路机车、客车、货车、轨道机械和大型养路机械，回送转属、定检、厂修、新车（机械）至配属段、事故大破损车（机械）由事故现场向就近站段回送、救援列车跨局执行任务时	车站凭机务、车辆部门检查合格的记录和路用车使用证明书以及路用车使用标记	发站填写“特殊货车及运送用具回送清单”挂运，不核收运输费用	凭铁道部文电或调度命令

续表 2.13

顺号	品名	受理条件	计费办法	运输凭证
7	事故大破损车、死车装运回送入厂检修	车站凭托运人提出货物运单	按规定核收运输费用	运单、货票
8	铁路施工单位（指中国铁路工程总公司、中国铁道建筑总公司等与铁路脱钩的施工企业所辖各单位）经部批准用于线路施工用途的路用车	车站凭托运人提出的货物运单，并根据车辆部门检查合格的记录和路用车使用证明书以及路用车使用标记，办理承运	按“合资、地方铁路及在建线货车占用费”的规定费率由施工所在局向使用单位核收货车占用费；车辆在规定使用范围内挂运的，比照自备车核收运输费用，自备机车牵引或空车挂运时按自轮运转货物计费。改变施工用途或超出规定使用范围装用货物时，按“在专用线、专用铁路上”的货车租用费率，自车辆移交之日起核收车辆租用费。	运单、货票

五、印花税

印花税是代收款，按运费金额万分之五的税率分别计算承、托运双方的应纳税额。税额不足一角的免税，超过一角的四舍五入计算到角。

铁路货运运费结算凭证为印花税应税凭证，包括：

（1）货票（发站发送货物时使用）；

（2）运费杂费收据（到站收取货物运费时使用）；

（3）合资、地方铁路货运运费结算凭证（合资铁路公司、地方铁路单独计算核收本单位管内运费时使用）。

上述凭证中所列运费为印花税的计税依据，包括统一运价运费、特价或加价运费、合资和地方铁路运费、新路均摊费、电力附加费。对分段计费一次核收运费的，以结算凭证所记载的全程运费为计税依据；对分段计费分别核收运费的，以分别核收运费的结算凭证所记载的运费为计税依据。

第三章　铁路旅客运输收入的计算

铁路旅客运输收入（简称客运收入），是指铁路运输企业在办理旅客运输业务和辅助作业中，使用铁路运输票据，按规定向旅客、托运人、收货人核收的票款、运费、杂费。

第一节　铁路客运票价体系

一、铁路旅客票价的种类

铁路旅客票价是铁路客运产品——旅客位移的销售价格。旅客票价包括两部分：

（1）客票部分，分为硬座、软座客票票价。

（2）附加票票价，分为加快、卧铺、空调票票价。

铁路旅客票价按照旅客所乘坐的列车等级和车辆类型不同，分为普通票价、加快票价、卧铺票价、动车组列车票价及空调费等。

1．普通票价

适用于普通旅客列车，具体又分硬座票和软座票（全价、半价）票价。

2．加快票价

是旅客乘坐普通快车和快速快车时，在普通票价之外加收的票价。具体又可分为普通加快票价和快速票价。

3．卧铺票价

是旅客乘坐硬卧车和软卧车时，购买的卧铺票的票价。按所乘坐的卧铺车条件不同，规定了不同等级的卧铺票票价。硬卧票分为开放式硬卧票和包房式硬卧票两种。开放式硬卧票价又分为上铺、中铺、下铺票价；包房式硬卧票价分为上铺和下铺票价。软卧票分为普通软卧票和高级软卧票两种。这两种软卧票价，又都分为上铺票价和下铺票价。

4．动车组列车票价

按《国家计委关于高等级软座快速列车票价问题的复函》（计价管 [1997] 1068号）的规定，旅行速度达到每小时 110 km 以上的动车组列车软座票价基准价为：

每人公里一等座车为 0.336 6 元，二等座车为 0.280 5 元，可上下浮动 10%。

5. 空调费

适用于安装有空调设备的旅客列车，旅客在乘坐空调车时，还要在票价中加收空调费。

二、铁路旅客票价的水平

在我国铁路票价体系中，普通硬座票票价是最基本的票价，其他各种票价均是在普通硬座票票价的基础上加成或减成计算得出的票价。我国铁路各种旅客票价水平及其比例关系如表 3.1 所示。

表 3.1　铁路各种旅客票价水平的比价关系

票价种类			票价率/(元/人公里)	票种比例/%
普通票价	硬座客票		0.058 61	100
	软座客票		0.117 22	200
加快票价	普通加快		0.011 72	20
	快速加快		按普快票价的 2 倍计算	
硬卧票价	开放式	上铺	0.064 47	110
		中铺	0.070 33	120
		下铺	0.076 19	130
	包房式	上铺	按开放式硬卧中铺票价另加 30%计算	
		下铺	按开放式硬卧下铺票价另加 30%计算	
软卧票价	上铺		0.102 57	175
	下铺		0.114 29	195
高级软卧	上铺		0.123 08	210
	下铺		0.134 80	230
空调费	0.014 65			25

除上述旅客客票票价外，在客运票价体系中还包括行李票价、包裹票价以及随旅客、行李、包裹运送而收取的客运其他收入。

第二节　旅客票价收入的计算

铁路旅客票价计算的主要依据是《铁路旅客及行李包裹运输规程》和《铁路

客运运价规则》。旅客票价是以每人每千米的票价率为基础，按照旅客旅行的距离和不同的列车设备条件，采取递远递减的办法确定。票价中还包括旅客意外伤害强制保险费，具体票价以国务院铁路主管部门公布的票价表为准。

影响旅客票价金额大小的主要因素有运价里程和运价率（票价率）。

一、旅客运价里程的确定

旅客和行李、包裹的票价里程，以国务院铁路主管部门公布的《铁路客运运价里程表》为计算依据。发到站间跨及两条及其以上线路时，应按规定的接算站接算；通过轮渡时，应将规定的轮渡里程加入运价里程内计算。

（1）旅客票价里程，按旅客乘车的实际径路计算。

（2）行李运价里程，按行李实际运送的径路计算，但旅客要求行李由近径路运送时，如有直达列车可按近径路计算。超过车票终到站以远的行李计费径路比照包裹计费径路办理。

（3）包裹运价里程按最短径路计算，有指定径路时，按指定径路计算。

有直达列车的（指挂有行李车，下同）按直达列车径路计算，有多条直达列车径路的，按其中最短径路计算。

没有直达列车的，按中转次数最少的列车径路计算，中转次数相同的，按最短列车径路计算。

（4）代运、押运的包裹运价里程按实际径路计算。

（5）一段行李、一段包裹：超过车票终到站以远的行李计费径路比照包裹计费径路办理。

（6）计算旅客票价，行李、包裹运价的起码里程为：客票 20 km，空调票 20 km，加快票 100 km，卧铺票 400 km（特殊区段另有规定者除外），行李 20 km，包裹 100 km。

《铁路客运运价里程表》明确规定了各个发站至到站间的车票、行李、包裹的运价里程，以及到站或到达线的营业办理限制。包括铁路客运运价里程表使用说明、全国铁路局管辖线路分界示意图、客运运价里程接算站示意图、线名索引表、站名首字笔画索引表、站名首字汉语拼音索引表、站名索引表和各线里程表等内容。

《铁路客运运价里程表》与《货物运价里程表》使用方法基本相同，但确定运价里程的原则却有所不同。

二、运价率（票价率）

旅客票价率以硬座客票票价率为基础，其他各种票价率均以其为基准制定。

当硬座客票基础票价率确定后，其他各种票价率就按其加成或减成比例计算。现行各种票价率及其比例关系可见表 3.1。

三、递远递减率

旅客票价采取递远递减率的办法进行计算，旅客票价从 201 km 起实行递远递减。现行各里程区段的递远递减率和递减票价率（以硬座票价为例）如表 3.2 所示。因此，

某区段全程票价＝基础票价率×（1－递减率）×该区段里程

表 3.2　旅客票价递远递减率和递减票价率（以硬座票价为例）

区段/km	递减率/%	票价率/（元/人公里）	各区段全程票价/元	区段累计票价/元
1～200	0	0.058 61	11.722	11.722
201～500	10	0.052 749	15.824 7	27.546 7
501～1 000	20	0.046 888	23.444	50.990 7
1 001～1 500	30	0.041 027	20.513 5	71.504 2
1 501～2 500	40	0.035 166	35.166	106.670 2
2 501 以上	50	0.029 305		

四、《旅客票价表》的运用

车站在发售车票时，旅客票价是按计算机打印的软票票面的票价核收的，这一票价是事先已计算好的。遇有特殊情况，则可依据《旅客票价表》进行计算。《旅客票价表》的运用方法如下：

1. 确定旅客运价里程

全路的客运运价里程列在《铁路客运运价里程表》内，它是计算客运运价的依据。

2. 查找旅客票价

根据发、到站间的运价里程和不同的车辆设备以及旅客所购票种，从《旅客票价表》的相应栏内直接查得该票种应收的票价。

票价表按客车装备分为两部分：一是基本票价表，适用于无新型空调车的列车；一是新型空调车票价表，适用于空调列车。新型空调车是指空调由列车集中供电的列车。空调列车票价表又根据是否折扣，折扣多少分为三档。

五、票价浮动的计算

某些情况下，出于调节客流等方面的考虑，铁路运输企业对旅客运输会实行浮动票价。

票价浮动时，以《旅客票价表》的联合票价为基础进行计算。特殊情况，可在分票种票价基础上进行计算。车票由主票（或称客票）和辅票构成：主票是指硬座或软座车票；辅票是指加快票、空调票、卧铺票等。分票种票价是将主票票价和辅票票价分别列出，而联合票价则是主票票价和辅票票价相加的结果。

当浮动幅度为 a（$-1<a$），票价浮动计算公式统一为：

浮动票价 = 联合票价 + 联合票价 × a

对式中“联合票价 × a”部分，元以下四舍五入。半价票价浮动也同样计算。

例 3.1　原联合票价为 43 元，现上浮 15%（$a=0.15$），则浮动后的票价为：

$43+43\times0.15=49$（元）

学生票价为 57.5 元，现下浮 10%（$a=-0.1$），则浮动后的票价为：

$57.5+57.5\times(-0.1)=51.5$（元）

某列车属春运上浮列车，硬卧上浮 20%，某学生拟购该车卧铺。已知学生票为 72.5 元，硬卧（中）正常价格为 111 元，则浮动后的票价为：

$72.5+111+111\times0.2=205.5$（元）

此例中学生票价未发生变化，故尾数不作处理，仅在计算卧铺（分票种票价）上浮时进行四舍五入的处理。

六、旅客列车分类及车次的编定（见表 3.3）

表 3.3　铁路旅客列车车次编排表

顺号	列车种类		车次
1	高速动车组列车	跨局	G1 ~ G5998
		管内	G600 ~ G9998
2	城际动车组列车	跨局	C1 ~ C1998
		管内	C200 ~ C9998
3	动车组列车	跨局	D1 ~ D3998
		管内	D400 ~ D9998
4	直达特快旅客列车	跨局	Z1 ~ Z9998
5	特快旅客列车	跨局	T1 ~ T4998
		管内	T500 ~ T9998
6	快速旅客快车	跨局	K1 ~ K6998
		管内	K700 ~ K9998
7	普通旅客快车	跨 3 局及以上	1001 ~ 1998
		跨 2 局	2001 ~ 3998
		管内	4001 ~ 5998

顺号	列车种类		车次
8	普通旅客慢车	跨局	6001 ~ 6198
		管内	6201 ~ 7598
9	临时旅客列车	跨局	L1 ~ L6998
		管内	L7001 ~ L9998
10	临时旅游列车	跨局	Y1 ~ Y498
		管内	Y501 ~ Y998
11	通勤列车		7601 ~ 8998
12	回送出入厂客车底列车		001 ~ 00298
13	回送图定客车底		在车次前冠以“0”
14	因故折返旅客列车		原车次冠以“F”
15	行包专列		
	行邮特快专列		X1 ~ X198
	行包快运专列		X201 ~ X998

针对客流的不同需求和铁路线路等技术设备条件，铁路开行了不同种类、不同等级的列车。为了便于旅客区别各种旅客列车的性质和种类，同时考虑到铁路行车部门组织列车运行和进行作业的需要，铁路部门把各种旅客列车按其性质、种类和运行方向用一定数字编定车次。原则上以开往北京方向为上行，上行列车编为双数，下行列车编为单数。

我国旅客列车车次由铁道部确定，旅客列车车次编排的规定参见表 3.3 所示。

第三节　车票的发售

车票是旅客乘车的凭证，也是铁路运输企业计算客运收入的依据。

一、车票发售的规定

车票应在承运人或销售代理人的售票处购买。在有运输能力的情况下，承运人或销售代理人应按购票人的要求发售车票。承运人还可以开办往返票、联程票、定期、不定期、储值、定额等多种售票业务，以便于购票人购票和使用。有计算机售票设备的车站，除系统设备故障等特殊情况外，不得发售手工票。

二、客票的发售

客票的发售应遵守如下规定：

（1）承运人在发售客票时，应根据购票人指定的到站、座别、径路发售，不能使用到站不同但票价相同的客票代替旅客到站的客票。

（2）发售软座客票最远售至本次列车终点站。为了方便旅客和充分利用运输能力，白天乘车的旅客，在软卧车有空余包房时，车站可根据列车长预报，发售软座客票。如发站给中途站预留的包房，可利用其发售到最远至预留站的软座客票。但涉及夜间（20 点至次日 7 点）乘车，不得超过 2 h，超过时不得发售软座客票。

（3）在旅客乘车区间中，一段乘硬座，一段乘软座时，全程发售硬座客票，另收软座区间的软硬座票价差额。

例 3.2　一旅客在通化站购买 K430 次新型空调快速列车车票，经京哈线，终点站为北京。在北京西站换乘至郑州，要求全程购买软座（卧）快速车票。根据客运规则规定，软座票只能发售至北京站，所以通化站应全程发售硬座票，另收软座区间软硬座票价差。因北京西是向郑州方向的快速列车始发站，郑州是快速列车的停车站，故可发售全程快速票。（注：北京站与北京西站为同一接算站。）

通化—北京西（京哈线）1 173 km，北京西—郑州（西良线、京广线）689 km，有关新型空调车分票种票价如表 3.4 所示，由此可计算票价如下：

软硬座票价差 = 178.00 − 91.00 = 87.00（元）

客票票价 = 131.00 + 87.00 = 218.00（元）

合计：218.00 + 180.00 + 52.00 + 32.00 = 482.00（元）

表 3.4 票价表

新型空调车分票种票价表（部分）								
里程/km	硬座全价	硬座半价	硬卧中全	软座全价	软卧下全	普通加快	快速加快	空调
281 ~ 300	28	15	51	51	75	5	10	6
581 ~ 610	52	27	67	99	103	9	18	12
901 ~ 940	74	38	96	144	148	14	28	18
1 151 ~ 1 200	91	46.5	115	178	180	18	36	23
1 251 ~ 1 300	98	50	123	190	192	18	36	24
1 661 ~ 1 720	122	62	151	238	238	24	48	30
1 841 ~ 1 900	131	66.5	162	258	258	26	52	32
1 961 ~ 2 020	139	70.5	169	270	270	27	54	33
2 271 ~ 2 340	155	78.5	190	304	303	30	60	38
注：新型空调车票价均实行不折扣票价								
分票种票价表（基本）（部分）								
111 ~ 120	8	4	37	15	53	1	2	2
241 ~ 260	17	9.5	37	30	53	3	6	4
281 ~ 300	19	10.5	37	34	53	3	6	4
381 ~ 400	24	13	37	45	53	4	8	5
401 ~ 430	26	14	38	48	55	5	10	6
611 ~ 640	36	19	50	69	75	7	14	8
1 501 ~ 1 550	76	39	97	147	151	14	28	18

（4）发售动车组列车车票时，最远至本次列车终到站。

（5）发售边境地区的客票时，应要求旅客出示国务院铁路主管部门、公安部门规定的边境居民证、身份证或《中华人民共和国过境管理区通行证》（简称《边境通行证》）等有效证件。

三、各种附加票的发售

附加票包括加快票、卧铺票和空调票等，有关发售的规定分述如下：

（一）加快票

（1）旅客应凭软座或硬座客票购买加快票。

（2）发售的加快票的到站，必须是所乘快车或特别快车的停车站。

（3）发售需要中转换车的加快票的中转站，必须是有同等级快车始发的车站。还应具备发到站之间全程必须都有快车运行。如中间有无快车运行的区段时，则不能发售全程加快票。

（二）卧铺票

（1）旅客购买卧铺票必须有软座或硬座客票，乘快车时还应有加快票，乘空调车时还应有空调票。

（2）卧铺票必须和客票的到站、座别相同，但需中转换车旅客的卧铺票只发售到换车站。为了照顾旅客对卧铺的使用要求，发站给中途站预留的铺位，如旅客的到站是预留站或预留站以近的车站时，可利用其发售最远至预留站的卧铺票。

（3）400 km 内短途卧铺票价优惠

为适应客流需要，提高卧铺利用率，增运增收，铁道部对 400 km 内卧铺票价实行部分优惠。

（1）优惠条件：列车运行最后一日（含当日运行）6 点以后的空闲卧铺可以执行卧铺优惠票价。

（2）卧铺优惠票价计算。200 km 内硬卧（上、中、下铺）优惠票价按照该次列车对应硬座票价的 170% 计算，软卧（上、下铺）优惠票价按照该次列车对应硬座票价的 270% 计算；200 km 至 400 km 间硬卧（上、中、下铺）优惠票价按照该次列车对应硬座票价的 158% 计算，软卧（上、下铺）优惠票价按照该次列车对应硬座票价的 258% 计算；票价计算均以联合票价为基准，已享受半价卧铺票的旅客不再享受以上优惠。

（三）空调票

（1）旅客乘坐提供空调设备的列车时，应买相应等级的车票或空调票。由于旅客乘坐空调的列车不同，票价也不同，如乘坐新型空调列车或新型空调成组车列时，该列车的票价可上浮 30%～50% 计算，如乘坐不成组的普通空调车厢，该票价是不上浮的，为此，根据旅客所乘的空调列车，支付相应等级的票价。

（2）旅客在全部旅途中分别乘坐空调车和普通车时，可发售全程普通硬座车票，对乘坐空调车区段另行核收空调车与普通车的票价差。

（3）车站发售新型空调车票时，新型空调车上浮部分票价最远至本次里程终点站。

四、半价票的发售

（一）儿童减价票（简称儿童票）

1. 享受儿童票的条件

身高满 1.1 m 不超过 1.5 m 的儿童与大人同行。

2. 减价票种

半价的客票、加快票及空调票。

3. 办理限制

（1）承运人不接受儿童单独旅行（乘火车通学的学生除外）。

（2）座别应与大人车票座别相同，到站不得远于大人车票到站。

（3）通学的学生不论身高多少都应买学生票。

（4）身高超过 1.5 m 的儿童应买全价车票。

4. 免费乘车的规定

每一成人旅客可免费携带一名身高不足 1.1 m 的儿童免费乘车，但该名儿童不能占用座位，超过一名时，超过人数应买儿童票。

5. 乘坐卧铺的规定

（1）身高不够 1.1 m 的免费儿童单独使用卧铺时，只买全价卧铺票，有空调时，还应购买半价空调票。

（2）身高 1.1～1.5 m 儿童单独使用卧铺时，应买儿童票及全价卧铺票。

（3）成人带儿童或儿童与儿童可共用一个卧铺。

（二）学生减价票（简称学生票）

1. 购买学生票的条件

在普通大、专院校（含国家教育主管部门批准有学历教育资格的民办大学），军事院校，中、小学和中等专业学校、技工学校就读，没有工资收入的学生、研究生，家庭居住地和学校不在同一城市时。

华侨学生和港澳台学生按照上述规定同样办理。

2. 票　种

半价硬座客票、加快票、空调票（以下简称学生票）。动车组列车只发售二等座车学生票，学生票为全价票的 75%。

3. 购票凭证及使用次数

（1）学生证和购票卡：每年可享受家庭至院校（实习地点）之间四次单程学生减价票，当年未使用的次数，不能留作下年使用。

（2）小学生书面证明。

（3）学生证和介绍信：学生回家后，院校迁移或调整，也可凭学校证明和学生减价优待证，发售从家庭所在地到院校新所在地的学生票。

（4）新生凭录取通知书。

（5）毕业生凭学校书面证明可买一次学生票。

4. 发售学生票的规定

（1）径路：学生票应按近径路发售，但有直达列车或换乘次数少的远径路也可发售。学生购买联程票或乘车区间涉及动车组列车的，可分段购票。学生票分段发售时，由发售第一段车票的车站在学生优惠卡中划销次数，中转站凭上一段车票售票，不再划销乘车次数。

（2）在乘降所上车的学生（其减价优待证上注明上车地点为乘降所），可以在列车上售给全程学生票，并在减价优待证相当栏内由列车长注明“×年×月×日乘××列车”，加盖名章，作为登记一次乘车次数。乘降所上车补票不需手续费。

（3）乘车区间：应按凭证记载的区间购票，如超过减价优待证上记载的区间乘车时，对超过区间按一般旅客办理，核收全价，分段计费，人数栏以开始为准。

（4）减价优待证记载的车站是没有快车或直通车停靠的车站时，离该站最近的大站（可以超过减价优待证规定的区间）可以发售学生票。

（5）持学生证要求使用软席，应全部购买全价票，不再享受减价待遇。中转换乘时，全程发售学生票，软席区间另收全半差价。

（6）持学生证要求使用硬卧时，应购买半价的客票、加快票、空调票及全价的硬卧票。

（7）动车组列车只发售二等座车学生票，学生票为全价票的 75%。

（8）购票时间：12 月 1 日至 3 月 31 日，6 月 1 日至 9 月 30 日。

（9）华侨学生和港澳台学生回家时，车票发售至边境站。不回家而去境内其他地方旅游观光或探亲访友时，在规定的次数内可发售学生票，由学校所在车站的返程站售票时各加盖一次站名戳以记录售票次数。

（10）下列情况不能发售学生票：① 学校所地有学生父或母其中一方时。② 学生因休学、复学、转学、退学时。③ 学生往返于学校与实习地点时。

例 3.3　一学生持本溪至长春的学生证和购票卡要求购买 2124 次本溪至哈尔滨的硬座普快学生票，本溪站应根据规定分段计费，对超过学生证乘车区间的按一般旅客办理。

本溪—长春 387 km，长春—哈尔滨 246 km，硬席分票种票价情况见表 3.4，由此可计算票价如下：本溪—长春学生硬座半价 13.00 元，普快半价 2.00 元；长春—哈尔滨硬座全价 17.00 元，普快全价 3.00 元。票价总计 35.00 元。

（三）伤残军人、警察减价票

中国人民解放军、中国人民武装警察部队和人民警察因伤致残的人员，凭“中华人民共和国残疾军人证”、“中华人民共和国伤残人民警察证”，可享受半价的硬座、软座客票及附加票。

“中华人民共和国伤残军人证”和“中华人民共和国伤残人民警察证”的式样由中华人民共和国民政部颁布。现役伤残军人的“中华人民共和国伤残军人证”由中国人民解放军总后勤部签发；“中华人民共和国伤残人民警察证”由各省、自治区、直辖市民政部门签发。

（四）行包专列半价票

行包快运专列押运人员执行完任务返回发站时，凭“押运证”可在证面注明的时间、发到站购买半价硬座票（含空调、加快），使用卧铺时，另行补收全价卧铺票，不得随行包专列返回发站。

（五）动车组儿童、伤残军人票价计算有关事项

按《铁路旅客运输规程》等有关规定享受减价优待的儿童、学生、伤残军人乘坐动车组时，其票价均以公布票价为基础计算。

动车组软卧儿童票确定如下：动车组软卧儿童票＝动车组软卧公布票价－动车组一等座公布票价/2。

五、站台票

站台票不是车票，属于客运杂费收据。站台上迎送旅客的人员应买站台票，站台票当日使用一次有效。随同成人进站身高不足 1.1m 的儿童及特殊情况经车站同意进站人员可不买站台票。未经车站同意无站台票进站时，加倍补收站台票款。

六、团体旅客票

凡 20 人以上，乘车日期、车次、到站、座别、经由相同的旅客，可作为团体旅客。

团体旅客应优先安排，满 20 人时，给予免收一人优惠，20 人以上，每增加 10 人，再免收 1 人，但春运期间（起止日期以春运文件为准）不予优惠。优惠时，团体旅客中有分别乘坐座、卧车或成人、儿童同一团体时按其中票价高的免收。

第四节　旅客乘车条件

一、旅客乘车的基本条件

旅客须按票面载明的日期、车次、席别、径路乘车，在票面规定的有效期间

内抵达到站。旅客也可按票面指定的日期、车次在中途站上车，但未乘区间票价不退。旅客可在列车中途停车站下车，并可在车票有效期内恢复旅行，但中途下车后卧铺票即行失效。乘坐动车组列车旅客如中途下车，未乘区间车票也失效。

旅客乘坐卧铺的车票由列车员保管并发给卧铺证，下车以前交换。

卧铺只能由持票本人使用，成人带儿童或儿童与儿童可共用一个卧铺。

为了确保广大旅客的人身健康和安全，对烈性传染病患者、精神病患者或健康状况危及他人安全的旅客，站、车可以不予运送。已购车票按旅客退票的有关规定处理。列车上发现时，列车长编制客运记录交车站处理。必要时，应通知铁路防疫部门处理污染现场。

对违反国家法律、法规，在站内、列车内寻衅滋事、扰乱公共秩序的旅客，站、车均可拒绝其上车或责令其下车，列车长编客运记录交车站，车站工作人员应将站内发现的和列车移交的上述旅客带出站外，情节严重的送交公安部门处理；对未使用至到站的票价不予退还和改签，并在车票背面作相应的记载，运输合同即行终止。

二、车票签证

当旅客不能按票面指定的日期车次乘车时，在列车有能力的前提下可以办理一次提前或改晚乘车签证手续。办理改晚乘车签证手续最晚不超过开车后 2 h，团体旅客必须在开车以前 48 h 办理。原票已托运行李的，在改签后的新票背面注明“原票已托运行李”字样并加盖站名戳。动车组列车车票办理改晚乘车手续时，推迟乘车的时间应当在车站售票的预售期内。

旅客在发站办理车票改签时，改签后的车次票价高于原票价时，核收票价差额；改签后的车票票价低于原票价时，退还票价差额。

旅客中途下车恢复旅行（含中转）办理签证或在列车上办理变更席位、铺位时，签证或变更后的车次、席（铺）位票价高于原票价时，核收票价差额；签证或变更后车次、席（铺）位票价低于原票价时，票价差额部分不予退还。

因承运人责任使旅客不能按票面记载的日期、车次、座别、铺别乘车时，站、车应重新妥善安排。重新安排的列车、座席、铺位高于原票等级时，超过部分票价不予补收。低于原票等级时，应退还票价差额，不收退票费。

三、车票的有效期

（一）车票有效期的计算

客票的有效期间按乘车里程计算：500 km 以内为 2 日；超过 500 km 时，每增加 1 000 km 增加 1 日；不足 1 000 km 尾数也按 1 日计算。

加快票、空调票随同客票使用有效；卧铺票指定的乘车日期和车次使用有效；动车组列车车票当日当次有效。

铁路运输企业管内运行距离不超过 200 km 列车车票的有效期由企业自定。

车票改签后，有效期自改签后实际乘车日起计算；变径路后的客票有效期从办理站按新径路的里程重新计算；由于误售、误购、误乘，原票有效期间不能到达正当到站时，应根据折返站至正当到站间的里程，重新计算车票有效日期。

各种车票的有效期从指定乘车日起至有效期最后一日的 24：00 时止计算。

其他特殊种类的车票按票面规定的时间或要求使用有效。

（二）车票有效期间的延长

遇下列情况，可适当延长车票的有效期间：

（1）因列车满员、晚点、停运等原因，使旅客在规定的有效期内不能到达到站时，车站可视实际需要延长车票的有效期。延长日数从客票有效期终了的次日起计算。

（2）旅客因病，在客票有效期内，出具医疗单位证明或经车站证实时，可按医疗日数延长有效期，但最多不超过 10 天；卧铺票不办理延长，可办理退票手续；同行人同样办理。

（3）动车组列车车票只办理改签，不办理有效期延长。

（三）车票有效期终了的处理

（1）旅客在乘车途中客票有效期终了，要求继续乘车时，应自有效期终了站或最近前方停车站起，另行补票，核收手续费。

（2）旅客持用的定期票的有效期间，在乘车途中终了时，可按有效使用至到站。

四、误售、误购、误乘的处理

由于站名相似、口音不同等原因，发生误售、误购车票时，车站和列车必须正确处理，使旅客能安全迅速到达旅行目的地。

由于旅客没有确认车次或上、下行方向坐错了车，或乘车中坐过了站，统称为误乘。旅客发生误乘时，列车和车站应认真妥善处理。

（一）误售、误购对车票的处理

对误售、误购车票，应按下列规定补收或退还已收票价与正当票价的差额，不收手续费或退票费。

(1) 在发站：收回原票，换发新票。

(2) 在中途站、原票到站、列车内：

① 应补票价时，收回原票，换发代用票，补收应收与已收的票价差额。

② 应退票价时，站、车应编客运记录，连同原票交给旅客，作为乘车至正当到站要求退还票价差额的凭证，并以最方便的列车将旅客运送至正当到站。

（二）误售、误购或误乘对旅客的处理

(1) 需送回时：列车长应编制客运记录交前方停车站。车站应在车票背面注明“误售（购）或误乘”加盖站名戳，指定最近列车（国际旅客列车除外）免费送回。

(2) 在免费送回区间中途下车的处理：对往返乘车的免费区间，按返程所乘列车等级分别核收往返区间的票价，核收一次手续费。

五、丢失车票的处理

旅客丢失车票应另行购票。列车上补票时，注明“丢失”，以便找到原票时可凭此退票。

乘车前或中途换乘站丢失，应重新购票；在乘车中丢失，应自丢失站起（不能判明丢失站时从列车始发站，在区间内丢失从最近后方停车营业站起）补收票价，核收手续费。

如果是学生票丢失，可凭学生优待证及优惠卡或学校证明，在发站重新购买学生减价票；在列车上或中途站丢失时，经确认无误后，补收自丢失站起至到站的学生减价票，核收手续费，不再在优待证上加盖有关印章。

如果不能判明是否丢失，则按无票处理。

补票后又找到原票的，如在发站应按退票处理；如在列车上，经列车长确认后应编制客运记录，连同原票和后补车票一并交给旅客，作为旅客在到站出站前要求退还后补车票记载的票价依据。处理站在办理时，填写退票报告，并核收退票费，后补车票内的手续费不退，后补车票及客运记录随退票报告联一并上报。

因承运人责任造成的丢失，站、车均应填写代用票。

六、对不符合乘车条件的处理

（一）不符合乘车条件的处理

对不符合乘车条件的旅客、人员，站、车均应了解原因，区别不同情况予以处理。

1. 属于客观原因不符合乘车条件的，只补收应补票价，核收手续费

(1) 确实因时间仓促来不及买票，经车站发给补票证或特殊情况经列车同意

上车补票的，只补收应补票价（持旅客乘降所发给的补票证不收手续费）。

（2）应买票而未买票的儿童只补收儿童票价；身高超过 1.5 m 的儿童使用儿童票乘车时，应补收全价票价与儿童票价的差额。

（3）持站台票上车送客未下车但及时声明时，只补收至前方停车站的票款。

2. 对有意不履行义务的，除按规定补票、核收手续费以外，还须加收应补票价 50% 的票款

（1）无票乘车时，补收自乘车站（不能判明时自始发站）起至到站止车票票价。持失效车票乘车按无票处理。

（2）持用伪造或涂改的车票乘车时，除按无票处理外还应送交公安部门处理。

（3）持站台票上车并在开车 20 min 后仍未声明时，按无票处理。

（4）持用低等级的车票乘坐高等级列车、铺位、座席时，补收所乘区间的票价差额。

（5）旅客持半价票没有规定的减价凭证或不符合减价条件时，补收全价票价与半价票价的差额。

对无票乘车而又拒绝补票的人员，列车长可责令其下车并应编制客运记录交县、市所在地车站或三等以上车站处理（其无票人员到站近于上述到站时应交到站处理）。车站对列车移交或车站发现的上述人员应追补应收和加收的票款，核收手续费。

例 3.4　2008 年 2 月 4 日 K58 次（哈尔滨至上海）新型空调快速列车（经京哈线），四平站开车后发现一名无票人员自述由长春去山海关，列车长无法判明。此时，应依据客规规定，除补收自乘车站（不能判明时自始发站）起至到站止车票票价外，还必须加收票价 50% 的票款，并核收手续费。哈尔滨—山海关 934 km，新型空调车硬席联合票价情况见表 3.4，由此计算应核收票价为：

新型空调快速票价 120.00 元＋加收票款（120.00×50%）60.00 元＋手续费 1.00 元，合计 181.00 元。

例 3.5　2008 年 6 月 20 日，K216 次（图们至北京，新型空调车）在安图站开车后，列车验票发现一名持 6 344 次（图们至吉林）客票（票号 G1 456，客票票价 26.00 元）的旅客，系由安图站下车，未经站、车同意转乘本次列车。安图—吉林 283 km，新型空调车票价情况见表 3.4。列车应进行如下处理：

补收新型空调快速客快联合票价与硬座普客票价的票价差：

$$44.00-19.00=25.00\text{（元）}$$

加收票款：25×50%＝12.50 元≈13.00（元）

核收手续费：1.00（元）

合计核收：25.00＋13.00＋1.00＝39.00（元）

例 3.6　2008 年 1 月 20 日，1820/17/20 次（乌兰浩特至呼和浩特）普通旅客快车（经由平齐线、集通线、集二线、京包线），白城开车后验票发现一名旅客持乌兰浩特至呼和浩特半价硬座客票（票号 A061 563），无减价凭证。乌兰浩特—呼和浩特 1 508 km，硬座普快全价 90 元，硬座普快半价 46 元。列车应进行如下处理：

补收硬座普快票价差额：90.00 − 46.00 = 44.00（元）

加收票款：44.00 × 50% = 22.00（元）

核收手续费：1.00（元）

合计补收：44.00 + 22.00 + 1.00 = 67.00（元）

（二）车票未签证、未剪口的处理

旅客未按票面指定的日期、车次乘车（含错后乘车 2 h 以内的）但乘坐票价相同的列车时，列车换发代用票（卧铺票无效），超过 2 h 均按失效处理。持高等级车票乘低等级列车差价不退。

旅客所持车票日期、车次相符但未经车站剪口的应补剪（车站责任漏剪不收手续费）；中转换乘或中途下车应签证而未签证的应补签。补剪、补签只核收手续费，已使用至到站的车票不再补剪、补签。

（三）违章使用铁路乘车证的处理

违章使用乘车证，如在票面上加添、涂改、转借、超过有效期限或有效区间乘车，未持规定的有关证明、证件或持伪造证明、证件的，均按无票处理，要查扣其乘车证及有关证件。此外，单位还应追究其行政责任。对持用伪造乘车证者，一经发现，应立即查扣，并移交公安机关依法处理。超出规定条件使用乘车证者，也按违章使用处理。

违章使用乘车证均要按所乘列车的等级、席别、铺别、区间（单程或往返）及票面填写人数加倍补收票款。

发现其他违章行为的，均按《客规》的规定进行相应处理。

（四）拒绝运送和运输合同的终止

对无票乘车而又拒绝补票的人，列车长可责令其下车并应编制客运记录交县、市所在地车站或三等以上车站处理（其到站近于上述到站应交到站处理）。车站对列车移交或本站发现的上述人员应追补应收和加收的票款，核收手续费。

对违反国家法律、法规，在站内、列车内寻衅滋事、扰乱公共秩序的人，站、车均可拒绝其上车或责令其下车；情节严重的送交公安部门处理；对未使用至到站的票价不予退还，并在票背面作相应的记载，运输合同即行终止。

第五节　旅行变更与退票

一、旅行变更的处理

（一）变更等级

旅客在发站办理改签时，应收回原票换发新票，票面打印“始发改签”字样，计算票价时，应在联合票价基础上计算。改签后的车次票价高于原票价时，核收票价差额；改签后的车次票价低于原票价时，退还票价差额。

旅客中途下车恢复旅行（含中转）办理签证或在列车上办理变更席位、铺位时，签证或变更后的车次、席（铺）位票价高于原票价（含直通票的旅客在在中转站要求换乘动车组列车）时，核收票价差额；签证或变更后的车次、席（铺）位票价低于原票价时，票价差额部分不予退还。

办理变更等级需补收票价差额时，可发售一张补价票，随同原票使用有效。

因承运人责任使旅客不能按票面记载的日期、车次、座别、铺别乘车时，站、车应重新妥善安排。重新安排使旅客变更座席、铺位、列车等级时，应补收的不补收；应退款时，站、车应编制客运记录，到站退还票价差额，均不收退票费。持加快票的旅客，在换车站因铁路责任不能换乘接续快车而改乘低等级列车时，换车站也按此办法办理退款。

（二）变更径路

变更径路是指发站、到站不变，只是改变经过的线路。

旅客在中转站和列车上要求变更径路时，必须在客票有效期能够到达到站时方可办理。动车组列车车票不办理变径。

办理时，原票价低于变径后的票价时，应补收新旧径路里程票价差额，核收手续费。原票价高于或相等于变更后的径路票价时，持原票乘车有效，差额部分（包括列车等级不符的差额）不予退还。变径后未乘区间卧铺票即行失效。

变径后客票的有效期间，从办理站起按新径路里程重新计算。

（三）越站乘车

越站乘车是指旅客原票即将到站，由于旅行计划的变更，要求超越原票到站至新到站乘车的情形。

旅客要求越站乘车，必须在原票到站前提出，在本列车有运输能力的情况下予以办理。

遇下列情况不能办理越站乘车：

（1）列车严重超员；

(2) 乘坐卧铺的旅客买的是给中途站预留的铺位；

(3) 乘坐的是回转车，途中需要甩车。

越站乘车的处理方法如下：

(1) 越站乘车意味着另一旅行计划的开始，所以办理时，应核收越站区间的票价（不足起码里程按起码里程计算）和手续费，但最远不超过本次列车的终点站。

(2) 越站同时变座、变铺、补卧时，先越站后变更，其他情况同时越站时，先变更后越站。

(3) 同一城市内有两个以上的车站，旅客由于不明情况，发生越站乘车时，如票价相同，原票按有效处理；票价不同时，只办理客票越站，附加票可按有效使用至到站。

(4) 越站乘车的有效期从办理站至新到站里程重新计算。

例 3.7 2009 年 5 月 29 日，K216 次新型空调快速列车（图们—北京）吉林站开车后，一旅客持当日图们至锦州南本次列车的硬座客快速车票，要求自吉林开始使用软卧并越站至北京，列车有剩余软卧（8 车 17 号下铺），同意办理。图们—北京 1 670 km，吉林—北京 1 269 km，锦州南—北京 603 km，新型空调车分票种票价情况见表 3.4，办理情况如下：

（1）越站同时变座加卧时，先越站后变座再加卧，并核收手续费。越站区间，新型硬座票价 52.00 元，新型快速票价 18.00 元，新型空调票价 12.00 元，合计 82.00 元。

（2）变座区间，新型软座票价 190.00 元，新型硬座票价 98.00 元，应补收软硬座票价差（190.00 − 98.00）92.00 元，新型软卧（下）票价 192.00 元，合计 284.00 元。

（3）手续费 5.00 元，总计票价 371.00 元。

（四）旅客分乘

凡两名以上旅客使用一张代用票，要求分票乘车时，称为旅客分乘。站、车应予以办理。

分乘同时变座时，先分乘后变座；分乘同时变径时，先分乘后变径；分乘同时越站时，先分乘后越站。

无论在发站、中途站或在列车上，旅客提出要求办理分乘时，都应按旅客提出分票乘车的张数，换发代用票，收回原票，并按分票的张数核收手续费。

分乘与其他变更同时发生时，此时则按变更人数核收一次手续费。

团体旅客办理分乘的，不够团体条件时对减免旅客应从始发站重新补票。

二、退票的处理

（一）旅客责任退票

由于旅客本身的原因要求退票时，除按下列规定办理外，核收退票费，票种分算：

（1）旅客退票必须在购票地车站或票面发站办理。

（2）在发站开车前，特殊情况也可在开车后 2 h 内，退还全部票价。团体旅客必须在开车 48 h 以前办理。

（3）旅客开始旅行后不能退票。但因旅客伤、病不能继续旅行时，经站、车证实，可退还已收票价与已乘区间票价差额。已乘区间不足起码里程时，按起码里程计算；同行人同样办理。中途站办理动车组列车退票的公式为：

应退票款＝原票价－（原票价÷原票里程×已乘区间里程）

（4）退还带有“行”字戳迹的车票时，应先办理行李变更手续。

（5）站台票售出不退。

市郊票、定期票、定额票的退票办法由铁路运输企业自定。必要时，铁路运输企业可以临时调整退票办法。

（二）承运人责任退票

由于铁路责任，如列车超员、晚点、卧铺发售重号、车辆故障途中甩车、行车事故等原因，不收退票费，票种分算：

（1）在发站，退还全部票价。

（2）在中途站中止旅行，退还已收票价与已乘区间的票价差额，已乘区间不足起码里程时，退还全部票价。

（3）在到站，退还已收票价与已使用部分票价差额，未使用部分不足起码里程按起码里程计算。

（4）空调列车因空调设备故障在运行过程中，不能修复时，应退还未使用区间的空调票价，未使用区间不足起码里程的按起码里程计算。

总之，由于旅客原因（包括旅客伤、病），要求退还车票票价时，核收退票费，已乘区段不足起码里程时，按起码里程计算。铁路责任退还车票票价时，不收退票费，如已乘区段不足起码里程时，退还全部票价。

例 3.8　6 月 19 日在 K518 次（长春至上海）新型空调快速列车到沈阳北站时，列车长编制 06 号客运记录交下一急病旅客，需住院治疗，该旅客持该次列车长春至上海的新型空调硬座快速卧（中）车票办理退票手续。长春—上海 2 314 km，长春—沈阳北 300 km，新型空调车分票种票价见表 3.4，沈阳北站处理情况如下：

长春—上海已收票价：155.00 + 60.00 + 190.00 + 38.00 = 443.00（元）

长春—沈阳北应收票价：28.00 + 10.00 + 51.00 + 6.00 = 95.00（元）

应退差价：443.00 − 95.00 = 348.00（元）

应核收退票费：348.00×20% = 69.60≈70.00（元）

净退款：348.00 − 70.00 = 278.00（元）

如果该旅客是因铁路责任中断行车而要求在沈阳北站终止旅行退票，则沈阳北站应按全程票价 443.00 元，减去已乘区间长春—沈阳北应收的票价 44.00 元（28.00＋10.00＋6.00，卧铺已乘区间不足起码里程退还全部票价）的差额 399.00 元，向该旅客退还票价，不再核收退票费。

例 3.9　6 月 19 日一旅客在 K518 次（长春至上海）到上海站后，持长春至上海的新型空调硬座快速（中）车票和列车长编制的 5 号客运记录（注明沈阳北开车后因旅客所乘车厢空调机故障没有及时修复），要求退还空调费。沈阳北—上海 2 014 km，空调票价 33.00 元。

上海站应全数退还空调票价 33.00 元。

（三）线路中断致使旅客退票

列车停止运行后，应按下列规定安排已购买车票的被阻旅客：

(1) 在停运站或被阻列车上时，在车票背面注明“原因、日期，返回××站”作为免费返回发站或中途站退票、换车、延长有效期的凭证。如在发站或一个中途站等候继续旅行的，在通车 10 日内可凭原票重新签证恢复旅行，车站应根据旅客候车日数延长车票有效期（但卧铺票除外，应办理退票）。动车组列车旅客不办理车票有效期延长，但可根据等候日数，办理车票改签。在返回途中自行下车，运输合同终止。

(2) 在发站（或返回发站）停止旅行时退还全部的有效车票票价，但手续费、加收部分的票款、携带品超过规定范围补收的费用以及已使用至到站的车票票价不退。

(3) 在停止旅行站（或中途站）退票时，退还已收票价与发站至停止旅行站间票价的差额，发站至停止旅行站不足起码里程按起码里程计算（铁路责任退全部票价）。

(4) 铁路组织列车绕道运输时，组织原列车绕道时，原票有效。组织换车绕道时，注明“因××原因绕道××站乘车”，并加盖站名戳。绕道变座、变铺时（铁路责任按铁路原因变座、变铺），应补时补变更区间票价差额，不足起码里程按起码里程计算；应退时退还变更区间票价差额，不足起码里程票价不退。

绕道过程中，旅客中途下车时，运输合同终止。旅客自行绕道，按变径办理。

（5）线路中断后旅客买票绕道乘车时，按实际径路计算票价。

退还票价时，按客、快、卧起码里程分别计算。旅客需报销退票费时，应开具退票费报销凭证。铁路专用定期票不办理退票。

第六节　旅客携带品

一、旅客携带品的范围

1．重量方面

旅客携带品免费重量成人（含买全价票的儿童）旅客 20 kg，儿童旅客（含免费儿童）10 kg，外交人员（持外交护照）35 kg，新老兵运输期间新老兵 35 kg。

免费重量的几点说明：

（1）每件最大重量不超过 20 kg。

（2）包车时，按实际乘车人数计算免费重量。

（3）残疾人旅行代步的折叠轮椅可以免费携带（不带汽油），不计在免费重量之内。

（4）旅客旅行携带品中少量的水果、点心、文件袋以及随身穿着的衣物等零星细小物品，如超重部分重量少于 5 kg，可放宽不补运费，但不是携带品的免费重量为 25 kg。

2．体积方面

旅客携带品的外部尺寸，每件长、宽、高之和不得超过 160 cm，乘动车组不超过 130 cm；杆形物品不超过 200 cm。

二、在物品方面的限制

为了贯彻国家法令，保证旅客生命财产安全和车内的公共卫生，下列物品不准带进站和列车内：

（1）国家禁止或限制运输的物品。

（2）法律、法规、规章中规定的危险品、弹药和承运人不能判明性质的化工产品。

铁路运输的危险货物按其主要危险性和运输要求划分类项和品名为如下九类：爆炸品，气体，易燃液体，易燃固体、易于自燃的物质、遇水放出易燃气体的物质，氧化性物质和有机过氧化物，毒性物质和感染性物质，放射性物质，腐蚀性物质，杂项危险物质和物品。

(3) 动物及妨碍公共卫生（包括有恶臭等异味）的物品。

(4) 能够损坏或污染车辆的物品。

(5) 超重、超大物品。

为了方便旅客的旅行，并在保证安全和卫生的条件下，可限量携带下列物品：

(1) 气体打火机 5 个、安全火柴 20 小盒。

(2) 不超过 20 ml 的指甲油、去光剂、染发剂；不超过 100 ml 的酒精、冷烫精；不超过 600 ml 的摩丝、发胶、卫生杀虫剂、空气清新剂。

(3) 军人、武警、公安人员、民兵、猎人凭法规规定的持枪证明佩带的枪支子弹。

(4) 初生雏 20 只。

三、旅客违章携带物品的处理

旅客携带品超过免费重量或超过规定的外部尺寸时，按下列方法处理：

(1) 在发站禁止进站上车。

(2) 在车内或下车站，对超过免费重量的物品，其超重部分应补收四类包裹运费。对不可分拆的整件超重、超大物品、动物，按该件全部重量补收上车站至下车站四类包裹运费。

对已带上车的宠物，应安排在列车通过台上由旅客自己看管，宠物发生意外或伤害其他旅客时，由携带者负责。

(3) 发现旅客携带危险品或国家禁止、限制运输的物品以及妨碍公共卫生的物品、损坏污染车辆的物品，均按该件全部重量加倍补收乘车站至下车站四类包裹运费。

危险物品交前方停车站处理，必要时移交公安部门处理。对有必要就地销毁的危险品应就地销毁，使之不能产生危害，并不承担任何赔偿责任。

没收危险品时，应向被没收人出具书面证明，即“没收危险品决定书”，被没收人签字。

(4) 如旅客携带超重、超大的物品价值低于运费时，可按物品价值的 50% 核收运费。

(5) 补收运费时，不得超过本次列车的始发和终到站。

例 3.10　2008 年 12 月 5 日，郑州站组织 K226 次（广州—兰州）列车旅客出站时，发现一旅客持广州至郑州车票一张，携带一件行李 17 kg，一只纸箱重 10 kg。广州—郑州 1 605 km，包裹运价见表 3.5。郑州站处理如下：

携带品共重 27 kg，超重 7 kg，应按四类包裹核收运费：

$$2.585 \times 7 = 18.095 \approx 18.10\text{（元）}$$

表 3.5 行李、包裹运价表（部分）

里程/km	行李运价/（元/kg）	包裹运价/（元/kg）			
		一类	二类	三类	四类
201～220	0.122	0.063	0.222	0.317	0.412
331～360		0.1	0.351	0.502	0.652
361～390		0.109	0.38	0.543	0.705
391～420		0.117	0.409	0.584	0.759
601～640		0.172	0.601	0.859	1.117
681～720		0.191	0.669	0.956	1.243
921～960		0.25	0.873	1.248	1.622
941～980	0.491				
1151～1200	0.582	0.301	1.055	1.507	1.959
1601～1700		0.398	1.392	1.989	2.585
2101～2200		0.493	1.727	2.467	3.207
2141～2200	0.951				
2301～2400		0.536	1.875	2.679	3.483
2341～2410	1.023				

例 3.11 2008 年 11 月 1 日，2219 次列车（大连—齐齐哈尔）发现一名旅客持大连至抚顺车票一张，携带一件重 15 kg 铁梨木箱（长 62 cm、宽 50 cm、高 50 cm）和 10 kg 杂物，在沈阳北站中转换车。大连—沈阳北 400 km，包裹运价见表 3.5。列车对此处理如下：

铁梨木箱超大，按 15 kg、四类包裹核收运费：

0.759×15＝11.40（元）

如旅客继续旅行，沈阳北至抚顺间应按包裹办理托运。

例 3.12 2008 年 12 月 25 日，铁岭站组织 T272 次（吉林—北京）列车旅客出站时，发现一名旅客持吉林至铁岭车票（票号 H012365），携带一辆重 29 kg 的自行车和一纸箱包装标记重量 17 kg 的仪器，纸箱内藏有 1 kg 的鞭炮。吉林—铁岭 361 km，包裹运价见表 3.5。铁岭站处理如下：

补收 25 kg 四类包裹运费（自行车）：0.705×25=17.60（元）

加倍补收 17 kg 四类包裹运费（鞭炮，危险品）：0.705×17×2=24.00（元）

合计 17.60＋24.00=41.60（元）

危险品鞭炮予以没收，立即用水浸湿,并交公安部门处理。

注： 自行车按规定计价重量计价；危险品按该件全部重量加倍补收乘车站至下车站四类包裹运费。

例 3.13 2008 年 3 月 21 日，K516 次（上海—长春）列车，开车后发现一名旅客持上海至长春车票一张，携带水果（柚子）4 箱（每箱 11 kg），长春柚子市场价为 2.00 元/kg。长春—上海 2 314 km，包裹运价见表 3.5。列车对此处理如下：

24 kg、四类包裹运费：3.483×24≈83.60（元）

超重部分物品价值 48.00 元（2.00×24）的 50% 为：48.00×50%＝24.00（元）

故应按 24.00 元核收运费。

第七节　行李、包裹运价

行李，包裹运输是铁路旅客运输的重要组成部分，其运价收入也是铁路运输收入的重要内容之一。

一、行李、包裹的范围

（一）行李的范围

行李是指旅客由于旅行而导致的生活上一定限度的必需品，并且凭客票办理托运。

行李运输随同旅客运输而产生，与旅客运输是不可分割的，旅客不购票乘车，就不可能产生行李运输。

行李的范围包括：

（1）旅客自用被褥、衣服、个人阅读的书籍。

（2）残疾人用车（每张客票限 1 辆并不带汽油）。

（3）凭地、市级以上文化行政部门证明和“营业演出许可证”办理托运的文艺团体演出器材。

（4）其他旅行必需品。

行李每件最大重量不超过 50 kg，长度和体积以适于装入行李车为限，但最小体积不能小于 0.01 m^3，特殊情况超过 50 kg 时，须经客运调度批准。跨局运输时，与有关铁路局协商后办理。

（二）包裹的范围

包裹是指适合在旅客列车的行李车内运输的与工农业生产和人民生活有关的小件急运货物。由于运输速度较快，俗称“快件”。

作为包裹运输的物品，其性质、形状、体积和重量，必须适合旅客列车运输，并在优先保证行李运输的条件下，才可办理包裹运输。

根据党的方针政策和国家的政治经济任务、物品本身的价值、物品的性质和使用目的以及运输条件和能力，包裹共分为四类，如表3.6所示。

表3.6　包裹分类表

类别	具体内容
一类	报纸类：自发刊日起5日以内的报纸； 宣传用非卖品：中央、省级政府（含国务院各部委和解放军各大军区）宣传用非卖品以及新闻图片。 教学课本类：中、小学生的教学课本，不含各种教学参考及辅导读物等（但全国政协工作用书可按一类包裹）
二类	抢险救灾物资：凭政府机关证明办理托运。 书刊：应用国家规定的统一书刊号的各种刊物、著作、工具书册以及内部发行的规章等。 鲜冻的食用品：鲜或冻鱼介类、肉、蛋、奶类、果蔬类
三类	不属于一、二、四类包裹的物品
四类	特殊运输物品：级运输包装的放射性同位素、油样箱、摩托车以及国务院铁路主管部门指定的需要特殊运输的物品。 轻泡物品：泡沫塑料及其制品

对于鲜冻的食用品，因品名繁多，有的应按二类包裹办理，有的则按三类包裹办理。为了正确判明包裹类别，对不易判明的二类包裹列表说明，如表3.7所示。

表3.7　不易判明的二类包裹品名表

品　名	可按二类包裹办理	不按二类包裹办理
鲜和冻的鱼介类	螺丝、蛤蜊、海参，包括为防腐而煮过的和加少量盐的虾蟹	咸的、卤的、干的鱼、虾、海蜇、海参、活鱼、鱼苗、蟹苗
鲜和冻的肉类	包括食用动物的五脏、头蹄和未经炼制的脂油	咸的、腌的、熏的、熟的肉类
肠衣	包括为防腐加少量盐的牛、羊、猪的小肠、肠衣、胎盘	
蔬菜类	藕、荸荠、芋头、土豆、豆芽、红薯、豆腐干、干豆腐（千张）、豆腐、姜、葱、蒜、洋葱、鲜笋	干辣椒、花椒、粉条、粉皮、海带或腌、干菜
瓜果类	鲜的枣、荔枝、木瓜、桂圆（龙眼）、橄榄、佛手、百合、鲜菱、甘蔗	干果、蜜饯、如松子、核桃、椰子、白果、瓜子、花生、栗子、果脯等
乳类	鲜、冻牛、马、羊乳、酸牛乳，奶酪	炼乳、奶粉、奶油、黄油
蛋类	家禽、野禽的鲜蛋	咸、熟蛋，松花蛋（变蛋），糟蛋

包裹每件最大重量不超过 50 kg，长度和体积以适于装入行李车为限，但最小体积不能小于 0.01 m^3，特殊情况超过 50 kg 时，须经客运调度批准。跨局运输时，与有关铁路局协商后办理。

快运包裹是铁路运输的一种方式，业务全称为“小件货物特快专递运输服务”简称中铁快运。快运包裹以铁路为主要运输工具，外部尺寸长宽高之和不得小于 0.6 m，货物外部的最大尺寸应不超过长 3 m、宽 1.5 m、高 1.8 m，超过时应先与中转机构或到达机构协商，同意后方能办理，并根据快运包裹的外部尺寸及重量选择合适的运输工具。每件最大重量一般不得超过 50 kg，超过时按超重快运包裹办理。

二、行李、包裹运费的计算

（一）行李、包裹运价率

行李运价率为硬座客票票价率的 1%，即每 100 千克千米的行李运价率等于 1 人千米的硬座客票基本票价率。用公式表示为：

行李运价率 = 硬座票价率 × 1% = 0.058 61 × 1% = 0.000 586 1（元/kg · km）

包裹票价率是以三类包裹运价率为基数，其他各类包裹运价率按三类包裹的运价率加成或减成的比例确定。包裹运价率，以三类包裹运价率 0.001 518 元/(kg · km) 为基准，其他各类包裹运价率则按其加成或减成的比例确定。现行各类包裹运价率及比例关系见表 3.8。

表 3.8　包裹运价及比例关系

包裹类别	运价比例/%	运价率/（元/kg · km）	包裹类别	运价比例/%	运价率/（元/kg · km）
三类	100	0.001 518	二类	70	0.001 062 6
一类	20	0.000 303 6	四类	130	0.001 973 4

行李、包裹运价是根据规定的运价区段，以每千克每千米的运价率乘以通过递远递减后而确定的计价里程，再乘以 5 kg，即得 5 kg 为单位的运价基数。其他重量的运价，则以 5 kg 的运价基数推算。

国家铁路、合资铁路、地方铁路及特殊运价区段间办理行李、包裹直通运输的，执行国铁行李、包裹统一运价及相关计费标准，里程通算，运费在发站一次核收。

（二）计费重量

行李、包裹均按物品重量计算运价，但有规定计价重量的物品按规定重量计价，具体见表 3.9。

表 3.9　行李、包裹规定计价重量

物品名称	计价单位	规定计价重量 / kg	备注
残疾人用车	辆	25	以包裹托运时，按实际重量计算
自行车	辆	25	
助力自行车	辆	40	含机动自行车
两轮轻型摩托车	辆	50	① 含轻骑 ② 汽缸容量超过 50 cm³ 以下时
两轮重型摩托车	辆	按汽缸容量每立方厘米折合 1 kg 计算	汽缸容量超过 50 cm³ 时
警犬、猎犬	头	20	超重时，按实际重量计算

行李、包裹重量以 kg 为单位，不足 1 kg 进为 1 kg。行李、包裹起码重量为 5 kg。每张行李、包裹票的起码运费为 1 元。

旅客可凭客票办理一次行李托运。托运的行李在 50 kg 以内，按行李运价计算，超过 50 kg 时（行李中有残疾人用车时为 75 kg），对超过部分按行李运价加倍计算。

（三）运费计算

行李、包裹的运费，根据《行李包裹运价表》按每张票据计算。每张行李、包裹的起码运费为 1 元。

《行李包裹运价表》给出各个里程段上的千克运价，计算运费时用该运价乘以行包重量。行李、包裹运费以元为单位，尾数保留到角。

运价不同的物品混装为一件时，按其中运价高的计算。

行李 7 001 km 以上，每增加 100 km 或不足 100 km，每千克增加 0.029 元。包裹 6 001 km 以上，每增加 100 km 或不足 100 km，每千克运价，一类包裹增加 0.021 元；二类包裹增加 0.074 元；三类包裹增加 0.106 元；四类包裹增加 0.138 元。

（四）保价费计算

按保价运输的行李、包裹核收保价费。行李保价费按声明价格的 0.5%、包裹保价费按声明价格的 1% 计算。

三、行李、包裹的托运和承运

1. 托　运

旅客或托运人向车站要求运输行李或包裹称为托运。

旅客托运行李时，必须提出有效的客票和托运单。旅客凭客票，在乘车区间内，可从任何营业站托运至另一营业站，每张客票只能托运一次（残疾人用车不限次数）。

托运人托运包裹时，应提出托运单。为加强运输和物资管理，保障社会治安，保护人民健康，贯彻运输政策，对某些物品的运输需实行必要的限制。

旅客或托运人托运的行李、包裹分为保价和不保价两种形式。

按保价运输的行李、包裹，铁路除核收正当运杂费外，另按声明价格的百分比核收保价费。一段按行李、一段按包裹托运时，全程按行李核收保价费。按保价运输的行李、包裹，发生运输变更时，保价费不补不退。因承运人责任取消托运或运回发站时，保价费全退。

快运包裹根据托运人的要求，提供到托运人指定的地点接取货物的有偿服务。

2. 承　运

车站对托运的行李、包裹现货检查完毕，认为符合运输条件时即可办理承运手续。

车站在办理承运手续时应正确填写行李、包裹票及中国铁路小件货物快运运单。

行李、包裹票、小件货物快运运单一式五页。甲页为上报页（红色），上报用。乙页为运输报单（黑色），随车走，到站交收货人，带运包裹运输时，交旅客，称报单页。凭印签领取或不能提出领货凭证丙页时，乙页上报，不交收货人。丙页为旅客页（绿色），交托运人作为领货凭证，交付时收回上报。丁页为报销页（红色，快运运单为黄纸黑色），交给托运人作为报销凭证。戊页为存查页（褐色），发站作为存根，按日整理，存查保管。

例 3.14　11 月 25 日，一旅客持 T118 次（兰州—上海）硬卧车票一张（经由郑、徐），在兰州站托运到杭州行李 2 件 50 千克（旅行箱包装）；旧书籍 1 件 10 千克（纸箱包装）；给亲属购买的残疾人用车 1 辆 30kg。兰州—上海（经由郑、徐）2 185 km，上海—杭州 201 km，行李、包裹运价见表 3.5。兰州站处理如下：

（1）填制行李票部分：

① 兰州—上海行李运费：

50 kg 行李运费：0.951×50＝47.60（元）

10 kg 行李运费加倍：0.951×10×2＝19.00（元）

行李运费小计：47.60＋19.00＝66.60（元）

② 上海—杭州包裹运费：

60 kg 三类包裹运费：0.317×60＝19.00（元）

行李票费用合计：66.60＋19.00＝85.60（元）

（2）填制包裹票部分：

30 kg 三类包裹运费：2.679×30＝80.40（元）

合计应收费用：85.60＋80.40＝166.00（元）

杂费按实际发生核收。

例 3.15　11 月 28 日，一伤残军人凭一张 K279 次（北京西至十堰、经由郑、漯、宝）北京西至襄樊半价软卧车票，在北京西托运到襄樊行李 2 件 45 kg（编织袋包装），声明价格 1 000 元；残疾人车一辆，100 kg，声明价格 2 000 元。北京西—襄樊（经由郑、漯、宝）1 187 km，行李、包裹运价见表 3.5。北京西站处理如下：

行李运费：0.582×（45＋25）＝40.70 元（残疾人车按行李托运时计费重量规定为 25 千克）

保价费：（1 000.00＋2 000.00）×0.5%＝15.00（元）；

应收费用合计：40.70＋15.00＝55.70（元）

填制行李票，因残疾人车实际重量为 100 kg，应请求调度命令。

杂费按实际发生核收。

3. 路内有关单位免费运送路用品的规定

（1）铁路衡器管理所检修工作人员，凭书面证明免费托运砝码和衡器配件。车站填发包裹票，在记事栏内注明“衡器检修”，收回书面证明报铁路局。

（2）中国铁路文工团到铁路基层单位慰问演出，对该团演出用的服装、道具、布景准予免费运输，并按下列规定办理托运手续：

需要托运的服装、道具、布景数量较大时，可以拨给行李车，如行李车不足，也可以拨给棚车代用。使用后，立即交还，不得停留占用。严禁用拨给的行李车或棚车装服装、道具和布景以外的物品。

少量的服装、道具、布景，可装在旅客列车编组中行李车内运送，不必另拨车辆。

办理此项免费运输时，必须凭“中国铁路文工团”开具的证明文件，到车站办理托运手续。如要求拨给行李车或棚车时，应凭上述证明文件到有关铁路局办理拨车手续。

车站办理托运时，应填写包裹票，并在运价栏划斜线，在记事栏内注明“免费”字样，同时将证明文件收回，随同包裹票报告页一并报送铁路局。

托运的服装、道具、布景由车站装卸时，应按规定核收装卸费。

(3) 中国铁路文工团电视剧部到基层单位拍、放电视片，准予凭中国铁路文工团书面证明，监视器、投影机、录音机等附属品按规定办理托运手续免费运输。

由车站负责装卸时，交纳规定的装卸费。

四、包裹的押运和带运

（一）押　运

押运的包裹应装行李车，由押运人自行看管，车站负责装车和卸车。押运人应购买车票并对所押物品的安全负责。一批包裹原则上限派一名押运人，押运人凭“铁路包裹运输押运证”和旅客列车全价硬座车票登乘行李车押运，押运证由托运人向承运行包房申请办理。

（二）带　运

带运包裹是指旅客办完包裹托运手续的贵重品、重要文件、尖端保密产品带入包房自行看管和装卸的物品。

带运包裹每件重量不得超过 50 kg，每个包房带运重量最多不准超过 100 kg，要便于上、下车和出入包房，保证车辆设备不被损坏。对占用的包房铺位应按占用数量购买车票。如所带的物品影响其他旅客时，应单独占用包房并按包房的铺位数购买车票。

在包房内发现应办而未办手续的带运包裹，应按旅客携带品处理。

五、行李、包裹运到期限

（一）行李、包裹运到期限的确定

行李、包裹运到期限系指在铁路现有技术设备条件和运输组织水平下，将行李、包裹运到到站的期限。

行李、包裹的运到期限，按运价里程计算。具体规定如下：

(1) 行李从承运日起，600 km 以内为 3 日，601 km 以上每增加 600 km 增加 1 日，不足 600 km 的尾数也按 1 日计算。

(2) 包裹从承运日起，400 km 以内为 3 日，401 km 以上每增加 400 km 增加到 1 日，不足 400 km 的尾数也按 1 日计算。

(3) 快运包裹以铁路为主要运输工具运送时，其运到期限按承诺的运到期限或以铁路客运运价里程计算。从承运次日起，国内主要城市间有直达列车运输的运到期限为 3 日，3 500 km 以上运到期限为 4 日，其他城市间运送需中转的快运包裹，1 000 km 以内为 3 日，超过 1 000 km 时，每增加 800 km 运到期限增加一日，不足 800 km 的尾数也按一日计算。

一批货物内有超过 50 kg 不足 100 kg 以上的超重快运包裹增加 1 日，100 kg 的快运包裹增加 2 日。按该批单件最重货物计算增加天数。

(4) 一段按行李、一段按包裹计价时，全程按行李计算运到期限。

(5) 由于不可抗拒的力量（如自然灾害）或非铁路责任（如疫情、战争、政府机关扣留等）所发生的停留时间，应加算在行李、包裹的运到期限内。

（二）行李、包裹逾期运到的处理

1. 行李、包裹超过规定的运到期限运到时，承运人应向收货人支付运到逾期违约金

行李、包裹应在规定的运到期限内运至到站，如实际运到日数超过规定的运到期限时，到站应按所收的百分比（最高不得超过运费的 30%，见表 3.10 所示），向旅客或收货人支付运到逾期违约金。

表 3.10　运到逾期违约金计算表

逾期日数 / 违约金比率/% / 运到期限	1 日	2 日	3 日	4 日	5 日	6 日	7 日	8 日	9 日	10 日以上
3 日	10	20	30							
4 日	5	15	20	30						
5 日	5	10	20	25	30					
6 日	5	10	15	20	25	30				
7 日	5	10	10	15	20	25	30			
8 日	5	5	10	15	20	20	25	30		
9 日	5	5	10	15	15	20	20	25	30	
10 日以上	5	5	10	10	15	20	20	25	25	30

快运包裹运到逾期时，经营人应按逾期的天数每日向收货人支付包干费（包括超重附加费、转运费、到付运费）3% 的违约金，但最高不超过包干费的 30%。违约金不足 1 角的尾数按四舍五入处理。

(1) 一批中的行李、包裹部分逾期时，到站应收回行李、包裹票，给收货人开具客运记录，作为领取部分逾期行李、包裹和要求支付违约金的依据，并按逾

期部分的运费、包干费比例支付运到逾期违约金。

（2）旅客或收货人要求支付运到逾期违约金时，应自行李、包裹到达次日起10日内提出，凭行李、包裹票、部分逾期的客运记录、小件货物快运运单、传真件（行包票丢失或包裹票未到时，应提出单位书面证明和所有权证明）提出申请。支付运到逾期违约金时，应填写退款证明书，以站进款支付。

（3）行李、包裹运输变更（包括因误售、误购车票以致误运而造成的行李运输变更），致使行李、包裹逾期到达，铁路不支付到逾期违约金。

2. 旅客要求将逾期到达的行李运至新到站的处理

（1）行李未到，当时又未超过运到期限，旅客需继续旅行并凭新购车票办理转运新到站的手续，交付运费之后，发现行李逾期到达原到站，车站应编制客运记录，随同运输报单一并送交新到站，作为退还已收转运区间运费的凭证，保价费不退。

（2）旅客要求将逾期的行李运到新到站时，铁路可凭新客票运送，但不再支付运到逾期违约金。铁路在办理时，新行李票按原行李票转记，如旅客换乘其他交通工具时，车站一般不代办行李的转运手续，但特殊情况下代为办理时，费用由旅客预先支付。

（3）逾期行李办理免费转运的，不再支付违约金。逾期包裹不办免费转运。

六、行李、包裹的运输变更

（一）办理变更的限制

旅客或托运人交由铁路运输的行李、包裹，由于某种原因要求取消托运和变更到站的情况时有发生。运输变更有一定的条件限制，如行李随人走，凭客票托运，在变更到站时，仅限办理运回发站和中止旅行站。再如鲜活物品因本身易于变质、死亡及受运输条件的限制，除装运前取消托运外，不办理其他变更。

（二）变更方法

行李、包裹的运输变更，根据装运前后的情况分别处理。

1. 装运前取消托运

行李、包裹在发站办完托运手续至装车前，旅客或托运人要求取消托运时，车站应收回行李、包裹票，注明“取消托运”字样注销。办理时，以车站退款证明书退还全部运费，并用客运运价杂费收据（简称为客杂）核收实际产生的变更手续费和保管费。在取消托运的行李、包裹票上注明“客杂”号码及核收的费用名称及金额，收回的行李、包裹票“丁”页随车站退款证明书上报。

取消托运的行李、包裹，如已收运费低于实际产生的杂费时，运费不退也不再补收，收回的行李、包裹票，在报单页（乙页）、旅客页（丙页）和报销页（丁页）上注明“取消托运，运费不退”字样。旅客页贴在存根页（戊页）上。

例 3.16 一旅客 10 月 25 日下午在沈阳北站托运到上海资料 5 件，纸箱包装，120 kg，保价 1 500 元。原票记载运费 283.20 元、装车费 5.00 元、保价费 15.00 元，总计 303.20 元。26 日上午，该旅客凭包裹票到沈阳北站要求取消托运，经查该货准备装运当日 K190 次。沈阳北站应做如下处理：

保价行李包裹发生运输变更时，保价费不补不退。

填制车站退款证明书退还票面记载的所有项目款额，另以客杂转收保价费及实际发生的费用：

变更手续费：5.00 元；

保管费：2.00×2×5＝20.00 元；

合计应补费用：5.00＋20.00＋15.00（保价费）＝40.00 元。

2. 装运后变更到站的处理

行李、包裹装运后，旅客、托运人或收货人要求变更运输时，只能在发站、行李或包裹所在中转站、装运列车和中止旅行站提出。如要求取消托运或变更到站时（鲜活包裹除外），按下列规定办理：

（1）发站：① 对要求运回发站的行李、包裹，应收回行李、包裹票，编制客运记录，注明原票内容，交给旅客或托运人作为领取行李、包裹的凭证。

② 对要求变更到站的行李、包裹，应在行李、包裹票旅客页（丙页）和报销页（丁页）上注明“变更到××站”，更正到站站名及收货人单位、姓名，加盖站名戳，注明日期，交给旅客或托运人，作为在新到站领取包裹和办理变更运输后产生运费差额的核算凭证。同时发电报通知有关车站和列车。

（2）列车：接到电报，找到行李、包裹时，应编制客运记录，连同行李、包裹和运输报单（乙页），交前方营业站或运至新到站（旅客在列车上要求变更时，可按此办理）。

（3）行李、包裹所在站：接到电报后，应编制客运记录注明应收保管费日数及款额，改正货签上的发、到站，连同行李、包裹运回发站或运到新到站（对列车移交的也同样办理）。

（4）发站或新到站：收到行李、包裹后，通知旅客或收货人（托运人）领取，补收或退还已收运费和实际运送区段里程通算运费的差额，核收变更手续费。如超过规定免费保管期间时，核收保管费（保管费指行李、包裹运至发站、新到站超过 3 天，折返站 1 天或原到站自行李、包裹到达日起至收到电报日止产生的保管费）。补收时以“客杂”核收，退还时使用退款证明书退款，并将收回的原票贴在“客杂”或退款证明书报告页上报。

3. 旅客在发站或中途站停止旅行，要求把行李运至原到站时的处理

旅客在发站或中途站停止旅行，要求把行李运至原到站时应补收停止旅行站至原到站的行李与包裹的运费差额，核收变更手续费，原行李票应注明“旅客在××站停止旅行，原行李按包裹运输”。更正收货人单位、姓名，加盖站名戳注明日期交托运人。凭原行李票继续运送，收货人凭原行李票在原到站提取。

4. 因误售、误购客票而误运行李时的处理

因误售、误购客票而误运行李时应补收或退还已收运费与发站至正当站运费的差额，不收变更手续费。同时应编制客运记录或发电报通知行李所在站，将误办的行李运至正当到站。到站需要补收行李运费差额时，使用“客杂”核收，并在原行李票运输报单页、报销页和旅客页的记事栏注明“误运”，报单页加盖“交付讫”戳记，交旅客报销。需要退款时，使用退款证明书退还，原行李票收回附在退款证明书上一并上报。

（三）线路中断对行李、包裹的安排

（1）未装运及由中途运回发站时，收回行、包票，在旅客页和报单页记事栏注明“线路中断、取消托运”，填写“退款证明书”，退还全部运费，并将收回的行李、包裹票附在“退款证明书”报告页上报。

（2）已运至到站要求返回发站的行李，运费不退。在行李票报销单加盖“交付讫”戳，记事栏注明“线路中断，已运至到站的行李返回，运费不退”交旅客报销。

（3）在中途站领取时，收回行、包票，填写“退款证明书”，退还已收运费与发站至领取站间运费差额。不足起码里程按起码里程。在旅客页、报单页记事栏注明“线路中断，中途提取”附在“退款证明书”报告页上报。

（4）在发站（或中途站）停止旅行，要求行李仍运至原到站，补收全程（或终止旅行站至到站）的行李和包裹的运费差额。

（5）包裹变更到站，补收（或退还）已收运费与发站至新到站的运费差额。不足起码里程按起码里程计算。在“客杂”（或退款证明书）记事栏注明“因××线路中断，变更到站”。

（6）鲜活包裹被阻，返回发站或变更到站按上述有关规定处理。要求承运人在中途处理时，退还已收运费与发站至处理站间（不足起码里程按起码里程计算）的运费差额和物品处理所得款。

（7）组织行李、包裹绕道运输时，应在行李、包裹记事栏注明“线路中断，绕道运输、被阻×日”并加盖站名戳，原车绕道时加盖列车行李员名章，到站根据实际运输里程加上被阻日数计算运到期限。

(8) 线路中断后承运包裹，经铁路局批准，按实际径路计算运费。

七、行李、包裹的交付及无法交付物品的处理

（一）行李、包裹的交付

交付工作是行李、包裹运输过程中的最后一道工序，为此，行李包裹运至到站后，到站应立即做好交付的准备工作。

1. 到达通知

行李随旅客所乘坐的列车运至到站，旅客即可提取；包裹由托运人在发站办理托运手续后，应立即告知收货人按时提取。同时，车站为确保正常运输及加快仓库的周转，包裹到达后，应及时以明信片或电话等方式通知收货人领取。通知时间最晚不得超过包裹到达次日的 12 点，并应以文字或录音等形式记录备查。

2. 免费保管天数

(1) 行李从运到日起免费保管三天，第四天起开始核收保管费。

(2) 包裹从发出通知日起，免费保管三天，第四天起开始核收保管费。

(3) 逾期到达的行李、包裹免费保管 10 天。

(4) 因铁路责任或不可抗力等原因而延长车票有效期的行李，应按客票延期的日数延长行李免费保管的日数。超过免费保管日数，按规定核收保管费，出具保管费收据或填发客运杂费收据。

(5) 遇特殊情况，车站站长有权减收保管费。

（二）无法交付的物品处理

无法交付的物品，除移交有关部门处理的以外，其他物品均应作价移交（即拍卖收入)。在扣除发生的一切费用后，属于旅客遗失物品、无人领取的暂存品、及行李、包裹作价剩余款额，旅客或托运人、收货人从变卖日起 180 天以内来领取时，车站、经营人凭旅客或托运人、收货人出具的物品所有权的书面证明报铁路局申请办理退款手续。不来领取时，上缴国库。属于事故行李、包裹的变卖款拔归铁路收入（按保价办理的行包冲抵保价费)。

八、品名、重量不符及无票运输的处理

（一）对品名不符的物品处理

品名不符是指办完托运手续后，发现行李、包裹票中记载的物品品名与实际物品品名不同，即称为物品品名不符的运输。由于运送物品与申报品名不同，影响运价计算，甚至把危险品、国家禁止或限制运输的物品，伪报成其他可运输的品名，进行隐瞒运输。

发现品名不符时，应采取认真负责和实事求是的态度，区别不同性质，正确处理。

（1）对伪报一般品名的，在发站，重新办理手续，补收已收运费与正当运费的差额；在到站，加收应收运费与已收运费差额两倍的运费。

例 3.17 11 月 29 日，哈尔滨站在交付时，发现由大连运至哈尔滨站海鲜 2 件 80 千克，票号 B05436，其中一件 30 千克为咸鱼干。大连—哈尔滨 946 km，行李包裹运价见表 3.5。哈尔滨站处理如下：

补收运费差额：

已收 30 千克二类包裹运费：0.873×30＝26.20 元

应收 30 千克三类包裹运费：1.248×30＝37.40 元

应补收运费差额：（37.40－26.20）×2＝22.40 元（填客运运价杂费收据）

（2）将国家禁止、限制运输的物品以及危险品伪报其他品名托运或在货件中夹带时，按下列规定处理：

① 在发站发现时，停止装运，通知托运人领取，全部件数物品的运费不退；将原票收回，在记事栏内注明“伪报品名，停止装运，运费不退”；将报销页交托运人作报销凭证，另以“客杂”按日核收保管费。

② 在中途站发现时，停止运送，发电报通知发站转告托运人领取，运费不退，并对品名不符货件按实际运送区间另行补收四类包裹运费及按日核收保管费。

（3）在列车上发现时，编制客运记录交到站处理，属危险品伪报品名将该批物品交前方停车站处理。

（4）在到站发现时（包括列车移交的），另行补收品名不符货件实际运送区间的四类包裹运费。必要时还应交有关部门按国家有关规定处理。

因托运人伪报品名给铁路和其他旅客（收货人）造成的损失，由托运人负完全责任。车站、列车发现伪报品名的行李、包裹，损坏其他旅客、托运人的行李、包裹时，应编制客运记录，分别附在伪报品名的行李、包裹票上，交有关到站处理，并由责任者的到站负责追索赔偿。

例 3.18 8 月 14 日，在通辽站交付一批由赤峰站托运 13 日运到的包裹，品名为仪表 2 件 70 kg，每件重 35 kg，其中一件内装有 10 kg 的雷管。通辽—赤峰 350 km，行李包裹运价见表 3.5。通辽站处理如下：

补收内装雷管的货件 35 kg、四类包裹运费：0.652×35＝22.80（元）

杂费按实际发生核收，填写客运运价杂费收据。

危险品雷管予以没收，并交公安部门处理。

（二）对重量不符的处理

重量不符是指办完行李、包裹托运手续后，发现行李、包裹票上记载的重量与实际重量不符。由于重量不符，直接影响运费计算的准确性。为此，要进行适当处理，应补收时，则补收超重部分正当运费。应退还时，退还多收部分的运费。在办理上应遵循下列规定：

(1) 到站发现行李、包裹重量不符，应退还时，开具退款证明书退还多收部分的运费。

(2) 应补收时，开具“客杂”，补收正当运费，同时编客运记录附收回的行李、包裹票报铁路运输企业收入管理部门，由其列应收账款向检斤错误的单位再核收与应补运费等额的罚款。

品名不符又重量不符先处理重量不符，后处理品名不符。

例 3.19　6 月 20 日，铁岭站对到达行包进行检斤时，发现承德发铁岭服装 2 件 65 kg，票号 A03 265，实际重量为 95 kg。承德—铁岭 712 km（经由叶、义、新），行李包裹运价见表 3.5。铁岭站处理如下：

加倍补收 30 kg、四类包裹运费：0.956×（95－65）＝28.70（元）

填客运运价杂费收据。同时编客运记录附收回的行李、包裹票报铁路运输企业收入管理部门。

（三）对无票运输的处理

无票运输是指应办而未办理行李、包裹托运手续的物品，随行李车运输的一种违章运输。为严肃运输纪律、严格按章办事、杜绝不良风气，车站和列车应拒绝装运无票运输的行李、包裹。如发现已装运的，列车长、列车行李员应编客运记录交到站处理。到站对移交和自站发现的物品按实际运送区间加倍补收四类包裹运费。

以上补收运费、运费差额或保管费均用“客杂”核收，并在记事栏内注明核收事由。

例 3.20　6 月 29 日，K7369 次到达图们站时，列车以 0629 号客运记录交无票包裹 1 件 20 千克，记录内注明该件包裹是梅河口开车后清点货物时发现的。梅河口—图们 619 km，行李包裹运价见表 3.5。图们站处理如下：

加倍补收 20 kg、四类包裹加倍运费：1.117×20×2＝44.70（元）

填客运运价杂费收据。

第八节　特定运价

特定运价是对一些特殊运输方式和特殊运价区段而制定的客运运价。

一、包车运价

凡旅客要求单独使用加挂车辆或加开专用列车时，均按包车办理。包车人应与承运人签订包车合同。签订包车合同时，包车人应预付相当于运输费用 20% 的定金。

包车或加开专用列车，应按下列标准，根据运价里程（或使用日数）核收票价、运费、使用费、包车停留费、空驶费及其他费用等，并且包车或加开专用列车的运输费用，在全部运行中里程采用通算。

（一）票　价

（1）客车和合造车的客车部分，按客车种别、定员核收全价客票票价。成人与儿童（含享受减价优待的学生、伤残军人）混乘一辆车，人数不足时，按定员核收全价客票票价；实际乘车人数超过定员时，对超过人数按实际分别核收全价或半价客票票价。

（2）卧车按种别、定员核收客票及卧铺票的全价票价。

（3）公务车按 40 个定员核收软座客票及高级软卧票（上下铺各 1/2）的全价票价。

（4）豪华列车每辆按 32 个定员核收软座客票及高级软卧票（上下铺各 1/2）的全价票价。

（5）包用的客车、公务车加挂在普通快车、快速列车上或加开的专用列车、豪华列车按上述等级的快车速度运行时，都应根据核收客票票价人数核收相应的加快票价。途中发生中转换挂（或开行）不同列车等级时，按首次挂运（或开行）的列车等级核收加快票价。

（二）运　费

行李车和合造车的行李车部分，按车辆标记载重核收行李或包裹运费。用棚车代用行李车时，按行李或包裹的实际重量核收行李或包裹运费。起码计费重量按标记载重的三分之一计算（不足 1 吨的尾数进整为 1 吨）。行李、包裹混装时，按其中运价高的核收。

（三）使用费

娱乐车、餐车按每日每辆核收使用费，餐车合造车减半核收使用费，不足整日按整日计算。

（四）空调费

包用车辆使用空调设备时，还应按核收客票票价的人数核收空调费。娱乐车、餐车的空调费按使用费的 25% 计算（以元为单位，角值四舍五入）。

（五）包车停留费

包车停留费是指包用人要求在发站、中途站、折返站停留时应付的费用。由于车辆换挂接续列车或铁路指定开车时间所产生的停留时间不收停留费。停留费按自然日计算，（即 0 时起至 24 小时为一日），不足 12 小时按半日计算。停留时间以列车到达时刻至开车时刻为准。

（1）娱乐车、餐车每日每辆 5 000 元；餐车合造车每日每辆 2 500 元。

（2）公务车、高级软卧每日每辆 3 300 元。

（3）软座车、软卧车、软硬卧车、硬卧车、软座硬卧合造车，每日每辆 1 800 元。

（4）硬座车、行李车、软硬座合造车、行李邮政车、软座行李合造车、硬座行李合造车，每日每辆 1 400 元。

（5）棚车，每日每辆 139 元。

包用娱乐车、餐车，一日内同时发生停留费、使用费两项费用时只收一项整日费用。

（6）服务费，包用公务车、豪华列车时，按车票票价的 15% 核收服务费。

（7）欠编费，包用专用列车、豪华列车时，当编成辆数不足 12 辆时，应按实际运行日数，每欠编一辆每日核收欠编费 850 元，当日不足 12 h 减半核收。

（8）空驶费，是指在包用人指定日期内乘车站没有所需车辆，需从外站向乘车站调送车辆以及使用完毕后将车辆回送至原车辆所在站或单程使用后由到站回送车辆所在站所产生的费用。空驶费按最短径路并全程通算。

包用的车辆，自车辆所在站向乘车（装运）站空送时起至回送至车辆原所在站止，产生空驶时，对空驶区段（里程按最短径路并采取通算），不分车种，每车每千米核收 3.458 元的空驶费，但棚车不核收空驶费。

（9）包车全部运行途中，里程采取通算。

（10）包车变更费用的计算：包车人包用的车辆，由于某种原因需要变更时，可以办理包车变更。但包车人在未交付运费前取消用车计划时，定金不退。如已交运费时，则按下列规定办理：

① 包车人在始发站停止使用时，除退还已收空驶费与已产生的空驶区段往返空驶费差额外，其他费用按以下方式计算：开车前 48 h（包括 48 h）之前退还全部费用，核收票价、使用费、运费 10% 的停止使用费；开车前 6～48 h 退还全部费用，核收票价、使用费、运费 20% 的停止使用费；开车前不足 6 h 退还全部费用，核收票价、使用费、运费 50% 的停止使用费；开车后要求停止使用时，只退还尚未产生的包车停留费。

② 包车人在始发站延期使用：在开车前 6 h（包括 6 h）之前提出时，按规定

核收包车停留费；在开车前不足 6 h 提出时，核收票价、使用费、运费 50% 的延期使用费，并重新办理包车手续。

③ 包车人在中途站延长使用区段或延长停留时间时，需经中途变更站报请铁路局同意后，核收票价、运费、使用费或包车停留费。

中途缩短停留时间或缩短使用区段时，所收费用不退。

④ 包车人在中途站要求变更径路时，应补收新旧径路里程的票价、运费差额。要求变更到站时，应补收自变更站至新到站与自变更站至原到站的票价、运费差额。

变更径路、到站均不退还票价、运费差额。

如包车中承运人违约，应双倍返还定金。

二、租车及租用、自备车辆挂运和行驶

（一）租　车

租车人向承运人租用客运车辆时，租用人应与承运人签订租车合同。厂矿、企业等单位租用铁路客车在本单位使用时，按包车停留费标准，按日核收租车费。单独租用发电车时，租车费每日每辆为 2 100 元。

（二）挂　运

企业自备机车车辆或租用车，利用承运人动力在国家铁路的旅客列车或货物列车中运行时，按下列标准核收挂运费：

(1) 空车：不分车种，按每轴每千米 0.534 元核收。在客运列车中挂运的空客车随车押运人员应购买所挂列车等级的硬座票，随货物列车挂运的空客车的随车押运人员，按货运押运人收费标准核收押运费。

(2) 重车，客车按标记定员票价的 80% 核收；行李车按标记载重及所装行李或包裹品类运费的 80% 核收；餐车、娱乐车、发电车按租车费的 80% 核收。

(3) 自备或租用铁路的客车、餐车、行李车、邮政车、专用工作车挂运于货物列车时，空车按 7 号运价率加 100% 计费；装运货物时按其适用的运价率加 100% 和标重计费。但换长 1.5 以下的专用工作车不装货物时不加成。随车人员按押运人乘车费收费。7 号运价率为 0.244 5 元/轴公里；押运人乘车费率为 3.00 元/人百公里。

（三）行驶费

企业自备动力牵引租用客车或企业自备车，利用国家铁路线路运行时，不论空车或重车，均按每轴（含机车轴数）每千米 0.468 元核收行驶费。

铁路机车车辆工厂（包括车辆研究所）新造车或检修车出厂在正式营业线上进行试验时，同样收取挂运费和行驶费。

军运、邮政部门租车和自备车辆挂运及行驶，按军运和邮运有关规定办理。

租车费、挂运费、行驶费均以元为单位，角值四舍五入。

（四）过轨运输

国家铁路、合资铁路、地方铁路及特殊运价区段间相互办理直通旅客、行包运输业务为过轨运输。在办理旅客直通运输时应分别按各段里程计算车票票价，加总核收。国家铁路涉及几个地段时，里程采取通算。上述各段由于分段计算，有不足起码里程区段时，按起码里程计算，但卧铺票价按表 3.11 所列比例计算。客运杂费按实际产生的核收。

表 3.11 400 km 卧铺票价比例计算表

里程/km	占 400 km 卧铺票价的比例/%
1～100	25
101～200	50
201～300	75
301～400	100

三、铁路运邮的计费规定

铁路运输企业根据与有关邮政局签订自备邮政车挂运或租用行李车固定容间的运邮合同办理结算。

运费实行月初预付、月末结算制度，并按权责发生制列账。

（一）各类运邮方式的计费费率

专用车厢挂运费率为：编挂于直通列车为每轴公里 0.808 68 元；编挂于管内列车为每轴公里 0.700 86 元；今后固定容间费率调整时，专用车厢挂运费率亦按其增减比例同时比照调整。

固定容间费率为每立方米公里直通列车 0.033 71 元，管内列车 0.029 21 元。

临时加挂专用车厢按照专用车厢挂运费率计算运费，但加挂铁路整节车厢时，照标记容间按固定容间费率加五倍计费。

计算邮运运费的运价里程，按《铁路客运运价里程表》计算。

固定容间按邮局使用铁路车厢的地板面积（包括固定容间内的办公室、厕所、通道等面积）乘车内高度（地板面至侧板顶边）所得的容积计算。不足一立方米的尾数按四舍五入处理。

运邮费率系按固定容间费率相当于铁路普通包裹运价的 6.25% 制定，今后铁路普通包裹运价调整时，应按增减比例调整。

（二）运邮车厢经过列车轮渡区间时的计费

邮局使用的运邮车厢经过列车轮渡区间，按铁路规定的里程计算。利用铁路轮船运邮，按邮件实际重量以每二百公斤折合一立方米（不足一立方米按一立方米计算），比照固定容间费率计算。

（三）挂运专用车厢时的计费

凡因邮局业务需要挂运专用车厢应一律按挂运费率核付运费外，其他空送修理或抵替时，可不计费。专用车厢挂运费率包括下列各项费用：

（1）邮局押运员、分拣员及其他随车工作人员的乘车费；

（2）专用车厢在挂运中的技术检查、日常维修及取暖用煤、照明、给水的供应；

（3）专用车厢行驶前的技术检查及停留时间的保管、维修（包括夏、冬季运输的准备修理）、清洁照料等费用；

（4）站台使用费。

（四）运邮费的结算

运邮费按月清缴，每月月终由路局按实际使用列单与邮局结算。

邮局托运邮件时，信函、报纸及杂志按一类包裹运价计算；印刷品按二类包裹运价计费；邮政包裹按三类包裹运价八折计费，托运时，核收现款（具体结付办法由当地路、邮双方洽定）。

第九节　客 运 杂 费

客运杂费是指在铁路运输过程中，除去旅客车票票价、行李包裹运价、特定运价以外，铁路运输企业向旅客、托运人、收货人提供的辅助作业、劳务及物耗等所收的费用。

一、客运杂费的主要收费内容

（一）付出劳务所核收的费用

该费用包括手续费、送票费、车上签证费、行李包裹搬运费、行李包裹装卸费、行李包裹保管费、行李包裹接取送达费、携带品搬运费等，核收这类费用，是因为旅客或托运人、收货人提出要求，为其特殊服务时而收取。

（二）违反运输规定所核收的费用

该费用包括各种无票乘车加收的票款及违章运输加倍补收的运费等。

为了维护站、车秩序，对无票乘车或者持失效车票乘车的人员，应根据铁路法及客运规章有关规定加收票款。

（三）使用有关单据及其他用品所核收的物耗费用

该费用包括货签费、安全标志费、其他用品等。

（四）迟交票款、运费、杂费

迟交票款、运费、杂费时从应收该项费用之次日起至付款日止，每迟交一日，按迟交总额的 1% 核收运输费用迟交金。

（五）包裹到达通知费

包裹到达通知费，以市内电话以外的方式通知时，产生的信函、电话、电报等费用，由到站以实际发生的款额向收货人收取。

二、客运杂费收费标准

客运杂费的收费项目和收费标准有国务院铁路主管部门制定，统一规定的部分杂费收费项目和收费标准如表 3.12 所示。

表 3.12　客运杂费收费项目及收费标准

收费项目		计费条件	收费标准	备注
1	站台票		1 元/张	
2	手续费	列车上补卧铺	5 元/张	同时发生时按最高标准核收一次手续费
		其他	1 元/张	
3	退票费	按每张车票面额计算	20%(四舍五入到元)	（1）代用票按每张核收 （2）2 元以下的票价不退
4	送票费	送到集中取票点	3 元/人次	
		送到旅客所在地	5 元/人次	
5	标签费	货签费	0.25 元/个	
		安全标志费	0.2 元/个	
6	行李、包裹变更手续费	装运前	5 元/票次	
		装运后	10 元/票次	
7	行李、包裹查询费	行李、包裹交付后，旅客或收货人还要求查询时	5 元/票次	

续表 3.12

收费项目		计费条件	收费标准	备注
8	行李、包裹装卸费	从行李房收货地点至装上行李车，或从行李车卸下至交付地点，各为一次装卸作业	1 元/件次	超过每件规定重量的，按其超重倍数增收
9	行李、包裹保管费	超过免费保管期限，每日核收	2 元/件	超过每件规定重量的，按其超重倍数增收
10	行李、包裹搬运费	从车站广场停车地点搬运至行包房办理处或从行包交付处搬运至广场停车地点各为一次搬运作业；由汽车搬上、搬下时，每搬一次，另计一次搬运作业	1 元/件次	超过每件规定重量的，按其超重倍数增收
11	行李、包裹接取送达费	接取、送达各为一次作业每 5 千米(不足 5 千米按 5 千米计算）核收	5 元/件次	超过每件规定重量的，按其超重倍数增收
12	携带品暂存费		2 元/件	每件重量以 20kg 为限，超重时按其倍数增收
13	携带品搬运费	从广场停车地点搬运至站台或从站台搬运至广场停车地点各为一次搬运作业由火车、汽车搬上、搬下时，每搬一次，另计一次搬运作业	2 元/件次	每件重量以 20kg 为限，超重时按其倍数增收
14	异地票	每张	5 元/张	

第四章　铁路运输企业收入预算

第一节　铁路运输企业收入预算概述

全面预算管理是一种被企业普遍采用的企业内部管理控制方法，这一方法在铁路运输企业也被广泛采用。铁路运输企业收入预算是铁路运输企业全面预算体系中的重要组成部分。

一、预算与全面预算

预算是计划工作的成果，是计划的数量说明。全面预算就是指企业全部生产经营活动计划的数量表现，它既是规划和决策的进一步综合，又是执行和控制的重要开端。

全面预算是由一系列预算构成的体系，概括起来可以分成三个部分：

（1）业务预算，是反映企业基本业务活动的预算，包括销售预算、销售费及管理费预算、生产预算、存货预算、直接材料预算、直接人工预算、制造费用预算及产品成本预算等。

（2）资本支出预算，是用以规划企业长期投资业务及与其相关的筹资业务的预算。

（3）财务预算，是企业未来一定预算期内预计财务状况和经营成果，以及现金收支等价值指标的各种预算，具体包括现金预算、预计利润表、预计资产负债表和预计现金流量表等内容。

各项预算之间相互联系，构成一个有机的整体，相互关系如图 4.1 所示。

图中可以看出以下几点：

① 根据长期销售预算确定本年度的销售预算和资本支出预算；

② 本年度销售预算是年度预算的编制起点，按照“以销定产”的原则确定生产预算、销售费、管理费预算。

③ 根据生产预算来确定直接材料、直接人工和制造费用预算；

④ 产品成本预算和现金预算是有关预算的汇总；

⑤ 预计损益表、预计资产负债表和预计现金流量表是全面预算的汇总。

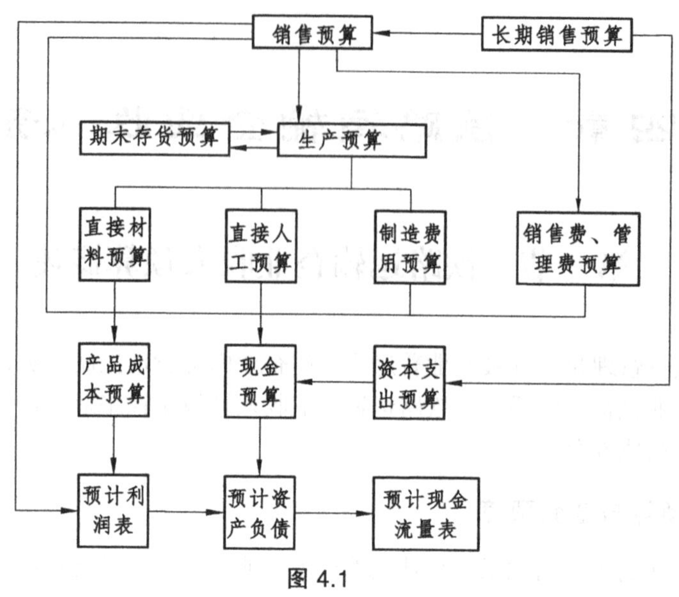

图 4.1

二、全面预算的编制方法

全面预算的编制方法有固定预算和弹性预算、增量预算和零基预算、定期预算与滚动预算。

（一）固定预算

固定预算是根据预算期内正常的可实现的某一固定业务量（如生产量、销售量等）水平作为唯一基础编制的预算。传统预算大多采用这种方法。其优点是简便易懂。缺点之一是过于机械呆板，因为编制预算的业务量基础是事先假定的某个业务量，不论预算期内业务量水平可能发生哪些变动，都只按事先确定的某一个业务量水平作为编制预算的基础；缺点之二是可比性差，因为不考虑业务量的变化，所以当实际业务量与原预计数发生差异时，有关预算指标的实际数与预算数就会因业务量基础不同而失去可比性。

固定预算只适用于那些业务量水平较为稳定的企业或非营利组织编制预算时采用。

（二）弹性预算

弹性预算是固定预算与实际结果间的桥梁，按照可预见的多种业务量水平、适应不同业务量的情况而编制，因而也被称作多水平预算。编制时，以正常业务量为基础，每增减一定的量确定一个费用预算数，作为控制的依据。

与固定预算相比，弹性预算具有如下两个显著的优点:

1. 预算范围宽

弹性预算能够反映预算期内及一定相关范围内的可预见的多种业务量水平相对应的不同预算额，从而扩大了预算的适用范围，便于预算指标的调整。

2. 可比性强

在预算期实际业务量与计划业务量不一致的情况下，可以将实际指标与实际业务量相应的预算额进行对比，从而能够使预算执行情况的评价与考核建立在更加客观和可比的基础上，便于更好地发挥预算的控制作用。

由于未来业务量的变动会影响到成本费用、利润等各个方面，因此，弹性预算从理论上讲适用于编制全面预算中所有与业务量有关的各种预算，但从实用角度看，主要用于编制弹性成本费用预算和弹性利润预算等。

（三）增量预算

增量预算是指以基期成本费用水平为基础，结合预算期业务量变动情况和有关成本费用降低任务及其他有关因素，通过调整有关原有成本费用项目及其数额而编制的预算。

增量预算以过去的经验为基础,实际上是承认过去所发生的一切都是合理的，主张不需在预算内容上做较大改进，而是因循沿袭以前的预算项目。因此，这种方法存在着受原有费用项目限制，可能导致保护落后，滋长预算中的“平均主义”和“简单化”，不利于企业未来的发展等缺陷。

（四）零基预算

零基预算方法的全称为“以零为基础编制计划和预算的方法”,简称零基预算。

零基预算的基本原理是：对任何一项费用，都不考虑历年的开支数，一切以零为起点，从根本上来考虑各个费用项目的必要性及其规模。

零基预算的优点是:

(1) 不受现有费用项目限制。这种方法可以促使企业合理有效地进行资源分配，充分发挥资金的使用效率。

(2) 能够调动各方面降低费用的积极性。这种方法可以促进各预算部门精打细算，量力而行，节约支出，降低成本。

(3) 有助于企业未来发展。由于这种方法以零为出发点，对一切费用一视同仁，从而有利于企业面向未来发展考虑预算问题。

零基预算的缺点在于这种方法一切从零出发，在编制费用预算时需要完成如历史资料分析、市场状况分析、现有资金使用分析和投入产出分析等大量的基础工作，工作量繁重，预算编制的时间较长。

（五）定期预算

定期预算是指以不变的会计期间（如日历年度）作为预算期的一种预算。

定期预算的唯一优点是能够使预算期间与会计年度相配合，便于考核和评价预算的执行结果。其缺点主要有以下三个方面：

（1）盲目性。由于定期预算往往是在年初或提前两三个月编制的，对于整个预算年度的生产经营活动很难作出准确的预算，尤其是对预算后期的预算只能进行笼统的估算，数据笼统含糊，缺乏远期指导性，给预算的执行带来很多困难，不利于对生产经营活动进行考核与评价。

（2）滞后性。由于定期预算不能随情况的变化及时调整，当预算中所规划的各种经营活动在预算期内发生重大变化时（如预算期临时中途转产），就会造成预算滞后过时，使之成为虚假预算。

（3）间断性。由于受预算期间的限制，致使经营管理者们的决策视野局限于本期规划的经营活动，缺乏长远考虑，因此难以适应连续不断的经营过程，从而不利于企业的长远发展。

（六）滚动预算

滚动预算也称连续预算或永续预算，是指在编制预算时，将预算期与会计年度相脱离，随着预算的执行不断延伸补充预算，逐期向后滚动，使预算期永远保持为 12 个月的一种预算编制方法。

滚动预算方法适用于现金流量预算的编制，如以一年为固定长度，每过去一个月或一个季度，便补充一个月或一季度，既能实时反映企业现金的情况，又能随时对现金管理作出决策。

与定期预算相比，滚动预算具有以下优点：

（1）透明度高。由于编制预算不再是预算年度开始之前几个月的事情，而是实现了与日常管理的紧密衔接，可以使管理人员始终能够从动态的角度把握住企业近期的规划目标和远期的战略布局，使预算具有较高的透明度。

（2）及时性强。由于滚动预算能根据前期预算的执行情况，结合各种因素的变动影响，及时调整和修订近期预算，从而使预算更加切合实际，能够充分发挥预算的指导和控制作用。

（3）连续性、完整性和稳定性突出。由于滚动预算在时间上不再受日历年度的限制，能够连续不断地规划未来的经营活动，不会造成预算的人为间断；同时可以使企业管理人员了解未来 12 个月内企业的总体规划与近期预算目标，能够确保企业管理工作的完整性与稳定性。

滚动预算的的缺点是编制预算的工作量较大。

三、铁路运输企业的全面预算管理

（一）全面预算管理的意义

全面预算管理就是以企业经营目标为中心，通过全面预算的编制、执行、监督、考核、评价等环节，实现对企业生产经营活动的有效控制，进而提高企业的经济效益。

全面预算管理是实现企业资源优化配置,提高企业经济效益的科学管理方法。铁路运输企业实行全面预算管理既是现实条件下强化企业经营管理和内控制度的措施，又是在政企分开、企业重组迈进阶段的探索以及为铁路企业重组后全面实现科学管理方法的准备。

全面预算管理以企业经营目标为中心,突出企业经营目标的整体性和综合性，将企业的生产经营活动全部纳入预算管理，统筹安排企业的各项生产经营计划；通过预算的编制下达、执行调整、分析考评，实现企业对生产经营活动的有效控制。

实行全面预算管理，使企业上下目标保持一致，确保企业总体目标的实现；促使生产部门和经营部门相互配合、相互协调，从而实现企业生产和经营的紧密结合；实现全额、全员、全过程的管理；规范企业生产经营活动行为，将企业的各项经济活动纳入科学管理的轨道。

铁路企业实行全面预算管理，是深化铁路运输体制改革，建立现代企业制度，确立企业市场主体地位的需要。通过实行全面预算管理，有利于提高铁路企业经营管理水平，挖掘生产经营的潜力，向管理要效益；有利于树立市场观念，大力开展市场营销，提高市场竞争能力，巩固和扩大市场份额；有利于规范成本管理，加强内控制度的落实。

（二）全面预算管理的原则

全面预算管理应遵循以下原则：

1．全面性原则

全面性原则要求将企业的全部资源统一纳入预算管理范畴，以整体效益最大化为目标进行统筹配置。与实现预算目标相关的各单位、各部门要全部纳入预算管理体系，落实预算管理责任。通过预算的制定、下达、执行、分析、调整和考核，实现对企业经营的全面规划和全过程控制。

2. 协调一致原则

通过对各项预算的综合平衡和落实以及责任分工,实现铁路企业上下级之间、各部门之间在经营管理中目标一致和协调配合，保证生产与经营、投入与产出、效率与安全、近期和远期目标的有机统一。

3. 分级分类管理原则

按照企业内部管理体系，将预算管理权限按照权责对等的原则划分和落实。铁道部、铁路局、站段和单位内部各部门按各自职能和权责承担预算管理责任，并进行严格考核和责任追究。

4. 实事求是、保证重点、效率优先原则

要在客观分析内外部经营形势的基础上，统筹考虑安全运输，提高服务质量和实现发展规划的需求，积极稳妥地确定预算目标。在预算安排中要充分体现提高效率、科学定额的要求，促进提升经营管理水平和经营效益。

四、铁路运输企业全面预算的内容

铁路运输企业全面预算主要包括财务预算、生产预算、固定资产投资预算、人力资源和劳动工资预算等。

(一) 财务预算

财务预算由财务部门负责编制。铁路运输企业的财务预算主要包括:

1. 利润目标预算

利润目标预算包括构成企业利润总额的运输经营利润、其他业务利润、多种经营利润以及对外投资收益等。利润目标预算要在对经营中各项重大影响因素综合分析的基础上，按照企业总体发展需要确定。

2. 运营收支预算

运营收支预算包括运输总收入预算、运输营业收入预算、运输总支出预算等。根据运输生产预算、固定资产投资预算、人力资源和劳动工资预算有关指标和影响经营收支相关变化因素，以及财务规章制度等综合平衡编制。运营收支预算应保证企业经营目标的实现。

(1) 运输总收入预算的主要指标包括旅客票价收入、货物运费收入、电气化附加收入、保价收入、客货运其他收入、铁路建设基金，以及客货收入的相关收入率等。

(2) 运输营业收入预算的主要指标包括《铁路运输进款清算办法》规定的各项清算项目和运输企业间委托运输管理的清算收入。

(3) 运输总支出预算的主要指标包括人工成本、折旧、大修、机车能耗、各项设备运用和修理等直接支出、间接生产费、管理费、财务费用、营业外支出、付费支出等，以及各项支出定额和单位变动支出。

3. 其他经营收支预算

其他经营收支经营包括企业其他业务收支、多种经营收支和投资收益等预算。各项预算应在业务清晰、规范的基础上，根据业务量预算和保证利润目标的原则确定。

4. 资金预算

资金预算包括经营性资金和投资性资金流入、流出总量、资金筹集总量、筹集方式、时间以及资金运用中发生的资金成本。资金预算应根据上述各项经营收支预算、固定资产投资预算和资本、资金市场情况，并充分考虑企业财务结构状况和风险承受能力确定。

（二）生产预算

生产预算由生产管理组织部门负责编制。运输企业生产预算主要包括：

1. 运输工作量预算

运输工作量预算包括旅客发送量、旅客平均行程、客运周转量、图定客车开行方案（对数、等级、编组、径路）、临客开行方案、旅客列车上座率、货物发送量（按品类、重点企业）、货物平均运程、货物周转量、换算周转量等。运输工作量预算应根据企业发展规划、市场需求调查情况和预算期固定资产投入、运输组织优化和设备效率提高等因素，并统筹考虑各地区的具体情况确定。

2. 设备运用预算

设备运用预算主要包括机车、客车（含动车组）和货车运用型号、数量、完成工作量、运用效率和消耗。在既有设备不足的情况下，提出新购置设备预算（包括车种、车型、数量、时间等）。既有机车车辆加装改造项目、数量以及报废机车车辆类别、数量等。设备运用预算应根据运输工作量预算有关指标、既有和新投入设备情况、效率提高要求和生产力布局调整等因素确定。

(1) 机车运用预算的主要指标包括分机型配属数量、时间；分机型、分客货总重吨公里、调车机工作量、机车交路、总走行公里、货运列车平均总重；分客货运用机车台日、货运机车日产量、日车公里、单机走行率；分机种、分客货的单耗等。

(2) 客车运用预算的主要指标包括分车型配属数量、时间；旅客列车千辆公里、车辆利用率；空调车用油单耗等。

(3) 货车运用预算的主要指标包括运用车、部属现在车数量，货车静载重、货车日产量，货车周转时间、空率等。

3. 设备修理预算

设备修理预算主要包括运输生产中运用的各项移动设备和固定设备的修理技术标准（范围）、修理工作量、施修单位、方式、完成时间等。应根据既有、新增和减少的设备数量和状态、技术政策、运用情况，按照修程修制规定、修理能力以及同期更新改造、基建等投入统筹安排。

（三）固定资产投资预算

固定资产投资预算由计划管理部门负责编制。运输企业投资预算主要包括：

1. 基建项目投资预算

基建项目投资预算包括投资项目、投资主体、项目总规模、分年度投资进度，当年交付投产项目、资产数量、金额、时间等。预算应根据路网规划、运输生产需要、工期要求、资金筹集能力和设计施工能力，在充分考虑社会效益和经济效益的基础上统筹安排确定。

2. 更新改造投资预算

更新改造投资预算包括投资项目、新增资产数量、金额、时间，以及既有资产中需报废的类别、数量、金额和时间等。预算应根据运输生产要求、既有设备运用情况和技术政策，并结合基建、大修预算安排，按照轻重缓急程度确定。

3. 机车车辆购置（含车载设备等）预算

根据装备购置规划、装备技术进步和结构调整、既有线提速及电气化改造、新线竣工投产等对装备的需求，并考虑制造周期等情况将购置规模分解安排，确定年度购置预算。

（四）人力资源和劳动报酬预算

人力资源和劳动报酬预算由劳动工资管理部门负责编制。运输企业人力资源和劳动报酬预算主要包括：用工总量（分别运营、其他业务、多种经营、建设等单位用工人数、职工人数、其他从业人数）、运输业劳动生产率、劳动用工报酬总量（与用工总量口径一致的职工工资总额、其他从业人员劳动报酬等）、人均工资和职工工资增长幅度等。根据运输生产预算、固定资产投资预算有关指标、国家和铁道部工资分配政策，综合考虑劳动组织改革和劳动生产率提高要求、员工素质和数量变化等情况，以及劳动用工报酬待遇要求和企业承受能力确定。

五、铁路运输企业全面预算的编制程序

预算编制一般采取“自下而上，自上而下，上下结合”的程序。铁路运输企业采取“两上两下”方式编制全面预算，具体程序如下：

1. “一上”

铁路运输企业根据对内外部经营情况的分析和铁道部统一要求，编制提报预算年度的各项预算建议。编制过程中由单位总会计师负责总体协调，财务部门牵头对各部门预算进行综合平衡。

2. “二上”

铁道部各相关部门在对各单位预算建议分析、审核和汇总基础上，提出本部门建议预算。由财务司牵头根据年度经营目标的总体要求，进行综合平衡，形成预算草案。

3. “一下”

将预算草案征求铁路运输企业意见，修改完善后报铁道部预算管理专业会议研究，经部长同意并提交部长办公会议审批通过后下达。

4. “二下”

铁路运输企业根据铁道部下达的预算编制执行预算，进行细化分解，下达到所属部门和单位，并将预算报铁道部批准或备案后执行。

第二节　铁路运输企业收入预算的编制

铁路运输企业收入预算是铁路运输企业全面预算体系中的重要组成部分，属于财务预算的范畴。

一、铁路运输企业收入预算的管理体制

铁路运输企业的收入预算实行运输企业和站段两级管理。

（一）铁路运输企业的职责范围

（1）熟悉掌握经济吸引区的客、货运量及客、货流向变化等情况；按时编制运输收入各项预算和科学合理地分劈下达收入预算；正确反映地区经济发展趋势和客、货运输的变化情况；搞好预算预测和分析工作，深入实际，调查研究，及时反映运输收入预算完成情况，提报合理化建议。

（2）制定完成收入预算的保证措施和激励政策，调动广大干部职工开展增运增收和堵漏保收的积极性。监督检查基层收入预算执行情况，与有关部门积极配

合，采取有效措施确保各项预算的全面实现。

(3) 熟悉和了解运输生产变化情况，以利于运输生产与运输收入目标相互协调。

(4) 深入基层站段调查运输收入有关情况，总结增运增收、堵漏保收、挖潜提效和合理创收等经验，分析在运输收入组织工作中存在的问题。及时与客、货、运等有关部门沟通情况，研究改进措施。

(5) 按规定收集整理基础统计资料，建立历史台帐，及时准确地提报预算报表和有关资料，认真做好旬、月、季的预算分析工作。

(6) 负责对站段预算管理人员的培训，不断提高业务水平。

（二）站段的职责范围

(1) 根据运输企业下达本站段的收入预算，制定完成收入预算的保证措施，按年、季、月编制推进计划并分劈下达到车间（车站、车队）班组，责任到岗到人。

(2) 建立分析制度，掌握日、旬、月的运输收入预算完成情况，总结经验，了解存在的问题，加强收入预算执行情况的信息传递工作，配合有关部门搞好收入 18 点报告的提报工作。

(3) 掌握经济吸引区内生产、运量情况，及时准确填记运输收入资料簿。

(4) 按规定上报运输收入建议预算及说明。

(5) 负责制定本单位有关运输收入和堵漏保收奖励办法，建立考核制度，落实奖罚政策，保证本单位收入预算的全面完成。

(6) 建立运输收入预算检查制度，定期深入管内车间（车站、车队）班组检查收入预算指标完成情况，分析增欠原因，提出解决方案，为领导决策提供依据。

二、客货营销预算的编制

作为铁路运输收入预算的基础，首先应编制运输工作量预算，也即铁路客货营销预算。

客货营销预算是在市场调查与预测的基础上，结合铁路运输企业的运输能力，对未来一定时期能够完成的客运量、旅客周转量、货运量、货物周转量所作出的预计。客货营销预算是编制铁路运输企业收入预算的基础。

（一）客货营销预算的编制依据

(1) 预算年度经营目标；

(2) 铁道部下达的运输计划预期值；

(3) 铁路运输企业中长期发展计划；

(4) 市场调查获得的可靠数据和信息；

(5) 站段提报的客货营销预算建议；

(6) 历年资料及其发展变化趋势。

(二) 客货营销预算的内容

铁路运输企业的运输活动主要包括旅客运输和货物运输两部分，因而其营销预算也分为旅客运输（简称客运）营销预算和货物运输（简称货运）营销预算两部分。

1. 客运营销预算

客运营销预算包括旅客发送量预算（分为管内、直通）、旅客接运量预算、旅客运输量预算、旅客周转量预算（分为管内、直通）。

2. 货运营销预算

货运营销预算包括：货物发送量预算（按品类别、重点企业运量）、货物接运量预算、货物运输量预算、货物到达量预算、货物周转量预算（分为管内、直通）和货物发送周转量预算。

(三) 编制客货营销预算的市场调查

市场调查是进行客货营销预算编制的重要环节，市场调查工作的质量直接影响企业各项运输生产任务目标确定的科学性和准确性。积极、充分地进行市场调查，对于编制客货营销预算是必不可少的。

1. 客流调查

客流调查是编制客运营销预算的基础。掌握一定时期的客流数量和摸清客流变化的规律是一项比较复杂的工作，因为影响客流变化的因素是多方面的，主要包括：

(1) 社会政治、经济、文化环境的发展变化，以及国家或地区在一定时期内政治、经济、文化政策的变化；

(2) 生产力布局的调整，经济开发区的兴建，地方工业的发展变化；

(3) 地区人口的自然增长及就业状况；

(4) 区域性大型政治、经济、文化、人文、民俗、宗教等活动的举办；

(5) 铁路新线建设、既有线改造、新技术运用等所带来的铁路运力的提高；

(6) 区域内各种交通运输工具的布局及发展状况，不同交通工具之间在票价上的差异；

(7) 旅游业的发展变化情况；

(8) 自然灾害和气候、季节的变化。

这些因素对铁路旅客运输量增减变化的影响是非常明显的。例如，地区人口的增加，人们物质文化生活水平的提高，节假日休假制度的建立，铁路运输能力及运输质量的提高，都会导致铁路客流的大幅增加。因此客流调查必须周密细致，要对影响客流变化的各项因素进行分析，寻找客流变化的规律，从而为客运营销预算的编制提供依据。

客流调查可以分为综合调查、节假日调查和日常调查三种。

（1）综合调查。综合调查涉及的面较广，工作量较大，一般1～3年进行一次，调查吸引地区因政治、经济、文化等因素所引起的客流变化情况。调查的内容主要有：

① 吸引地区的一般情况，包括：吸引地区的自然地理条件；行政区域的划分；总人口数及其分布和增长情况；机关、学校的规模及其分布；厂矿企业的规模及其分布，生产经营状况；农业生产、城乡经济、劳动力余缺情况；旅游点、名胜古迹、疗养休闲设施的规模及其分布；地区交通的一般状况等。

② 直接影响客流的各项因素，包括：工矿企业、机关、学校的人员及家属的人数，休假制度，公差、开会、探亲、参观实习等利用铁路出行的情况；旅游点、名胜古迹历年各月的游览人数；疗养休闲设施的开放时间、容量及其周转情况；历年特殊客流及大批人员运输情况。

③ 各种交通运输工具的分工情况，包括：吸引区内现有交通运输方式、运输能力、历年运量；各种交通运输工具的运行线路、客流比重、票价水平比较；铁路与其他交通工具在运行时间上的配合情况。

④ 铁路旅客运输资料，包括：旅客发送、中转及到达人数统计；客流在时间上的波动性及原因；现有运输能力及其适应情况。

（2）节假日调查。节假日调查是指针对元旦、春节、“五一”、“十一”等大型节日，以及学校的寒暑假等进行的客流调查。调查工作一般应在节日前的一段时间进行，调查的内容主要包括机关、厂矿的休假制度，乘车人数及流向；学校的放假、开学时间，乘车人数及流向；其他交通工具的运力，以及与铁路的衔接等。

（3）日常调查。日常调查是指站段的相关客运人员在旅客购票、候车、乘车过程中，就影响客流变化的各种因素对旅客所进行的调查。调查的内容包括旅客的旅行目的、到达地点、返回时间等。

2. 货运经济调查

货运经济调查是编制货运营销预算的基础。铁路货物运输是由于国民经济对运输的需求所引起的，其对象是国民经济各部门的产品，因此，编制货运营销预算必须研究国民经济各部门的发展情况，掌握地区间的经济联系。

铁路吸引区内工农业生产建设安排、产运销联系，是货运经济调查的主要内容，包括：

(1) 吸引区域的基本状况，包括行政区域的划分，经济发展状况资料，人口数量及构成等；

(2) 吸引区域内自然资源的分布状况、开发利用情况和发展规划；

(3) 吸引区域内厂矿企业的生产能力，产品、产量的运输流向和所需原材料和燃料数量、来源及消耗量，企业发展规划；

(4) 吸引区内基本建设和更新改造的投资规模、所需建材和设备、投产时间及投产后的运量；

(5) 吸引区内商业、外贸、物资部门的大宗物资收购、销售及外运量；

(6) 吸引区内大宗农副土特产品的运输量、支农物资的铁路运量；

(7) 吸引区内港口和外贸运量；

(8) 吸引区内仓储地点的规模与分布；

(9) 吸引区内各种交通运输方式的状况。

货运经济调查一般采用走访、函调、召开货主座谈会和参加大宗物资订货会等方式进行。根据需要可以分为以下几种形式：按调查的范围分为全面调查、重点调查和专题调查；按调查的时间分为定期调查和经常性调查。

（四）客货营销预算的编制方法

客货营销预算主要采用平衡法、系数法、动态法、比重法、定额法和综合法进行编制。

具体预算编制时，应根据具体情况认真分析，相互参照上述各种方法，合理采用。

1．客运营销预算

(1) 旅客发送量（含净车补、站补人数）预算。

旅客发送量是指在铁路各营业站和乘降所购买客票乘车及在列车内和到站补票的旅客人数，还包括由国外、新线、地方铁路等接运的旅客人数。它是考核站段、铁路运输企业、铁道部完成旅客运输任务的重要指标。

旅客发送量预算＝管内旅客发送量预算（含净车补、站补人数）＋直通旅客发送量预算（含净车补、站补人数）

管内旅客发送量、直通旅客发送量根据预算期客流调查资料，参照历年来路局管内、直通客运量变动的实际统计资料，分析预算期旅客运输的增长速度及其规律性，全面考虑影响客运量、流向和运输距离的各种因素，主要采用系数法确定，即

$$旅客发送量＝吸引地区居民人数\times计划期乘车系数$$

这里，乘车系数是指经济吸引区内，每个居民在一定期间内平均乘坐旅客列车的次数。旅客运输对质量的要求比货物运输更高，旅客提出的径路和到达目的地，一般不能调整，相同线路上下行方向客流比货流要均衡些，在编制旅客发送量预算时应充分考虑这些特点。

如根据统计资料和客流调查结果，某铁路运输企业经济吸引区内居民总人口数为 3 210 万，计划期乘车系数确定为 0.82，则该铁路运输企业旅客发送量预算数为：3 210×0.82＝2 632.2 万人。

旅客发送量预算是客运营销预算的基础，站、段要不断细化预算编制的过程，应分车次、席别、运输距离等编制旅客发送量预算。

（2）旅客接运量预算。

旅客接运量，等于直通到达量与直通通过量之和。直通到达，即输入运输；直通通过，即通过运输。

旅客接运量预算主要依据铁路运输企业管内历年旅客发送人数和接运人数的比例关系，考虑预算年度客车运行图调整对铁路运输企业界内输入和通过旅客人数增减幅度的影响，采用系数法确定。

（3）旅客运送量预算。

旅客运送量是指在计划期内运送旅客的总人数。从全路来说，旅客运送人数就是旅客发送人数；对铁路运输企业来说，旅客运送人数等于旅客发送量和旅客接运量之和。即

旅客运送量＝旅客发送量＋旅客接运量（直通到达旅客人数＋直通通过人数）
＝市郊运输人数＋管内运输人数＋直通运输（输入＋输出＋通过）人数
旅客运送量预算＝旅客发送量预算＋旅客接运量预算

旅客运送量是根据历年实际统计资料及其发展变化规律，考虑预算年度各项影响因素，进行分析测算确定。

（4）旅客平均运程和旅客周转量预算。

旅客平均运程，是指预算期内每名旅客平均乘车的里程，可以按铁路运输企业平均数和分别按管内、直通运输进行确定：

旅客平均运程＝年度旅客运送人数/年度旅客人公里

旅客周转量能够较全面地反映旅客运输工作量的大小，它是铁路运输最重要的产量指标之一，是计算、分配运输收入的重要依据。因此，旅客周转量预算是进一步编制运输收入预算的重要基础。旅客周转量预算计算公式如下：

旅客周转量预算＝旅客运送量×旅客平均行程

旅客周转量预算应分为管内旅客周转量预算和直通旅客周转量预算进行编制。可以根据铁路运输企业旅客运输历年规律和预算期内客流调查资料，采用比重法确定。

2. 货运营销预算

（1）货物发送量预算。

货物发送量，又称货物发送吨数，是指在一定时期内（年、季、月、旬、日），铁路营业线、临时营业线上的一个车站或一个铁路运输企业、全路所承运发送的全部货物吨数。它反映铁路为国民经济各部门服务的数量，也显示一个车站或一个运输企业的货物始发工作任务（如承运、装车等）的大小。

货物发送量预算可根据预算期内站段、铁路运输企业所承运发送货物变化因素和铁道部下达的货物发送量预期值，采用平衡法、系数法和动态法确定。

① 平衡法，对主要物资（如煤、石油、钢铁、金属矿石等）在经济调查资料比较完整的情况下，通常依据产销平衡原理编制有关货物发送量预算。计算公式如下：

预算年度某货物发送吨数＝（期初储存量＋当地生产量）

－(期末储存量＋当地消费量＋其他运输方式运量)

② 系数法，是用铁路货物发送量与产量、产值之间的比例关系来测算铁路货物发送量。即：

某种货物发送吨数＝该物资预算期产量×运输系数

货物运输系数（又称产运系数），一般是指按货物品类别的发送量对该种货物生产量的比值。

如某地区原煤产量为 800 万 t，运输系数为 0.7，则该地区煤炭发送吨数为：

800×0.7＝560（万 t）

对品种繁多、规格不一的货物，如其他品类中的日用工业品、工业机械、农业机械等，在编制发送量预算时，也可用产值系数法来测算。产值系数，一般是指单位产值（万元）所产生的铁路运量。如根据近几年的统计资料，某地区每万元工业产值所产生的铁路货物运量为 20 t 左右，假如预算年度该地区工业总产值为 100 亿元，则所需铁路货物运量为：

1 000 000×20＝2 000（万 t）

③ 比重法，是指对矿建、其他品类货物发送量的确定。通常根据历年统计资料，按其占当年总运量的比重及其变动趋势，并考虑预算年度增减的可能性，进行分析估算。如某铁路运输企业发送货物总量预计为 8 000 万 t，根据统计资料及预算期增减变动因素，预计矿建货物发送量占发送货物总量的比重为 10%，则矿建货物发送量预算为：

8 000×10%＝800（万 t）

（2）货物接运量与交出量预算。

各铁路运输企业的货物接运吨数和交出吨数，是按各个分界口、品名别分别确定的。各种货物的接运量是由邻近企业接入到达本企业和通过本企业的运量，交出量是由本企业发往其他企业和通过本企业的运量。一般先由各铁路运输企业根据历年实际完成情况和经济调查资料进行平衡计算，向铁道部提出建议预算，铁道部参照各大经济区、各地区之间物资交流情况，根据预算期物资平衡政策、市场变化和线路通过能力等因素，考虑各企业建议数字，并组织有关企业进行协商和综合平衡，确定主要物资的流量和流向。将分界站运量通知各铁路运输企业。最后各企业与邻近企业交换资料，进一步进行研究、协商，确定各分界站货物交接运量预算；并进而计算确定各分界站的平均一日接入和交出的重空车数，以及以车辆表示的卸、装、接、交的运输工作量。

（3）货物周转量预算，是指在一定时期内（年、季、月）铁路运输企业或全路在货运工作方面所完成的货物运输吨公里。计算公式如下：

货物周转量＝∑各品类的货物运送吨数×相应品类的货物运输距离

由于一个铁路运输企业的货物发送吨数不能表明其全部货物运输工作量，所以在编制铁路运输企业的货物周转量预算时，必须采用货物的运送吨数，而运输距离则一般采用各品类货物在该企业管内的平均运程。

（4）货物平均运程，是指每吨货物的平均运输距离，一般指由装货地到卸货地的平均运输距离。确定方法是：根据分品类的货物周转量和运输量，分别求得分品类货物平均运程和汇总求得全部货物平均运程。计算公式为：

货物平均运程＝某品类或全部货物周转量÷某品类或全部货物运输量

预算年度的货物平均运程，可在历年完成情况的基础上，考虑各种影响因素的变化予以确定。

三、运输收入预算的编制

（一）运输收入预算的内容

运输收入预算由客运收入预算、货运收入预算两部分组成。

1．客运收入预算

(1) 旅客票价收入，即车站（含各种营业窗口，下同）发售的旅客票价收入（不含客票系统发展金、卧铺订票费和车站候车室空调）。

(2) 列车担当铁路运输企业卧铺订票费收入的70%。

(3) 列车车补收入，即在本铁路运输企业列车上补收的旅客票价收入（不含票价中的车站候车室空调费及客票系统发展金）、卧铺订票费、旅客随身携带品超重或超限运杂费、铁路专用乘车证票价款、各种手续费。

(4) 与客运列车有关的其他收入：① 旅客列车客运票据事故赔款。② 发售铁路运输企业卧铺订票费收入的30%。③ 其他：包括客车租用费，客车车辆使用费，租用、自备客车挂运费，车辆行驶费，包车费，餐车使用费，包用公务车、豪华列车服务费，包车停留费（属于列车停留铁路运输企业收入），空驶费，国际联运中发生的客运杂费，《铁路客运运价规则》规定核收的与列车有关的其他各种杂费（特定者除外）。

(5) 车站客运其他收入：

① 到站补收的旅客票价收入（不含车站候车室空调费、客票系统发展金）、旅客携带品超重运费。

② 站台票、送票费、签证费、行包保管费、搬运费、查询费、接取送达费、携带品暂存费、标签费、退票费、贵宾室使用费、车站核收的各种手续费。

③ 车站客运票据事故赔款，无法交付旅客遗失品、暂存物品的变价剩余款。

④ 路产房屋、站场设施出租费。

⑤ 军运后付客货混编客运收入。

⑥ 外国铁路担当的国际联运列车在中国铁路段的客票收入。

⑦ 合资、地方铁路向国铁支付的铁路公用乘车证票价收入。

⑧ 《铁路客运运价规则》规定的车站其他客运杂费（特定者除外）。

(6) 客票系统发展金，即车站及列车核收的旅客票价中的客票系统发展金。

(7) 车站候车室空调费收入，即车站及列车核收的旅客票价中的车站候车室空调费。

(8) 行李运费收入，即车站发送行李的全程运费及变更到站运费、国际联运国内段行李运费。

(9) 普通包裹运费收入，即车站发送普通包裹的全程运费及变更到站运费、国际联运国内段包裹运费。

(10) 行包专列运费收入，即车站发送行包专列的全程运费。

(11) 行邮专列运费收入，即专业运输公司开行的行邮专列的全程运费。

（12）邮运运费收入，即旅客列车挂运的自备邮政车全程运费，租用行李车固定空间租用费及邮政机要人员、押运人员乘车费。

（13）行包其他收入：① 到站补收的行李、包裹品名或重量不符运杂费及无票运输的包裹运杂费。② 行包票据事故赔款，无法交付行李、包裹的变价剩余款。③ 路产房屋、站场设施出租费。④《铁路客运运价规则》中规定的与行包运输有关的其他杂费（特定者除外）。

（14）行包保价收入。

2. 货运收入预算

（1）货物运费收入：车站核收的各种货物运费，包括：整车、零担运费，集装箱、特货运费，军事运输运费，国际联运国内段运费，变更到站运费，快运费，轴公里运费，自备货车装备物品及集装用具的回送费，新路新价均摊运费，特价临管线运费（京九、大沙、宝中、青藏线），单独核算的临管线运费（通霍、福前、塔十、伊敏、胶黄、上铅线，横南线横永段，乐德、赣龙、南疆线），和加收京九线分流运费。

（2）电气化附加费。

（3）货运其他收入，具体分为：

① 表格材料费，冷却费，D 型长大货物车使用费和空车回送费，取送车费，机车作业费，押运人乘车费，货车篷布使用费，集装箱使用费，自备集装箱管理费。

② 货物过秤费，货物暂存费，专用线、专用铁路货车使用费，D 型长大货物车延期使用费，货车篷布延期使用费，集装箱延期使用费，冷藏车（取消托运时）空车回送费，机械冷藏车制冷费，冷藏车加冰加盐费，货物运输变更手续费，清扫除污费。

③ 合资、地方铁路及在建线货车占用费，合资、地方铁路货车篷布占用费，自备或租用铁路货车停放费，车辆租用费，铁路码头使用费，路产专用线租用费，守车租用费，集装箱租赁费。

④ 非运用车使用费，分卸作业费，防风网使用费。

⑤ 整车、集装箱到站补收货物品名、重量不符运杂费及违约金。

⑥ 货运运杂费迟交金，互不清算的托运人责任的垫付款，运输计划违约金，国际联运集装箱服务费，集装箱赔款，篷布赔款，集装箱一口价组织服务费。

⑦ 铁路机车出租费，路产房屋、站场设施出租费。

⑧ 国际联运运输发生的货运杂费，货运票据事故赔款，货运变价款。

⑨ 无法交付货物（包括货底）变卖扣除各项费用后的变价收入，无法交付货物变价剩余款以及拾得款等。

⑩ 提供服务清算收入。

⑪《铁路货运运价规则》中规定的其他货运杂费（特定者除外）。

（4）货运保价收入。

（二）运输收入建议预算的编制

铁路运输收入预算采取“自下而上，自上而下，上下结合”的编制方式。

站、段根据铁路运输企业编报建议预算的有关要求和本单位经济吸引区内客流、货源变化情况，结合本单位实际，编制运输收入建议预算，上报铁路运输企业，企业综合平衡后编制铁路运输企业运输收入建议预算上报铁道部。

铁路运输企业根据铁道部下达的年度运输收入预期目标及编制说明，结合站段的建议预算及运量增减因素，对站段下达年度预算。站段根据铁路运输企业下达的年度运输收入预算及编制说明，根据年度客货发送量并参照以往年度运输收入实际完成情况，编制月、季、年实施预算及措施方案，并上报铁路运输企业备案。

1. 客运收入建议预算的编制

（1）旅客票价收入预算的计算公式如下：

旅客票价收入预算＝旅客发送人数预算×旅客平均收入率

旅客平均收入率是根据上年实际完成的旅客平均收入率，考虑预算期内旅客票价调整、图定管内直通列车开行、编组及等级变化、票价收入核算口径变更和管内直通旅客平均运程增减等影响因素，参照历年完成旅客平均收入率的增减趋势，计算出预算期内合理的收入率增减幅度，综合平衡后确定（包括管内及直通旅客平均收入率），计算公式如下：

管内旅客票价收入预算＝管内旅客发送人数预算×管内旅客平均收入率

直通旅客票价收入预算＝直通旅客发送人数预算×直通旅客平均收入率

（2）行李及包裹运费收入预算的计算公式如下：

行李及包裹运费收入预算＝上年实际行李及包裹运费收入×（1±预算年度增减%）

预算年度增减根据预算年度行李包裹运量、运距增减变化，以及行包运价浮动幅度等因素确定。

（3）行包专列收入预算计算公式如下：

行包专列收入预算＝行包专列发送吨预算×行包专列吨收入率

行包专列吨收入率根据上年实际完成的行包专列吨收入率，考虑预算年度行包运价的增减变化确定。

（4）邮运收入预算

邮运收入预算根据路局与邮政部门签订的图定列车挂运合同或租用容积合同，按照铁道部客运运价规则规定的邮政车挂运费率或租用费率确定。

（5）车站候车室空调费收入预算计算公式如下：

车站候车室空调费收入预算＝预算期旅客发送人数×人均候车室空调费收入率

其中旅客发送人数根据客运营销及旅客运输生产预算确定。人均候车室空调费收入率计算公式如下：

人均候车室空调费收入率＝上年实际候车室空调费收入÷上年实际旅客发送人数

（6）客票系统发展金收入预算计算公式如下：

客票系统发展金收入预算＝预算期旅客发送人数×人均客票系统发展金收入率

其中旅客发送人数根据客运营销及旅客运输生产预算确定。

人均客票系统发展金收入率＝上年实际客票系统发展金收入÷上年实际旅客发送人数

（7）行包保价收入预算计算公式如下：

行包保价收入预算＝上年实际行包保价收入×（1±预算年度增减%）

（8）客运其他收入预算（含列车担当铁路运输企业卧铺订票费收入的70%、列车车补收入、与客运列车有关的其他收入、车站客运其他收入、行包其他收入）。

客运其他收入预算根据历年客运其他收入变化趋势及预算年度增减因素确定。

2. 货运收入建议预算的编制

（1）货物运费收入预算计算公式如下：

货物运费收入预算＝货物发送吨预算×货物平均收入率

其中货物发送吨预算根据货运营销及货物运输生产预算确定；货物平均收入率根据上年实际完成的货物平均收入率，考虑预算期内货物运价及计费径路调整、管内及直通货物运输品类及运量构成、货运收入核算口径变更等影响因素，参照历年完成货物平均收入率的增减趋势，计算出预算期内合理的收入率增减幅度，综合平衡后确定（包括管内及直通货物平均收入率），计算公式如下：

管内货物运费收入预算＝管内货物发送吨预算×管内货物平均收入率

直通货物运费收入预算＝直通货物发送吨预算×直通货物平均收入率

（2）电气化附加费收入预算

根据本年内电气化里程增减变动情况编制，计算公式如下：

电气化附加费收入预算＝（上年实际电气化附加费收入÷上年货物运费收入）×货物运费收入预算

（3）货运保价收入预算计算公式如下：

货运保价收入预算＝上年实际货运保价收入×（1±预算年度增减%）

（4）货运其他收入预算，根据历年货运其他收入变化趋势及预算年度增减因素确定。

站段编报建议预算参考格式如表4.1、表4.2所示。

表4.1　____年各站运输营销及收入预算表

车站/项目	货物发送吨数/万 t	旅客发送人数/万人	作业时间	中转时间	静载重	运输收入/万元			
						客运	货运	建设基金	运输总收入

表4.2　____年各站段运输收入预算

____铁路局　　　　单位：万元、元/t

项目 单位	年预算				
	客运	货运	建设基金	运输总收入	吨均收入率
全局合计					

第三节 铁路运输收入预算的预测与分析

一、铁路运输收入预算的预测

搞好收入预测是提高预算质量的可靠保证。收入预测一般可分为定量预测和定性预测；按时间又分为年、季、月度预测。

预测应围绕运输生产指标和影响运输收入及收入率变化等因素进行。

年度运输收入预算预测应分项进行。其中：

（一）旅客票价收入预测

根据上级部门下达的年旅客发送量及本期（或上年）平均收入率，结合运能、运量变化情况，预测出本年度旅客票价收入预计完成情况。

（二）货物运费收入预测

根据上级部门下达的年货物发送量及本期（或上年）平均收入率，结合经济吸引区内货源组织、企业生产能力、预算期内货物运量等情况，预测出本年度货物运费收入预计完成情况。

（三）行包运费收入预测

根据上年行包运费收入占客票收入的比重与本期客票收入预测数相乘来预测行包运费收入情况。

（四）邮运运费收入预测

依据上期邮运运费的实际完成及本期内邮政车增、减和容积变化等影响因素来预测。

（五）其他收入预测

其他收入预测应按客、货分别进行：

(1) 客运其他收入预测是按上期（或前期）客运其他收入占旅客票价收入的比重与本期旅客票价收入预测数相乘来预测。

(2) 货运其他收入预测是按上期（或前期）货运其他收入占货物运费收入的比重与本期货物运费收入预测数相乘来预测。

季度、月度预测方法同上。

二、铁路运输收入预算的分析

铁路运输企业应建立健全运输收入预算的分析制度，各级领导要组织有关部门定期进行运输收入预算完成情况的分析。

（一）铁路运输收入预算分析的内容

分析应从以下几个方面来进行：

（1）客货发送量增减变化对运输收入的影响。

（2）货物发送品类和旅客流向变化对运输收入的影响。

（3）运输距离及收入率变化对运输收入的影响。

（4）行李车增减变化、吸引区行包发送量对运输收入的影响。

（5）调价因素及规章变动引起收费项目的变化对运输收入的影响。

（6）增（减）开旅客列车及列车等级变化对运输收入的影响。

（7）自然灾害和季节变化对运输收入的影响。

（8）其他影响运输收入的各种因素等。

（二）铁路运输收入预算分析的方法

运输收入预算分析按内容分为全面分析和专题分析，按时间分为日常分析和定期分析。

采用的方法一般有：对比分析、因素分析和综合分析。

1. 全面分析的方法

对运输收入预算完成情况从总体上进行检查、对比和分析，找出影响运输收入完成的主要因素。年度或季度预算完成情况分析一般为全面分析。

2. 专题分析的方法

对影响运输收入某些关键因素进行研究和分析，了解其对运输收入的影响程度，提出改进措施。这种方法不受时间内容限制，一般不定期进行。

3. 日常分析的方法

对日常工作中发现的问题随时进行分析。从日常掌握的情况中，找出影响运输收入增减变化原因，通过组织运输生产来实现增收目标。

4. 定期分析的方法

按规定期限进行的一种分析，对某一预算期（月、季、半年或年）的预算完成情况做出比较全面的分析和评价。

对于分析的情况应形成分析报告，就分析的结果进行总结，并重点对影响运输收入完成所存在的问题和应采取的对策、建议及其他需要向上级反映的情况进行说明。

具体分析工作可通过以下途径进行：

（1）填报反映运输收入预算完成情况的会计报表

分析铁路运输收入预算的完成情况，可通过编制“运输收入预算月度完成情况表”和“运输收入预算完成情况表”的方式进行。

① 运输收入预算月度完成情况表（见表 4.3），是反映企业月度运输收入完成情况的报表。该表的收入和工作量口径与预算口径一致，客货周转量为旅客和货物实际到站的周转量。表内相关分析指标的计算公式如下：

$$完成目标=\frac{年度累计完成}{目标}\times 100\%$$

$$与上年同期比=本月完成-上年同期$$

$$与上年累计比=\frac{累计完成}{上年累计}\times 100\%$$

表 4.3　运输收入预算完成情况表

编制单位：　　　　　　　　　　　　　　　　　　　年　月

项　目	计算单位	行次	年度目标		实际完成				完成目标/%	上年本月		累计完成年度预算/%	
			年度目标	目标日均	本月完成	本月日均	累计完成	累计日均		上年同期	与上年同期比	上年累计	与上年累计比/%
旅客票价收入	万元	1											
货物运费收入	万元	2											
行包运费收入	万元	3											
邮运运费收入	万元	4											
		5											
其他收入	万元	6											
电气化附加费收入	万元	7											
保价收入	万元	8											
		9											
		10											
		11											
		12											
运输收入合计	万元	13											

续表 4.3

编制单位： 年 月

项 目	计算单位	行次	年度目标		实际完成				完成目标/%	上年本月		累计完成年度预算/%	
			年度目标	目标日均	本月完成	本月日均	累计完成	累计日均		上年同期	与上年同期比	上年累计	与上年累计比/%
		14											
		15											
应缴铁路建设基金	万元	16											
		17											
运输收入总计		18											
		19											
旅客发送量	万人	20											
发送人收入率	元	21											
货物发送量	万吨	22											
发送吨收入率	元	23											
旅客周转量	百万人公里	24											
万人公里收入率	元	25											
货物周转量	百万吨公里	26											
万吨公里收入率	元	27											
换算周转量	百万吨公里	28											
旅客平均运程	公里	29											
货物平均运程	公里	30											

② 运输收入预算完成情况表（见表 4.4），是反映铁路运输企业运输收入本期完成情况以及累计完成情况的报表。该表“预算”栏各项目数据，根据年（季）度运输收入预算数填列，“实际”栏各项目数据，根据总账、明细账本期（累计）

各科目的发生额填列。发送人数和发送吨数分别根据统计部门的统计报告数据填列。表内相关分析指标的计算公式如下：

$$完成本季预算=\frac{本季预算}{本季预算}\times100\%$$

$$累计完成年度预算=\frac{累计实际}{年度预算}\times100\%$$

客货平均收入率的计算公式如下：

$$旅客人均收入率=\frac{本期旅客票价收入}{本期旅客发送人数}$$

$$货物吨均收入率=\frac{本期货物运费收入}{本期货物发送吨数}$$

表 4.4 运输收入预算完成情况表

编制单位： 年 季度 单位：元

项 目	单位	行次	年度预算	本季预算	本季实际	累计实际	完成本季预算/%	累计完成年度预算/%
一、客运运输收入（2+3+4）	元	1						
1. 旅客票价收入	元	2						
2. 客运其他收入	元	3						
3. 候车室空调费	元	4						
		5						
		6						
二、行包运输收入（8+9）	元	7						
1. 行包运费收入	元	8						
2. 行包其他收入	元	9						
		10						
三、货运运输收入（12+13+14）	元	11						
1. 货物运费收入	元	12						
2. 电气化附加费收入	元	13						

续表 4.4

编制单位：　　　　　　　　　年　　　季度　　　　　　　　　　　　单位：元

项　　目	单位	行次	年度预算	本季预算	本季实际	累计实际	完成本季预算/%	累计完成年度预算/%
3. 货运其他收入	元	14						
		15						
四、运输相关收入	元	16						
		17						
五、保价收入	元	18						
		19						
六、运输收入合计（1+7+11+16+18）	元	20						
		21						
七、应缴铁路建设基金	元	22						
		23						
八、运输收入总计（20+22）	元	24						
		25						
九、旅客发送量	人	26						
十、货物发送量	吨	27						
十一、旅客人均收入率	元/人	28						
十二、货物吨均收入率	元/吨	29						
十三、旅客周转量	千人公里	30						
十四、货物周转量	千吨公里	31						
十五、万人公里收入率	元/人公里	32						
十六、万吨公里收入率	元/吨公里	33						
十七、旅客平均运程	km	34						
十八、货物平均运程	km	35						

通过填报上述会计报表，可以掌握全年各个月度、季度各项运输收入的实际

完成情况。与年度预算指标进行对比，可以掌握运输收入预算的完成进度；与上年同期完成情况进行对比，可以考核运输收入工作的成绩与不足。

（2）对各年度运输收入实际完成情况进行统计分析

① 编制各年度运输收入实际完成情况表，详细反映年度内各月份各项运输收入的实际完成情况。

② 根据各年度运输收入实际完成情况表，按运输收入类别，计算各月完成收入占全年收入的比重，据以分析各月份的收入完成情况，以及收入在年度内月份间的变动趋势。

③ 编制各月份收入占全年收入比重分析图，更加直观的反映运输收入的完成情况。

例如，××车站各年度运输收入实际完成情况如表 4.5 所示，据以计算的分运输收入类别的各月完成收入占全年收入的比重，如表 4.6 所示，相关变动趋势如图 4.2、图 4.3、图 4.4 所示。这些内容，可以比较全面的反映该车站运输收入预算的完成情况，掌握运输收入的变动趋势，从而有针对性地做出决策，提高运输收入管理工作的质量。

表 4.5　××车站 2006—2008 年各月份运输收入完成情况表

	年度	1月	2月	3月	4月	5月	6月	7月	8月	9月	10月	11月	12月	全年
运输收入	2006年	9497	9825	10646	10253	10951	10672	12418	12978	11097	10780	11364	12891	133372
	2007年	11955	10484	10643	10471	10774	10780	12296	11901	11856	11779	11682	13213	137832
	2008年	12760	12046	12606	11662	10069	9606	11453	12026	12792	12236	13744	14539	145539
客运收入	2006年	2102	2824	2226	2421	2059	2126	2902	4561	2808	2425	2372	2123	30949
	2007年	2193	2335	2478	2265	2321	2493	3176	3102	2661	2292	2295	2097	29708
	2008年	2308	2810	2534	2710	2384	2643	2983	3202	3163	2463	2372	2079	31651
货运收入	2006年	5568	5200	6447	5944	7062	6959	7605	6677	6491	6390	7059	8672	80076
	2007年	7812	6235	6372	6035	6219	6140	6771	6557	6944	7249	7334	8874	82542
	2008年	8208	7054	7877	7061	6260	5614	6653	6965	7582	7718	9168	9798	89956
铁路建设基金	2006年	1827	1801	1973	1888	1829	1587	1910	1740	1798	1965	1933	2096	22347
	2007年	1950	1913	1793	2171	2233	2147	2348	2242	2251	2237	2053	2242	25581
	2008年	2244	2182	2195	1891	1425	1349	1818	1860	2047	2055	2204	2662	23931

表 4.6　××车站 2006—2008 年各月份收入占全年收入比重计算表　%

	年　度	1 月	2 月	3 月	4 月	5 月	6 月	7 月	8 月	9 月	10 月	11 月	12 月
运输收入	2006 年	7.1	7.4	8.0	7.7	8.2	8.0	9.3	9.7	8.3	8.1	8.5	9.7
	2007 年	8.7	7.6	7.7	7.6	7.8	7.8	8.9	8.6	8.6	8.5	8.5	9.6
	2008 年	8.8	8.3	8.7	8.0	6.9	6.6	7.9	8.3	8.8	8.4	9.4	10.0
客运收入	2006 年	6.8	9.1	7.2	7.8	6.7	6.9	9.4	14.7	9.1	7.8	7.7	6.9
	2007 年	7.4	7.9	8.3	7.6	7.8	8.4	10.7	10.4	9.0	7.7	7.7	7.1
	2008 年	7.3	8.9	8.0	8.6	7.5	8.4	9.4	10.1	10.0	7.8	7.5	6.6
货运收入	2006 年	7.0	6.5	8.1	7.4	8.8	8.7	9.5	8.3	8.1	8.0	8.8	10.8
	2007 年	9.5	7.6	7.7	7.3	7.5	7.4	8.2	7.9	8.4	8.8	8.9	10.8
	2008 年	9.1	7.8	8.8	7.8	7.0	6.2	7.4	7.7	8.4	8.6	10.2	10.9
铁路建设基金	2006 年	8.2	8.1	8.8	8.4	8.2	7.1	8.5	7.8	8.0	8.8	8.6	9.4
	2007 年	7.6	7.5	7.0	8.5	8.7	8.4	9.2	8.8	8.8	8.7	8.0	8.8
	2008 年	9.4	9.1	9.2	7.9	6.0	5.6	7.6	7.8	8.6	8.6	9.2	11.1

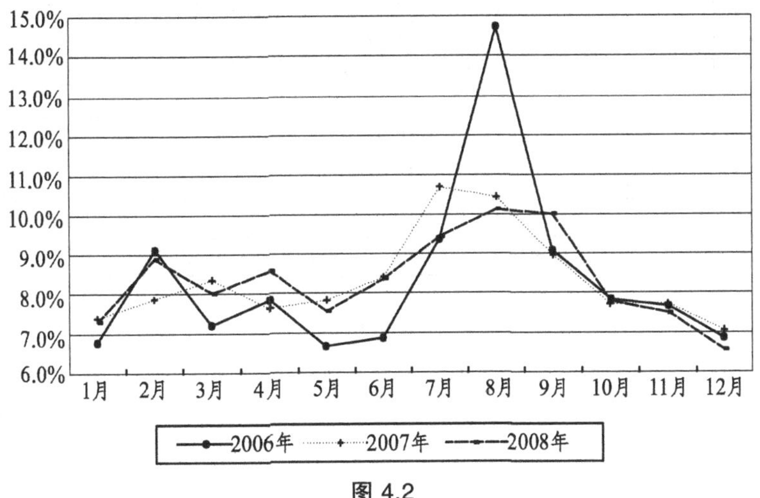

图 4.2

12.0%
11.0%
10.0%
9.0%
8.0%
7.0%
6.0%
5.0%
1月 2月 3月 4月 5月 6月 7月 8月 9月 10月 11月 12月
2006年
2007年
2008年

图 4.3

12.0%
11.0%
10.0%
9.0%
8.0%
7.0%
6.0%
5.0%
1月 2月 3月 4月 5月 6月 7月 8月 9月 10月 11月 12月
2006年
2007年
2008年

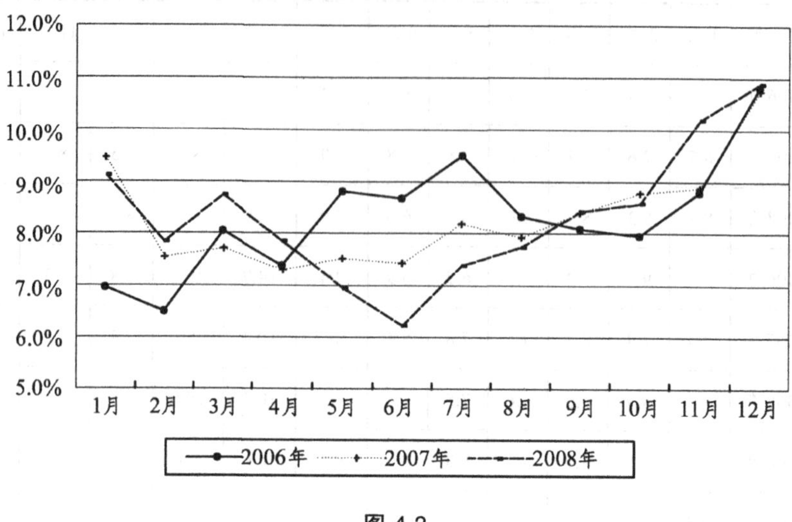

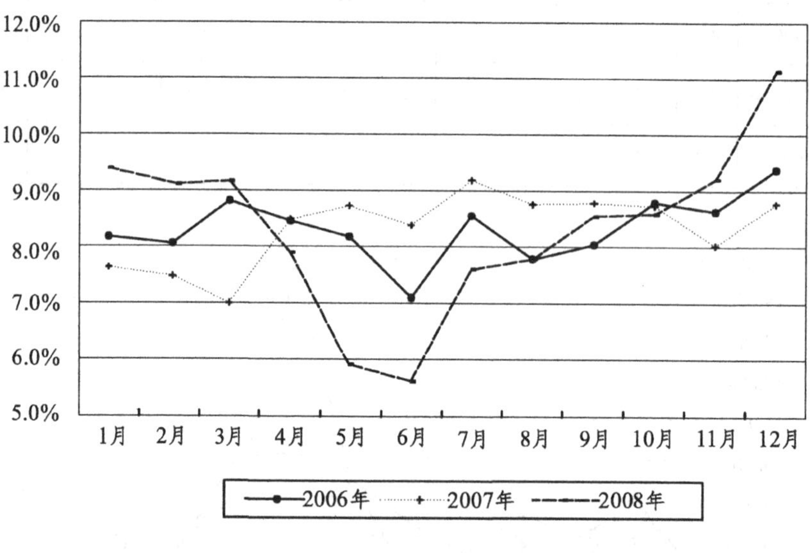

图 4.4

第五章　铁路客货运输票据管理

铁路客货运输票据管理工作，是铁路运输收入管理工作的重要组成部分。其基本任务是对铁路客货运输票据的印制、请领、保管、缴销、使用全过程进行管理与监督，以满足铁路运输生产需要和保证铁路运输费用的正确核收。

第一节　铁路客货运输票据管理概述

一、铁路客货运输票据的概念

铁路客货运输票据，是铁路办理客货运输使用的各种车票、行李票、包裹票、货票、客货运杂费收据、定额收据、有价表格等的统称。铁路客货运输票据是国家批准的专业发票，是铁路企业的有价证券，是铁路运输企业核算运输收入的原始凭证。铁路客货运输票据的各联单据任何单位不得增减。

二、铁路客货运输票据管理的意义

铁路客货运输票据管理工作，是铁路运输收入管理工作的重要组成部分。加强对铁路客货运输票据管理具有以下重要意义：

（1）加强对铁路客货运输票据的管理，有利于使铁路客货运输票据的印制、请领、保管、缴销、使用规范化；

（2）加强对铁路客货运输票据的管理，有利于保证各种铁路客货运输票据的安全完整，以免丢失；

（3）加强对铁路客货运输票据的管理，有利于正确计算与核算铁路运输收入，使运输收入的各项指标数据准确真实；

（4）加强对铁路客货运输票据的管理，有利于防止不法分子利用铁路客货票据进行各种违法行为，扰乱铁路运输秩序。

三、铁路客货运输票据的作用

铁路客货运输票据，既是铁路运送旅客、行李、包裹、货物的运输凭证，又是铁路统计部门据以统计客货运工作量的原始资料；既是铁路凭以办理铁路运输费用核收和结算的凭证，也是旅客和托运人、收货人凭以报销铁路运输费用的报销凭证；既是铁路内部各个运输环节和工种之间办理交接的依据，也是铁路与托运单位或旅客的一种运输契约。

铁路客货运输票据是运输收入会计核算的原始资料和主要依据，是运输收入活动的最初证明。为了使运输生产不间断地进行，就必须不间断地以新的票据来补充运输生产过程中的票据消耗。同时，在票据的使用上，还能反映出种种舞弊行为，如伪造、涂改、偷盗等。

各种收入票据在运送旅客和货物过程中具有如下作用：

（1）它是铁路(即承运人)与旅客、托运人和收货人按《铁路旅客运输规程》和《铁路货物运输规程》的规定签订的运输合同或称其为合同副本。

（2）它是铁路企业内部车站与车站之间，车站与列车之间，运送旅客、行李、包裹和货物的运输凭证。

（3）它是铁路车站和列车在运输过程中计算与核收旅客票价、行李、包裹、货物运费和客货运其他杂费的收款收据。

（4）它是铁路财务(收入)部门会计核算和客货运输部门业务核算的原始凭证。

（5）它是铁路企业统计分析完成客货发送量、计算换算周转量的原始统计资料的一部分。

（6）它是旅客、托运人和收货人报销铁路运输费用的凭证。

（7）它是铁路与旅客、托运人和收货人处理运输事故赔偿和清算债权债务的依据。

（8）车票还是铁路企业支付旅客意外伤害保险金的依据。

四、铁路运输收入票据的种类

铁路客货运输票据的分类方法主要有以下几种：

（1）按运输业务的不同分类，可分为客运票据和货运票据两大类。

（2）按票据的外表形式分类，可分为卡片式车票、电子车票和册页式票据三类。其中的册页式票据是装订成册的票据，它又分为填写式票据和专用定额收据两种。

（3）按照客货票据的主要用途分类，分为运输用票据和收费用票据。

（一）客运票据

客运票据用于旅客和行李、包裹运输以及随其发生的有关收款时使用的票据。按其用途分为运输用票据和其他收款用票据。

客运运输用票据包括车票、行李票和包裹票。

1. 车　票

车票是旅客乘车的凭证，是铁路旅客的运输合同，是明确承运人与旅客之间权利义务关系的协议。车票票面（特殊票种除外）主要应当载明：发站和到站站名、座别、卧别、径路、票价、车次、乘车日期、有效期。

车票可以按不同的方式进行分类，具体如表 5.1 所示。

表 5.1　车票种类一览表

<table>
<tr><td rowspan="4">1</td><td rowspan="4">按形式分</td><td>磁卡式</td><td colspan="2">磁介质车票</td></tr>
<tr><td>薄纸式</td><td colspan="2">电子车票</td></tr>
<tr><td rowspan="2">册页式</td><td colspan="2">区段票</td></tr>
<tr><td colspan="2">代用票</td></tr>
<tr><td rowspan="7">2</td><td rowspan="7">按一般用途分</td><td rowspan="2">客票</td><td colspan="2">硬座票</td></tr>
<tr><td colspan="2">软座票</td></tr>
<tr><td rowspan="5">附加票</td><td colspan="2">空调票</td></tr>
<tr><td rowspan="2">加快票</td><td>普快票</td></tr>
<tr><td>快速票</td></tr>
<tr><td rowspan="2">卧铺票</td><td>硬卧票</td></tr>
<tr><td>软卧票</td></tr>
<tr><td rowspan="5">3</td><td rowspan="5">按特殊用途分</td><td colspan="3">铁路乘车证包括 9 种：硬席全年定期乘车证、软席全年定期乘车证、硬席临时定期乘车证、软席乘车证、硬席乘车证、就医乘车证、便乘证、通勤乘车证、探亲乘车证</td></tr>
<tr><td colspan="3">特种乘车证包括 8 种：① 全国铁路通用乘车证；② 中央和各省、市、自治区机要部门使用的软席乘车证（限乘指定的乘车位置）；③ 邮政部门使用的机要通信人员免费乘车证，包括押运员、检查员（只限乘坐邮车及铁路指定的位置）；④ 邮局押运人员免费乘车证（只限乘坐邮车及铁路指定的位置）；⑤ 邮局视导员免费乘车证（只限乘坐邮车及铁路指定的位置）；⑥ 口岸站的海关、边防军、银行使用的往返免费乘车书面证明；⑦ 我国铁路邀请的外国铁路代表团使用的中华人民共和国铁路免费乘车证；⑧ 用于到外站装卸作业及抢险的调度命令。</td></tr>
<tr><td colspan="3">全国铁路免费乘车证</td></tr>
<tr><td colspan="3">国际旅客联运车票</td></tr>
<tr><td colspan="3">铁路专用定期票包括以下几种
（1）全路；① 记名式软席定期票；② 记名式硬席定期票；
（2）铁路局管内定期票；
（3）铁路专线票</td></tr>
</table>

车票从所记载的内容上看，包括客票和附加票两部分。

（1）车票的客票部分为软座票、硬座票。软座票是乘软座车使用的客票；硬座票是乘硬座车使用的客票。

（2）车票的附加票部分为加快票、卧铺票、空调票。加快票是旅客乘坐快车时，除应购买普通客票外，还应购买加快票，包括普通加快票、快速加快票和特别加快票；卧铺票是旅客在乘坐卧铺车时，除应有普通客票、加快票外，还应有卧铺票，包括硬卧票、软卧票；空调票是旅客在乘坐空调车时，除应有普通客票、加快票外，还应有空调票。

车票从形式上看，包括三种：

（1）磁介质车票，发售时采用专门的制卡机制票，样式如图 5.1 所示。

图 5.1 磁介质车票样式

（2）电子车票，也称计算机票，发售时采用计算机制票，样式如图 5.2 所示。

图 5.2 电子车票样式

（3）填写式册页客票，包括代用票和区段票。

① 代用票是根据需要临时填发的票据。为甲、乙、丙三页复写式，甲页为存根，乙页为旅客乘车的凭证，丙页为报告页。票面填写禁止涂改，乙联按合计栏

款额在相应的剪断线剪断后交给旅客，其余随丙联上报。代用票的样式如图 5.3 所示。

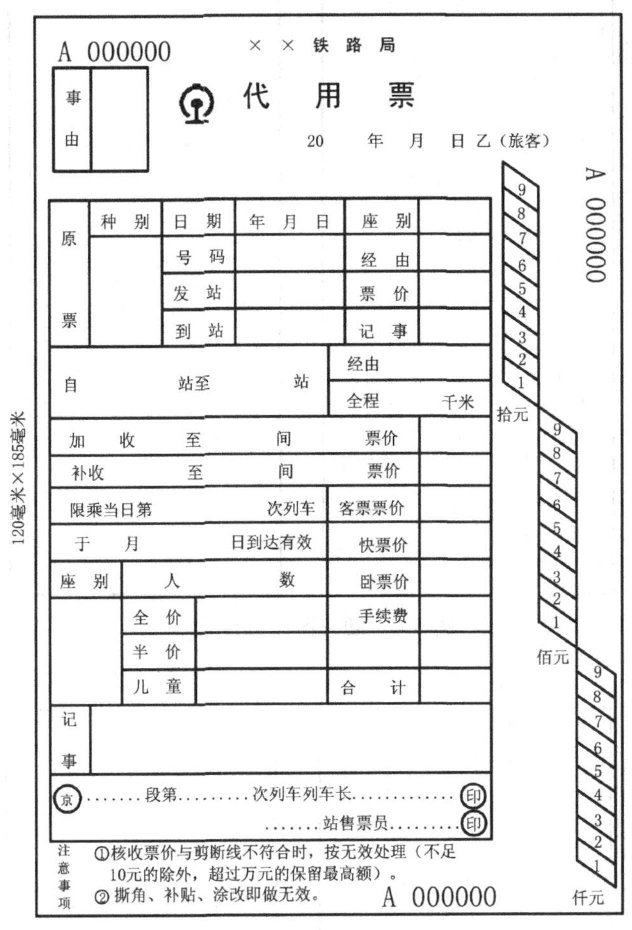

A 000000　　××铁路局

代　用　票

20　年　月　日 乙（旅客）

事由	

原票	种别	日期	年 月 日	座别	
		号码		经由	
		发站		票价	
		到站		记事	

自　站至　站	经由	
	全程　千米	
加收　至　间	票价	
补收　至　间	票价	
限乘当日第　次列车	客票票价	
于　月　日到达有效	快票价	

座别	人 数		卧票价	
	全价		手续费	
	半价			
	儿童		合计	

记事	

京……段第……次列车列车长……印

……站售票员……印

注意事项　①核收票价与剪断线不符合时，按无效处理（不足10元的除外，超过万元的保留最高额）。
②撕角、补贴、涂改即做无效。

A 000000

A 000000

拾元 9 8 7 6 5 4 3 2 1

佰元 9 8 7 6 5 4 3 2 1

仟元 9 8 7 6 5 4 3 2 1

120毫米×185毫米

图 5.3　代用票样式

② 区段票是车站未备有卡片式常备客票的情况下及列车在补收票价时使用的一种票据，分为硬座区段票、普通加快区段票和硬座普快联合区段票三种，样式由铁路运输企业制定报铁道部备案。填写时根据查出的运价里程，在里程栏相当里程下部沿横线剪断，将上部交给旅客，其余部分报缴铁路运输企业；在剪断时，对半价票还应沿着有关栏的右方竖线向上端剪断，左上部交给旅客，其余部分报缴铁路运输企业。

某铁路运输企业硬座区段票、普通加快区段票和硬座普快联合区段票的样式如图 5.4、图 5.5、图 5.6 所示。

正面

请核对所付款是否同最后剪断线票价相符。
如经涂改、补贴、撕角均作无效

× ×铁路局 ①
硬座区段票
限乘19 年 月 日
第……次车
自……站
至……站
经由( )
M000000
……次列车长㊞
……站发售㊞

里程	到达有效日期	半价	全价
30	2	0.00	0.00
40	2	0.00	0.00
60	2	0.00	0.00
90	2	0.00	0.00
110	2	0.00	0.00
980	3	0.00	0.00
1020	3	0.00	0.00
1060	3	0.00	0.00
1100	3	0.00	0.00

19 年 月 日第 次车
自 站至 站
经由( )实际里程 千米
M000000
______段第______次列车长㊞
① ______站售票员㊞

背面

里程	到达有效日期	半价	全价
1100	3	0.00	0.00
1060	3	0.00	0.00
1020	3	0.00	0.00
980	3	0.00	0.00
940	3	0.00	0.00
90	2	0.00	0.00
60	2	0.00	0.00
40	2	0.00	0.00
30	2	0.00	0.00

图 5.4 硬座区段票样式

正面

请核对所付款是否同最后剪断线票价相符。
如经涂改、补贴、撕角均作无效

× ×铁路局 ①
硬座普快联合区段票
限乘 年 月 日
第……次车
自……站
至……站
经由( )
P000000
……次列车长㊞
……站发售㊞

里程	到达有效日期	半价	全价
30	2	0.00	0.00
40	2	0.00	0.00
60	2	0.00	0.00
90	2	0.00	0.00
110	2	0.00	0.00
940	3	0.00	0.00
980	3	0.00	0.00
1020	3	0.00	0.00
1060	3	0.00	0.00

19 年 月 日第 次车
自 站至 站
经由( )实际里程 千米
P000000
______段第______次列车长㊞
① ______站售票员㊞

背面

里程	到达有效日期	半价	全价
1060	3	0.00	0.00
1020	3	0.00	0.00
980	3	0.00	0.00
940	3	0.00	0.00
900	3	0.00	0.00
90	2	0.00	0.00
60	2	0.00	0.00
40	2	0.00	0.00
30	2	0.00	0.00

图 5.5 硬座普快联合区段票样式

正面

请核对所付款是否同最后剪断线票价相符。
如经涂改、补贴、撕角均作无效

×　×铁路局 普通加快区段票			
限乘　年　月　日 第＿＿＿＿次车 自＿＿＿＿站 至＿＿＿＿站 经由（　　） C000000 ＿＿＿＿次列车长㊞ ＿＿＿＿站发售㊞			全价
里程	到达有效日期	半价	
190	2	0.00	0.00
340	2	0.00	0.00
490	2	0.00	0.00
670	3	0.00	0.00
860	3	0.00	0.00
4900	7	0.00	0.00
5100	7	0.00	0.00
5400	7	0.00	0.00
5700	8	0.00	0.00
年　月　日第　次车 自　站至　站 经由（　）实际里程　千米 C000000 ＿＿段第＿＿次列车长㊞ 站售票员㊞			

背面

里程	到达有效日期	半价	全价
5700	8	0.00	0.00
5400	7	0.00	0.00
5100	7	0.00	0.00
4900	7	0.00	0.00
4600	7	0.00	0.00
670	3	0.00	0.00
490	2	0.00	0.00
340	2	0.00	0.00
190	2	0.00	0.00

图 5.6　普通加快区段票样式

2. 行李票

行李票样式如图 5.7 所示。

中铁快运股份有限公司

行　李　票

A000000　　甲　（报告）

20　年　月　日

到＿＿＿＿＿＿站　　经由＿＿＿＿＿＿站

旅客乘坐　月　日　次车　客票号

旅客姓名		共　人电　话:				
住　址		邮政编码:				
顺号	包装种类	件数	实际重量	声明价格	运价里程	千米
					运到期限	日
					计重费量　规重	千克
					超重	千克
					运　费	元
					保价费	元
						元
					合　计	元
					月　日	次列车到达
	合　计				月　日	交　付
记录	＿＿＿营业部经办人＿＿＿㊞					

（上分）行李票号码：A000000

X000000000000000000000

图 5.7　行李票样式

行李票是铁路行李运输合同，是承运人与托运人、收货人之间明确行李运输权利义务关系的协议。行李运输合同的基本凭证是行李票。

行李票主要应当载明如下内容：发站和到站；托运人、收货人的姓名、地址、联系电话、邮政编码；行李的品名、包装、件数、重量；运费；声明价格；承运日期、运到期限、承运站站名戳及经办人员名章。

3. 包裹票

包裹票是铁路包裹运输合同，是承运人与托运人、收货人之间明确包裹运输权利义务关系的协议。包裹运输合同的基本凭证是包裹票。

包裹票主要应当载明如下内容：发站和到站；托运人、收货人的姓名、地址、联系电话、邮政编码；包裹的品名、包装、件数、重量；运费；声明价格；承运日期、运到期限、承运站站名戳及经办人员名章。

包裹票样式如图 5.8 所示。

中铁快运股份有限公司

包　裹　票

甲

（报　告）

A000000

20　　年　　月　　日

到＿＿＿＿＿＿站　　　经由＿＿＿＿＿＿站

托运人	单位名称：	电　　话：
	详细地址：	邮政编码：
收货人	单位名称：	电　　话：
	详细地址：	邮政编码：

顺号	品　名	包装种类	件数	实际重量	声明价格	运价里程	千米
						运到期限	日
						计费重量	千克
						运　费	元
						保价费	元
							元
						合　计	元
						月　日　次列车到达	
						月　日　时　通　知	
合　计						月　日　交　付	

记录

＿＿＿＿营业部经办人＿＿＿＿＿＿印

B000000000000000000000　　　　（上分）包裹票号码：A000000

图 5.8　包裹票样式

另外还有一种专门用于小件货物快运的“中国铁路小件货物快运运单”，格式如图 5.9 所示。

中铁快运股份有限公司
中国铁路小件货物快运运单　　0000000　　K0000000000000000000000

甲联：上报

发送地：　　承运时间：　　年　月　日　　到达地：　　发站：　　到站：

托运人　单位（姓名）：　地址：　电话：　传真：

收货人　单位（姓名）：　地址：　邮政编码：　电话：

品　名	包装种类	件数	重量/kg	体积/m^3	声明价格				
						快运包干费：	元	运价里程：	km
						超重附加费：	元	运到期限：	天
						保价费：	元	计费重量：	kg
							元		元
合　计							元		元
							元		

托运人签章：　　费用总计：　¥　元

收货人有效证件号码（或单位公章）：　　交付时间：　月　日　时　分　　领货人签章

领证人有效证件号码：

记事　　承运人签章　　到达通知记录　　到达记录

图 5.9

4. 客运其他票据

客运其他票据是铁路企业在办理旅客、行李、包裹运输过程中，发生补收票价、运费以及其他杂费时所使用的收款凭证。这些票据，只能作为收款的凭证，不能作为运输凭证使用。主要有以下几种：

（1）客运运价杂费收据

车站在核收或补收未规定固定票据的票价、运费和杂费时，填写客运运价杂费收据。填写时字迹要清楚，按收费种别分别填入核收费用栏内，不用各栏划斜线抹消。杂费收据分甲、乙、丙三页。乙页给付款人，丙页上报，甲页留站存查，样式如图 5.10 所示。

××铁路局　客运运价杂费收据

年　　月　　日　　　　　　丙

<table>
<tr><td rowspan="4">原票据</td><td>种别</td><td>日期</td><td></td><td colspan="4">月　　日　　时到达　　变更</td></tr>
<tr><td rowspan="3"></td><td>号码</td><td></td><td colspan="4" rowspan="2">月　　日　　时　　交　付</td></tr>
<tr><td>发站</td><td></td></tr>
<tr><td>到站</td><td></td><td colspan="4">核收保管费　　　　日</td></tr>
<tr><td colspan="4" rowspan="2">核　收　区　间</td><td colspan="3">核　收　费　用</td><td rowspan="2">款　额</td></tr>
<tr><td>种别</td><td>件数</td><td>数量</td></tr>
<tr><td colspan="4" rowspan="4">自＿＿＿＿站
至＿＿＿＿站
经由(　　　　)
座别＿＿＿人数＿＿＿</td><td></td><td></td><td></td><td></td></tr>
<tr><td></td><td></td><td></td><td></td></tr>
<tr><td></td><td></td><td></td><td></td></tr>
<tr><td colspan="3">合　　计</td><td></td></tr>
<tr><td>记事</td><td colspan="7"></td></tr>
<tr><td colspan="8">＿＿＿＿站经办人＿＿＿＿＿印</td></tr>
</table>

A000000

图 5.10　客运运价杂费收据样式

（2）站台票。

（3）携带品暂存票。

（4）定额杂费收据。定额杂费收据分为手续费收据、送票费收据、车上签证费收据、行李包裹搬运费收据、行李包裹装卸费收据、行李包裹保管费收据、行李包裹接取送达费收据、携带品搬运费收据、货签费收据、安全标志费收据、到达通知费收据等共 11 种。

各种收据的金额，根据“客运杂费收费标准”和实际需要，由各铁路运输企业自行印刷。一般样式如图 5.11 所示。

图 5.11　铁路各种收据样式

（5）行李、包裹货签和安全标志。属于有价表格，所以也要按票据管理。

（6）退票报销凭证。核收旅客退票费的凭证，样式如图 5.12 所示。

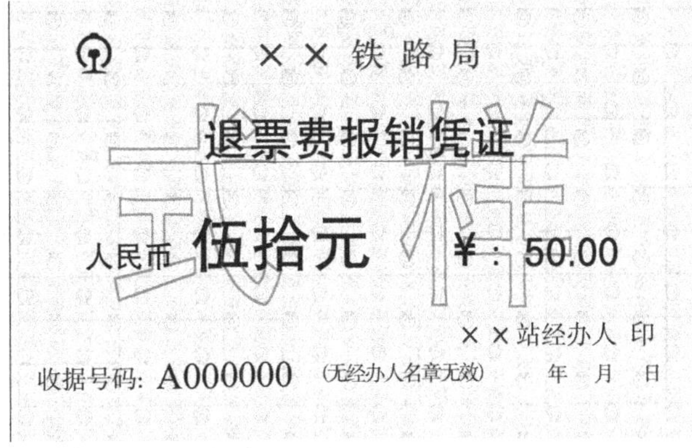

图 5.12　退费报销凭证样式

（二）货运票据

铁路货运票据是从事铁路货物运输时，向托运人收取运费以及与货物运输有关的其他收费时使用的票据。

货运票据按其用途分为：运输用票据（货票）和收费用票据两大类。

1. 货　票

货票是铁路货物运输的凭证，是铁路与托运人签订的运输合同副本，是明确承运人与托运人之间权利义务关系的协议。货票分以下三种：

（1）国内用货票

国内用货票是根据运单填制的货票。运单是铁路与托运人签订的运输合同，又是大宗货物按月度要车计划表或铁路与托运人之间签订的运输合同副本。而货票则为运单的副本。货票印有固定的号码，为甲、乙、丙、丁四联复写式票据。

货票各联的用途分别是：甲联为发站存查；乙联为报告；丙联为承运证，交给托运人作为报销凭证；丁联为运输凭证，随同运单和货物运送至到站存查。

货物运单和货票根据用途，以颜色区分，现付货票用黑色油墨印刷；到付、后付和快运货票用红色油墨印刷。货票丁联的背面要加印：① 货物运输变更事项栏目；② 关于记录事项栏目；③ 交接站日期栏目；④ 货车在途中站摘车事项栏目。货票样式如图表 5.13 所示。

计划号码或运输号码

货物运到期限　　日

××铁路局

货　票

承运凭证：发站→托运人报销

丙　联

A00001

<table>
<tr><td colspan="2">发　站</td><td colspan="2"></td><td>到站(局)</td><td></td><td>车种车号</td><td></td><td>货车标重</td><td></td><td colspan="2">承运人/托运人装车</td></tr>
<tr><td rowspan="2">托运人</td><td>名 称</td><td colspan="4"></td><td>施封号码</td><td colspan="3"></td><td colspan="2">承运人/托运人施封</td></tr>
<tr><td>住 址</td><td colspan="2"></td><td>电话</td><td></td><td>铁路货车篷布号码</td><td colspan="5"></td></tr>
<tr><td rowspan="2">收货人</td><td>名 称</td><td colspan="4"></td><td>集装箱号码</td><td colspan="5"></td></tr>
<tr><td>住 址</td><td colspan="2"></td><td>电话</td><td></td><td>经　由</td><td colspan="2"></td><td>运价里程</td><td colspan="2"></td></tr>
<tr><td colspan="2" rowspan="2">货物名称</td><td rowspan="2">件数</td><td rowspan="2">包装</td><td colspan="2">货物重量(公斤)</td><td rowspan="2">计费重量</td><td rowspan="2">运价号</td><td rowspan="2">运价率</td><td colspan="3">现　　付</td></tr>
<tr><td>托运人确定</td><td>承运人确定</td><td>费　别</td><td colspan="2">金　　额</td></tr>
<tr><td colspan="2"></td><td></td><td></td><td></td><td></td><td></td><td></td><td></td><td>运　费</td><td></td><td></td></tr>
<tr><td colspan="2"></td><td></td><td></td><td></td><td></td><td></td><td></td><td></td><td>装　费</td><td></td><td></td></tr>
<tr><td colspan="2"></td><td></td><td></td><td></td><td></td><td></td><td></td><td></td><td>取送车费</td><td></td><td></td></tr>
<tr><td colspan="2" rowspan="2">合　　计</td><td rowspan="2"></td><td rowspan="2"></td><td rowspan="2"></td><td rowspan="2"></td><td rowspan="2"></td><td rowspan="2"></td><td rowspan="2"></td><td></td><td></td><td></td></tr>
<tr><td></td><td></td><td></td></tr>
<tr><td colspan="2">记　事</td><td colspan="7"></td><td>合　计</td><td></td><td></td></tr>
</table>

站承运日期戳

经办人盖章

图 5.13　货票样式

（2）国际联运货票

国际联运货票在《国际铁路货物联运协定》中称为运行报单，是根据国际联运货物运单填制的副本。

（3）军运后付货票

军运后付货票是办理军事人员和军用物资的一种专用货票。

军运后付货票分甲、乙、丙三联。甲联为发站存查；乙联连同军运后付货票密封挂号报铁路运输企业收入管理部门，作为向对方（托运人）办理后付运费清算的依据；丙联装入货运票据封套密封后交运转车长随车交到站。

2. 货运其他票据

货运其他票据只能作为收款收据，不能作为运输凭证。主要有：

（1）货运运费杂费收据

货运运费杂费收据属于铁道部统一规定的收款收据，用于计算与核收除货票核收的运杂费以外的各种运杂费。

货运运费杂费收据为一式三联，分别为：甲联为车站存查；乙联交给托运人或收货人（即交款人）作为报销凭证；丙联报所属铁路运输企业收入管理部门。具体格式见图 5.14。

××铁路局

运费杂费收据　　A00000

付款单位或姓名＿＿＿＿＿＿

原运输票据	年　月　日第　号		办理种别	
发　站		到　站		
车种、车号			标　重	
货物名称	件　数	包　装	重　量	计费重量
费　别	费　率	款　额	附　记	
合　计				
合计(大写)　万　仟　佰　拾　元　角　分				

车站日期戳　　经办人签章　　年　月　日

甲联（存根）　乙联（托运人、收货人报销）　丙联（报告用）

图 5.14

（2）定额杂费收据：邮资费、安全标志费、有价表格定额收据、货物暂存费定额收据等。

（3）运单、货签、安全标志。

第二节　铁路客货运输票据管理原则

客货运输票据是保证铁路运输生产正常进行的必要条件。只要铁路运输生产在不间断地进行,就需要不间断地以新的票据来补充运输生产过程中的票据消耗;一旦票据供应不上，就会影响运输生产的正常进行。票据管理既是运输收入专业管理的重要组成部分，又是铁路各营业站段业务管理的重要内容。由于票据是铁路企业的有价证券，因此不论是收入专业部门，还是站段业务部门，都必须建立健全一整套完整、严密、科学的管理制度，做到对印制、配发、请领、寄送、储备、保管、使用的全过程严密控制，以保证客货运输生产的正常进行。

因此，客货运输票据管理的基本任务，首先是保证票据供应，保证满足运输生产不间断进行中的票据需要。在此基础上，票据管理中还应做到及时请领、认真验收、安全保管、交接清楚、使用正确、账实相符。

根据客货运输票据管理的性质、任务和特点，在客货运输票据管理工作中，必须遵循以下三个原则:

一、必须保证客货运输的需要

为了满足客货运输生产的需要，保证客货运输生产的不间断进行，在客货运输票据管理中必须抓好两件事:一是请领各种客货票据必须及时,避免票据脱销;二是各种客货票据要应经常有 2 至 4 个月的储备量，要经常检查各种客货票据的库存量，发现票据储备不足应及时请领。

保证客货运输的需要，需要从两方面进行保证：一是从数量上保证，客货运输需要多少，就及时地供给多少；二是从质量上保证，保证供给的票据印制清晰、正确、符合要求。

二、必须保证票据安全

抓好票据的安全工作，需要抓好以下三件事:

(1) 票据要有安全的存放地点，要有安全的消防设施，切实保证票据存放地点能防火、防盗、防潮、防污、防鼠咬和虫蛀。

(2) 指定专人负责票据的管理工作，制定和严格执行票据管理中的专责岗位经济责任制。对造成票据丢失、被盗、短少、污损、鼠咬、虫蛀等事故的有关人员，必须追究经济责任。

(3) 严格执行票据交接制度，在交接票据中做好手续完备的书面签认工作。

三、必须保证账实相符

保证票据账实相符，也是客货运输票据管理中必须遵守的一个原则，需要做好以下四项工作:

（1）必须及时登销票据账，核算票据的结余动态。

（2）必须经常盘点核对库存量，发现不符，及时查明处理。

（3）铁路运输企业收入管理部门必须每隔一定时期下站段进行实地清查票据库存量，确保账账相符、账实相符。

（4）铁路运输企业收入管理部门、站段必须分别建立票据账，以便用两套票据账来上下制约，互相核对。

第三节　铁路客货运输票据管理的内容

一、客货票据的印制与寄送

（一）客货票据的印制

1．客货运输票据的订印

各铁路运输企业所使用的客货运输票据，由本企业的收入管理部门统一向铁道部委托的印刷厂订印；其他铁路运输企业与国家铁路办理直通运输业务的铁路客货运输票据，由与其接轨的国家铁路的铁路局（公司）提供；其他单位和部门，一律不准印刷、使用与铁路客货运输票据相同样式的收款票据。

铁路运输主业以外的其他单位和部门对外收费，一律不准印刷、使用与铁路客货运输票据相同样式的收款票据。如地方财税部门同意，自印票据必须在票据名称前印刷使用单位的全称，不准使用“××铁路局”、“××站”、“中铁××运输公司”等通用名称和路徽标志。

站段应在每年11月份提出次年客货运输票据的印制计划，经本企业的收入管理部门审核汇总后，向铁道部指定的印刷厂安排印制计划。

客货运输票据印刷费列入运营成本。

2．客货运输票据的印制

各铁路运输企业所使用的铁路客货运输票据，必须在由铁道部批准并颁发“铁路客货运输票据印制准印证”的铁路印刷厂印制。

铁道部收入管理部门及经铁道部授权的国家铁路的铁路局收入管理部门，负责对印刷厂的铁路客货运输票据的印制、保管、保密、寄送等工作进行监督检查。

客货运输票据的格式、底纹、规格、墨色、用纸等标准由铁道部规定（国际联运票据的样式、规格按国际铁路合作组织规章规定）。印票底纹版由铁道部监制。

印刷厂必须严格遵守保密和安全制度，按照铁道部规定的技术标准及批准印制的票种、式样、供应范围印制铁路客货运输票据，并按季将所印制票据的字符、号码、订印单位等事项填写在“铁路客货运输票据印制情况表”，呈报给铁道部财务司备案。

（二）客货运输票据的寄送

寄送客货运输票据时，按《客运列车运送铁路文件办法》办理，不办理包裹业务的车站须挂号凭“公文物品运送单”中的“贵重品”车递。

二、客货票据库的设置

铁路运输企业及其所属的站、段均应设置票据库。票据库必须有保证安全的设施，建立严格的出入库和交接制度，并指定专人负责，建立票据总账和明细账，掌握请领、使用和结存情况，定期清查。

票据库管理应遵守如下的基本要求：

（1）铁路运输企业的票据库，负责本企业铁路客货运输票据的订印和组织配发。

（2）站段票据库，负责向铁路运输企业收入管理部门提报印票计划，请领、发放票据，掌握票据使用情况，按规定库存量储备客货运输票据，保证运输生产需要。严格控制出库量，确保客货运输票据的安全。

（3）各级票据库，应不定期地对所储备、保管的客货票据进行清查，保证账实相符。

（4）建立严格的票据出入库管理制度。

（5）票据库管理人员工作变动时，必须对现存的铁路客货运输票据进行清查，填制“库存客货票据清查单”，与客货票据账核对无误后，由交接双方和单位领导共同签章留存备查。交接不清，移交人不得离职，接收人有权拒绝接收。移交后发生差错，由接收人负责。

（6）票据库必须配备专用的票柜、票架，并有防火、防盗、防湿、防虫蛀、防鼠咬设施，有条件的要设置自动报警装置。库内不准存放与票据无关的其他物品，严禁无关人员出入，保证票据的绝对安全。

（7）铁路运输企业的票据库，应配备取送票据的专用机动车辆。

客货运输票据入库、领发、出库，均要建立交接清点、登记、签收制度。客货运输票据必须有领票人与票据库管理人办理领用手续，领发时要当面点清，检查无误后双方在 “客票票据领发单”、“票据领销卡片”上签认。领出的客货运输票据，班组间交接时必须办理交接手续，严禁信用交接。

客票票据领发单（见表 5.2），是车站班组向管票人员领取客票票据时办理交接使用的专用单据。由班组领票人填写一式两份，交管票人按填记的内容、数量发给。

表 5.2 ____铁路局　客票票据领发单

第____窗口　第____组　　　　　　　　　　年　月　日

窗　口	月	票据名称	符　号	起　号	止　号	数量（本）	领票人

________站　　　　　　领票人________　　　　　　发票人_______

上列客票、票据经清点无误。

票据领销卡片（见表 5.3），是客运（列车）段登记掌握列车长请领、使用票据情况的卡片，也是本单位发出票据的明细账。由各段票据管理人员根据列车长实领票据分票种填制一式两份，经领票人签收后，一份留作销号用，一份随“客运（列车）段发出票据报告”报送铁路运输企业收入管理部门。

表 5.3 ______铁路局　票据领销卡片

单　　位_______　　　　　　　　　　编号_______

票据种类_______　　　　　　　　　　组别_______

实　领	符　号	起　号	止　号	数　量	记　事

售　出							记　事
月	日	符　号	起　号	止　号	张　数	结　存	

_______段　　　　　　发票人_______　　　　　　领票人_______

三、铁路客货票据的请领

站段根据客货运输票据使用量，按 2～4 个月的储备量填报“票据请领单”，向本企业收入管理部门请领客货运输票据。请领单项目必须填写正确、完整，字迹清晰，印章齐全。

铁路运输企业收入管理部门对站段报送的客货运输票据请领单要认真审核，发现错误及时纠正，防止误印、脱销和积压，经审核无误后向印刷厂订印票据。

经铁路运输企业有关部门批准，在车站范围以外设立的旅客售票点、行包和货物托运制票点，必须建立严格的票据领取、保管、使用、报送、进款汇缴等管理制度，并接受收入管理部门的检查、指导。

国家铁路以外的其他铁路运输企业，与国家铁路办理直通运输业务的铁路客货运输票据，由与其接轨的国家铁路运输企业提供。票据的请领、使用、保管(含到达票据)等工作应接受提供票据的企业收入管理部门的监督检查。发生票据事故要及时向提供票据的企业收入管理部门通报，并按《铁路运输收入管理规程》的有关规定处理。票据事故赔偿款交提供票据的铁路运输企业列报。

四、铁路客货票据的验收

站段收到请领的票据后，应对电子车票(逐卷)在15天内，其他票据(逐本)在10天内，清点、验收、登记入账，并及时向本企业收入管理部门签回请领单的丙联。

客货运输票据使用前，必须逐张（联）清点，经确认无误后启封使用。

清点客货运输票据发现错误时，应填制“客货票据印刷验收差错记录”报本企业收入管理部门。收入管理部门经审核确认，填制“客货票据缺号证明书”交上报单位作为销账的依据。

客货票据印刷验收差错记录（见表5.4），是车站和客运（列车）段对收到请领的客货票据，于规定期限内查点验收发现其中有缺号或其他印刷、装订差错时，记载差错情况的专用记录。由验收单位填写一式三份，一份留存，两份附有差错的票据上报铁路运输企业收入管理部门处理。

表5.4 ______铁路局 客货票据印刷验收差错记录

________站、段

<table>
<tr><td colspan="9">原 领 票 据</td></tr>
<tr><td>请领日期</td><td>领单号</td><td>票据名称</td><td>到站</td><td>符号</td><td>起号</td><td>止号</td><td>张（组）</td><td>附注</td></tr>
<tr><td></td><td></td><td></td><td></td><td></td><td></td><td></td><td></td><td></td></tr>
<tr><td></td><td></td><td></td><td></td><td></td><td></td><td></td><td></td><td></td></tr>
</table>

<table>
<tr><td colspan="12">验 收 发 现</td></tr>
<tr><td rowspan="2">收到日期</td><td rowspan="2">点验日期</td><td colspan="2">缺 号</td><td colspan="2">重 号</td><td colspan="2"></td><td colspan="4">报审票据</td></tr>
<tr><td>号码</td><td>张（组）</td><td>号码</td><td>张（组）</td><td></td><td></td><td>符号</td><td>起号</td><td>止号</td><td>张（组）</td></tr>
<tr><td></td><td></td><td></td><td></td><td></td><td></td><td></td><td></td><td></td><td></td><td></td><td></td></tr>
<tr><td colspan="12">说明：

站（段）长： 验收人： 年 月 日</td></tr>
<tr><td colspan="12">铁路局批复：

负责人： 审核人： 年 月 日</td></tr>
</table>

客货票据缺号证明书（见表5.5），是铁路运输企业收入管理部门发给站、段证明其请领票据中发生缺号、少页或其他印刷差错使票据无法使用时的凭证。铁路运输企业收入管理部门审核确认站、段报来的“客货票据印刷验收差错记录”后，填写本证明书一式两份，一份留存，一份随差错记录寄回站、段，站、段收到本证明书后，待使用到该票号时，将本证明书随有关报表上报。

表5.5　________铁路局　客货票据缺号证明书

________站、段　　　　　　　　　　　　　　　　年　月　日

票据名称	符　号	起号	止　号	张　数	事　由

收入管理部门：　　　　　　　　　　　　　　　　经办人：

五、铁路客货票据的使用

客货运输票据必须按照票据符号、票号顺序使用。如因工作失误出现越号时，应及时向上级收入管理部门报告，在“票据整理报告”上分行填记上报，并尽快采取措施恢复顺序使用。

1. 填写式票据的使用要求

对填写式票据，不论是手工填写还是计算机填写，都必须各联同时复写，不得分联填写。

客货运输票据的内容应按照规定逐项填写，不得省略项目。

货运票据的金额、货物品名、重量等与计费有关的栏目填写错误时，按作废票处理。

客运票据发生填写错误或代用票剪断线与填写金额不符时，不得涂改，一律按作废票处理。代用票“旅客联”一经剪断，原则上不得按作废票处理，如属特殊情况，应由经办人写出经过，经单位领导签认后，报上级收入管理部门核实处理。

作废的客货运输票据必须各联齐全，票面上画对角线，并加盖“作废”戳记。除存根联外其他各联一并上报。

使用计算机填制客货运输票据的，在实际制票工作中如果出现计费方面的错误，应及时报告上级收入、客运、货运和信息管理部门解决。

2. 对到达票据的处理

车站对到达的行李、包裹票，应在票面上记明到达、通知、交付日期及车次。

发生杂费时，还应注明杂费收据号码和金额。

车站对到达的货票，应在票面上填记货物到达、卸车、催领、交付和搬出日期。发生杂费时，应将杂费收据号码、款额、日期填记在到达货票上。对变更到站的货票，除在货票上按上述要求填记外，还应使用“货物运单”根据原票的内容做成抄件留存，原票报上级收入管理部门。

六、客货运输票据的调拨、借用

车站、列车（包括本站、段各售票口及班组）使用的客货运输票据，未经铁路运输企业收入管理部门批准，不准相互调拨和借用。

因特殊情况需要相互调拨时由车站填制“客货票据调拨单”（见表 5.6）一式三份，经企业收入管理部门审查同意后，一份留存，据以调整客货票据账，两份批回车站。车站收到后，一份由拨出票据处留存销账，一份连同所拨票据交调入票据处据以入账。

表 5.6　_____铁路局　客货票据调拨单

年　月　日

我站下列票据由_____处调拨至____处发售(使用)

票据名称	符　号	起　号	止　号	张　数	记　事

_________收入管理部门_________　　________站　站长________　经办人_________

年　月　日审查同意

列车长出乘前，必须带足所需客票票据，遇特殊情况在中途向车站或其他列车借票时，列车长应与出借票据方办理借票手续，出借票据方应发电报向有关收入管理部门、站段报告借票情况。交接票据要当面逐号查清并签认。

七、客货运输票据的保管

1. 对使用中的客货运输票据的保管

营业窗口使用的票据暂时不用或营业人员离开时，应将票据加锁保管。列车上使用中的票据应存放在加锁的办公桌或保险柜中，移动补票机在列车上不使用时必须锁入保险柜。

2. 使用完毕的客货运输票据保管

对使用完毕的客货运输票据存根页和票据整理报告，要按种别、日期、顺号装订成册，按规定的保管期限保管。对使用过的计算机票（电子客票）碳带也应按规定期限保管备查。

3. 对到达客货运输票据的保管

车站应严格执行客票回收制度，对旅客使用完了的车票，由到站负责收回，旅客需要报销时，将车票切角后交给旅客。乘降所下车的旅客，由列车乘务员收回车票，集中交列车终到站。车站收回的车票必须严格保管，定期缴销。

车站对到达的行李、包裹、货运票据(包括相关附件)、到达变更货票抄件，要按照票种、时间顺序分别装订成册，按规定时间保管。

4. 客货运输票据的保管期限

（1）计算机票碳带的保管期限为 1 年；代用票、区段票、行李票、包裹票、各种货票、客货运杂费收据和其他票据（含到达行李票、包裹票、各种货票）的为 3 年；

（2）铁路客货运输票据账为 10 年；

（3）票据整理报告、票据收发月报、铁路客货运输票据请领单为 15 年。

八、客货运输票据的缴销

对不适用的客货运输票据，应及时清点并填制“客货票据缴销单”报上级收入管理部门审批后，连同客货运输票据寄送上级收入管理部门点收销账。

对保管期满的客货运输票据、碳带及报表，应填报“票据、报表保管期满销毁单”，报上级收入管理部门审批，并由其派专人负责监销。

客货票据缴销单（见表 5.7），是车站和客运（列车）段缴销不适用票据和因

表 5.7 ______铁路局　客货票据缴销单

______站(段)　　　　年　月　日　　　　局编号______

顺号	票据名称	组别或窗口	符号	起号	止号	数量	缴销原因
收入管理部门审批意见	年　月　日（公章）						
点收情况	年　月　日　主管人　　点收人						

销毁单位______　　主管人______　　制单人______

停止营业而剩余的票据时填报的清单和销账依据。站、段需要缴销票据时，应先填制本单一式三份，报请企业收入管理部门批准。铁路运输企业收入管理部门审查批注后，加盖公章返回站、段。站、段收到批准的缴销单后，一份留存，两份连同所缴销票据按贵重品车递或送交企业收入管理部门。

票据、报表保管期满销毁单（见表 5.8），是铁路运输企业和站、段对保管期满的客货票据、报表等需要销毁时填制的报批清单。由申报单位填制一式两份，报铁路运输企业主管领导批准。审批后留存一份，寄回申报单位一份凭以处理和销账。

表 5.8 ______铁路局 票据、报表保管期满销毁单

票据、报表名称	规定保管期限	销毁票据报表起止年月		本（册）	记 事
		自 年 月	至 年 月		

申请单位______ 批准单位______ 经办人______ 负责人______

九、客货票据管理的监督检查

站段每年对所经管的票据、有价表格必须全部清查一次，填制“库存客货票据清查单”，报本企业收入管理部门。若发现结存数量不符、账实不符等问题，应及时查明原因并报告本企业收入管理部门处理。

铁路运输企业的收入管理部门，每两年对所管辖站段的票据、有价表格进行全部清查，对检查发现的问题及时进行处理，填制“库存客货票据清查单”，与站段的票据账进行核对，做到账账相符、账实相符。

库存客货票据清查单（见表 5.9），是车站、客运（列车）段和铁路运输企业收入管理部门清查库存客货票据时的明细记录。站、段自查时填写本单一式两份，一份留存，两份报铁路运输企业收入管理部门，收入管理部门经与票据账核对无误后，一份留存，签回站、段一份，作为对账凭证；铁路运输企业收入管理部门对站、段进行实地检查时，填写本单一式两份，经站、段经管人员签认后，交站、段一份，带回企业一份核对票据账。

表 5.9　______铁路局　库存客货票据清查单

______站、段　　　　年　月　日　　　　第　页

顺　号	票据名称	符　号	月　日未售起号	月　日清查当时未售起号	库存止号	数　量	记　事

清查人__________　　　　经管人__________

铁路运输企业的收入管理部门，要指派收入稽查人员不定期地对所管辖单位的客货运输票据的请领、保管、交接、使用及票据账和票据库进行抽查，发现问题应及时纠正。发现库存客货运输票据与票据账不符时，应查明原因，编制稽查工作纪录。多出时补登入账，短少时按票据事故处理，确因印刷错误的，报主管部门处理。

为了防止营私舞弊行为的发生，收入稽查人员在对车站票据管理、使用情况进行检查时，应特别注意对到达票据保管情况的检查，要核对有关资料(如卸车登记簿、列车编组顺序表等)检查到达票据有无丢失或被有意藏匿。发现到达票据在保管期限内丢失或违反规定销毁的，按《铁路运输收入管理规程》规定的“票据事故”处理。查出为掩盖收入违纪问题而有意藏匿、毁灭到达票据的，除对其藏匿、毁灭的票据按票据事故处理外，对其所要掩盖的收入违纪问题，从重或加重处理。

第四节　铁路客货运输票据账

一、客货票据账的概念与设置

客货票据账是登记、掌握各种客货运输票据收支情况的专用账簿。铁路运输企业及其站段都必须建立完整的客货票据账。每本客货票据账的封皮后面均应附有“经管人员一览表”和“客货票据账目录”，账页应连续编号，分别按计算机软纸票和填写式册页票据装订成册。

计算机软纸票按售票窗口建账，填写式册页票据按票据名称、定额票按票面金额设置账页。客货兼办的车站可合并建账，业务量较大的车站可按营业点分别建账。客运（列车）段应建立票据总账和列车长分户账。

客货票据账的格式如表 5.10 所示。

表 5.10　______铁路局　客货票据账

领收								使用终了日期	使用					结存数量	记事
核转年月	收到年月	领单		票据					使用年月	票据					
		站编号	局编号	符号	起号	止号	数量			符号	起号	止号	数量		

客货票据出入库账页是票据库管库人员登记客货票据出入库的记录账页。

请领收到客货票据时，票据库管库人员根据已验收入库票据的“电子车票请领单”和“册页式票据请领单”在“客货票据出入库账页”上填记收到票据日期，“领票人(记事)”栏注明“入×”张（组）增加“库存”数。

领票人领用票据时，票据库管库人员依据实际发出票据的符号、起止号码、数量登账，减少“库存”数；并与领票人员当面凭封印逐本或逐卷首尾连号清点，确认票据的符号、起号、止号、张数无误后由领票人员在“领票人”栏内签收。

客货票据出入库账页的格式如表 5.11 所示。

表 5.11　客货票据出入库账页

顺号　　　　　　　　　　　　　　　　　　票据名称：

出入库票据							领票人（记事）
月	日	符号	起号	止号	数量	库存	

二、客货票据账的登销

（一）记账要求

客货票据账登记时必须使用蓝、黑墨水笔或碳素笔填写，并应注意账簿的完整和账面的整洁。账簿记录发生差错时，不准涂改、挖补、刮擦或用药水消除字迹，不得重新抄写，应将错误的文字或数字划双红线注销，但必须使原有字迹仍可辨认，然后在划线上方填写正确的文字或数字，并由记账人员在更正处盖章。对于错误的数字，应全部划线更正，不得只更正其中的错误数字。对于错误的文字，可只更正错误部分。由于记账凭证错误而使账簿记录发生错误，应按更正的记账凭证登记账簿。

使用计算机登销客货票据账时，应按月备份票据账信息，按年打印书面账页。客货票据账每年更换一次新账，必须及时填记，保证账实、账账相符。

（二）登销方法

1．客货票据账领收方的登记

（1）电子车票

根据电子车票请领单（见表 5.12）先将请领车票的符号、起号、止号、数量填记在“领收”方有关栏内，待收到车票后再补充填记“领收”方有关栏，在“使用”方的“记事”栏注明“入×”张（组），增加“结存”数。

（2）填写式册页票据或定额票

根据册页式票据请领单（见表 5.13）填记在“领收”方有关栏内，在“使用”方的“记事”栏注明“入×”张（组），增加“结存”数。

表 5.12 ______铁路局 电子车票请领单

______车站　　　　年　月　日

窗口号	请领时		请领数量				磁带种别	记事
	库存数量	月平均使用数量	符号	起号	止号	张数		
发票单位______ 站、段_____ 经办人_____								

表 5.13 ______铁路局 册页式票据请领单

______车站　　　　年　月　日

票据名称	单位	请领时库存	每月平均使用量	请领数量	请领数量				记事
					符号	起号	止号	张数	
发票单位______ 站、段_____ 经办人_____									

2. 客货票据账发售方的登记

客货票据账的使用方应根据各种票据整理报告、车站票据收发月报、客货票据缴销单、客货票据调拨单等按月销号。销号时按止号登记，使用数量＝止号－起号＋1。

车站票据收发月报（见表 5.14），是车站按月填报各种客货运票据领收、使用、结存数量，以及车站和铁路运输企业收入管理部门核对各种客货票据的收、发和使用动态及列销客货票据的报表。本月报每月编制一式两份，一份车站留存，据以核对、列销客货票据账，一份于月份过后 2 日内报铁路运输企业收入管理部门。

表 5.14____铁路局　车站票据收发月报

______车站　　　　年　月

票据		上月结存				本月领收						本月使用				本月结存				记事
名称	组别	符号	起号	止号	数量	领收日期	发票单号码	符号	起号	止号	数量	符号	起号	止号	数量	符号	起号	止号	数量	

收入管理部门审核人____ 站长____ 制表人____ 填报日期：　年　月　日

本月报必须分别客运或货运的票据分页填报，并在表头括号内注明“客运”或“货运”字样。铁路运输企业收入管理部门在审核本月报时，发现车站填报的票据符号、号码、数量错误时，应用双红线将原数画去，另用钢笔填写正确数字，并加盖审核人名章。同时填开更正通知书，通知车站改正。

（1）每组票据发售（使用）完了，应在“使用终了日期”栏记入用完日期，并在“未售第一张或止号”栏加盖“完”字红色戳记。

（2）在同一月份使用两组以上客货票据或跳号发售（使用）时，应分格销号，跳号使用的还应在“记事”栏注明“跳号使用”字样。

（3）站、段缴销票据时，根据铁路运输企业收入管理部门批准的客货票据缴销单销账，减少结存数量，并在备考栏注明批准日期和缴销单号码及“已缴销”字样。

（4）客货票据丢失、被盗时，按事故报告和实少票据的起号、止号、数量销账，减少“结存”数，并在备注栏注明丢失、被盗的时间及责任者，待铁路运输企业收入管理部门批准后，再将批准的文号记入。

（三）客货票据账的结转

在结转新票据账时，“核转年月”栏填记结转的年月，“收到年月”栏仍填原收到日期，“站编号”栏填记“结转”字样，“局编号”栏填记原请领单的局编号，“起号”栏填记上月未售第一张或起号，“止号”栏填记该组票据的实际止号，“数量”栏填记上月的结存数。对分次请领的票据，应分格结转。

（四）客货票据调拨、借用时的处理

（1）车站内部各售票窗口或营业处、所之间调拨票据，调出账面在发售方销号减少结存数，调入账面在领收方登记增加结存数，并在备注栏分别注明批准日期和“拨×窗口（处、所）”或“由×窗口（处、所）调入”字样。铁路运输收入管理部门的票据账亦应作相应调整。

（2）客运列车长向车站借用代用票时，借出票据的车站根据客运记录或电报在票据账的发售方销账，减少结存数，并在备注栏注明“×月×日×次车长借用”及电报号码。借票的客运（列车）段凭借票电报登入票据账的领收方，增加结存数，在备注栏注明“×月×日×次车长借×站票据”，并补制“票据领销卡片”据以在发售方同时销账，减少结存数量。铁路运输企业收入管理部门凭借票电报，将转借票据由借出车站转入客运（列车）段的客货票据账内，按该段请领票据进行管理。

第六章　铁路运输收入进款管理

第一节　铁路运输收入进款管理概述

铁路运输收入进款是由铁路运输企业所属的车站、列车等客货营业单位，按照有关规章规定，向旅客、托运人、收货人核收的。

铁路运输企业必须加强对运输收入进款的管理，各客货营业单位必须建立严格的运输收入进款管理制度，指定专人负责运输收入进款的保管、存汇及账表编报工作，并实行账款分管制度。专职负责运输收入进款的人员不得直接对外办理客货运输及收付款业务。

运输收入进款存放地点必须有安全设备和防范措施。

车站向银行送存运输收入进款时，从存款地点到送款车辆、送款途中及从送款车辆到银行，必须由公安人员全程护送，没有公安人员的车站，由站长派人护送，日均现金收入超过 1 万元时应使用机动车辆送存银行。

旅客列车应配备保险柜存放票据和资金，并由列车长或指定专人负责管理，保证票据和现金的绝对安全。列车乘务工作终了交款时，必须由乘警护送至交款处所。

第二节　铁路运输收入进款的核收与结算

一、铁路运输收入进款的核收方式

铁路运输企业在办理客货运输业务时，必须使用铁道部规定的铁路客货运输票据核收运输费用。使用计算机制票的，必须使用铁道部统一制、售票软件计算运输费用，不得使用铁路客货运输票据核收铁道部规定以外的任何费用。

铁路运输收入进款的具体核收方式分为现付、到付、后付、预付四种。

1．现　付

旅客票价，行李、包裹、货物运费以及发站发生的杂费实行发送核算制，由发站负责计费收款，发送运输企业审核列账。

2. 到 付

批准按到付办理的货物运杂费、中途站和到站发生的杂费，由到站负责计费收款，到达运输企业审核列账。

3. 后 付

符合后付范围的军事运输发生的票款、运费、押运人乘车费，以及铁道部批准的按后付办理的货物运输费用，由发站负责制票，发送运输企业集中审核、列账，并按铁道部制定的结算办法向指定单位进行结算。

4. 预 付

铁路客货运输费用在付款人和收款人双方自愿的原则下可签订协议按预付办理。

二、铁路运输收入进款的结算方式

旅客、货主按现付、到付、后付、预付方式向铁路运输企业交付运输收入进款时，可采取现金结算和非现金结算两种方式。

1. 现金结算方式

铁路运输企业对发售车票、承运行李和个人托运的包裹、货物发生的运输费用应核收现金，采用现金结算方式。

对企业、事业单位、机关团体在中国人民银行规定结算起点以下的票款和运杂费应核收现金，采用现金结算方式。

2. 非现金结算方式

对企业、事业单位、机关团体和签有协议的单位购买车票及托运包裹、货物发生的票款和运杂费，可按非现金结算方式办理。

对经常发到货物的单位，在不影响车站运输收入进款送存银行的前提下，可按日汇总结算。

铁路运输费用不办理异地托收。

由于取消或变更运输业务而发生退款时，应按原收款结算方式办理。

三、专项运输收入进款的结算

1. 军事运输费用的结算

军事运输费用的结算有现付和后付两种方式。

(1) 按现付办理的军事运输，其运输费用结算方式按现付的有关规定办理。

(2) 按后付办理的军事运输，票款、运费和押运人乘车费按后付办理，其他杂费一律按现付办理。

车站对按军运后付办理的客货运输，应使用专用代用票和“军运后付货票”。

2. 邮运运费的结算

铁路运输企业根据与有关邮政局签订的自备邮政车挂运或租用行李车固定容间的运邮合同办理结算。

邮运运费实行月初预付、月末结算制度，并按权责发生制列账。

3. 预付款的结算

旅客或托运人交纳预付款时，受理单位应填开“预付款存入凭证”作为收款依据，由铁路运输企业集中管理。受理单位应按预付款单位建立明细账。

已缴纳预付款的旅客购票、托运人托运货物发生运输费用或要求退还预付款时，受理单位应根据应收费用和应退预付款金额填开“预付款抵用凭证”，作为已缴运输收入或退还预付款的依据。

预付款存入凭证（见表 6.1），是旅客、托运人、收货人向铁路运输企业（含车站）交纳预付款时的收款凭证。一式三联，甲联为报告页，随“运输进款收支报告”上报；乙联为收款收据，由受理单位加盖公章后交付款单位作为报销证明；丙联由受理单位留存。

表 6.1 ______铁路局 预付款存入凭证

存入日期 年 月 日 编号______

预付款单位或个人		收款单位										
账号或地址		账号或地址										
结算方式												
存款金额	人民币（大写）		百	十	万	千	百	十	元	角	分	
备注：												

收款单位__________ 单位主管__________ 经办人__________

预付款抵用（退款）凭证（见表 6.2），是已交纳预付款的旅客、托运人、收货人发生运杂费或要求退还预付款时，由原预付款受理单位填开的抵用或退款凭证。一式三联，甲联为报告页，退还预付款时，作为领款单位的领款收据，由领款单位加盖公章或财务专用章，随“运输进款收支报告”上报，抵用或退还款额列在“运输进款收支报告”的支方；乙联交领款单位作为列账用；丙联由办理抵用的车站留存。

表 6.2 ______铁路局 预付款抵用（退款）凭证

抵用（退款）日期　　　　年　月　日　　　　　　　编号________

<table>
<tr><td>预付款单位或个人</td><td colspan="2"></td><td colspan="3">收款单位</td><td colspan="6"></td></tr>
<tr><td>票据名称</td><td>起　号</td><td>止　号</td><td colspan="3">张　数</td><td colspan="3">款　额</td><td colspan="3">备　注</td></tr>
<tr><td></td><td></td><td></td><td colspan="3"></td><td colspan="3"></td><td colspan="3"></td></tr>
<tr><td></td><td></td><td></td><td colspan="3"></td><td colspan="3"></td><td colspan="3"></td></tr>
<tr><td></td><td></td><td></td><td colspan="3"></td><td colspan="3"></td><td colspan="3"></td></tr>
<tr><td rowspan="2">抵用（退款）金额</td><td colspan="2" rowspan="2">人民币（大写）</td><td>百</td><td>十</td><td>万</td><td>千</td><td>百</td><td>十</td><td>元</td><td>角</td><td>分</td></tr>
<tr><td></td><td></td><td></td><td></td><td></td><td></td><td></td><td></td><td></td></tr>
<tr><td>退还预付款时填记</td><td colspan="11">上项退款于　月　日以　　　　　　如数退讫。
领款单位开户银行及账号________　领取退款单　位______　领款人身份证号码__________</td></tr>
</table>

办理单位________　　　　　　　　　　　　经办人______________

四、铁路运输收入进款核收与结算中特殊问题的处理

铁路运输企业应加强对运输收入进款的核收与结算工作的管理，及时解决出现的问题。

（一）行包及货物品名、重量不符的处理

车站发现品名、重量不符造成运输费用多收或少收时，按下列规定处理：

(1) 发站发现的，应重新制票。票据各联不全时，应用客货运杂费收据或“车站退款证明书”进行补退，列原运输收入项目，并发电报通知到站及双方运输收入管理部门。

车站退款证明书（见表 6.3）是车站向旅客、托运人、收货人办理退还多收运杂费时使用的付款证明。车站收到铁路运输企业收入管理部门“退款通知书”和自行发现计算错误造成多收款，或旅客、托运人、收货人申请退款时，经铁路运输企业收入管理部门审核确认后，向旅客、托运人、收货人办理退还多收运杂费时使用。办理时应将原票内容和退款原因详细填记，同时将证明书号码和退出款额填记在原收款票据存根联上，以备核查。“车站退款证明书”一式五联，甲联

车站存查；乙联交领款单位列账；丙联随“运输进款收支报告”报铁路运输企业收入管理部门；丁联附随票据报告联上报；戊联由站、段收入科存查。以现金或支票支付退款时，必须由收款单位和领款人在丙联上加盖公章或财务专用章或由收款单位另开正式财务收款收据粘贴在丙联上。

表 6.3　＿＿＿铁路局　车站退款证明书

填发日期　　　年　　月　　日　　　　　　　　编号＿＿＿

<table>
<tr><td>票据种类</td><td>票据号码</td><td>填发日期</td><td>发站</td><td>到站</td><td>车种车号</td><td rowspan="2">单位</td><td>名称及地址</td><td colspan="2"></td></tr>
<tr><td></td><td></td><td></td><td></td><td></td><td></td><td>开户银行及账号</td><td colspan="2"></td></tr>
<tr><td rowspan="2">原记载</td><td>品名</td><td>实重</td><td>计重</td><td>运价号</td><td>运价率</td><td>货物运费</td><td></td><td></td><td></td></tr>
<tr><td></td><td></td><td></td><td></td><td></td><td></td><td></td><td></td><td></td></tr>
<tr><td>订正</td><td></td><td></td><td></td><td></td><td></td><td></td><td></td><td></td><td></td></tr>
<tr><td>应退</td><td></td><td></td><td></td><td></td><td></td><td></td><td></td><td></td><td></td></tr>
<tr><td rowspan="2">原记载</td><td></td><td></td><td></td><td></td><td></td><td></td><td></td><td></td><td>合　计</td></tr>
<tr><td></td><td></td><td></td><td></td><td></td><td></td><td></td><td></td><td></td></tr>
<tr><td>订正</td><td></td><td></td><td></td><td></td><td></td><td></td><td></td><td></td><td></td></tr>
<tr><td>应退</td><td></td><td></td><td></td><td></td><td></td><td></td><td></td><td></td><td></td></tr>
<tr><td colspan="5" rowspan="2">记事：</td><td colspan="2">退款金额（大写）</td><td colspan="3"></td></tr>
<tr><td colspan="5">上述退款已于　　月　　日以　　　如数退讫。
领款单位：　　　　　　　领款人：
身份证号码：</td></tr>
</table>

填发站：　　　　　　　　填发人：　　　　　　付款人：

（2）中途站或列车发现的，通知到站处理。

（3）到站发现或接到中途站、列车通知的，在未接到发站补退处理的电报时，少收运输费用的由到站补收列本企业运输收入，多收运输费用的通知发站退款。到站应将处理情况发电报通知发站及双方运输收入管理部门。

（4）如发生重复补费时，由违反本条规定的车站办理退款。

（5）发、到站补收的铁路建设基金（不含违约金）必须列原运输收入项目。

（二）租、占用运输设备费用的核收

铁路运输企业对外出租铁路运输设备时，应与租、占用方签订租、占用合同，按规定时间及标准核收租用费，并建立“路产出租、使用账簿”，所签订的租用合同内容应包括缴款日期和发生迟交时核收迟交金等条文，合同副本抄送本企业运输收入管理部门。

路产出租、使用账簿（见表 6.4），是车站和铁路运输企业收入管理部门登记掌握各项路产出租、使用的租用费核收情况的账簿。车站和铁路运输企业收入管理部门，对于各种出租项目，均应设置本账簿，分别记录租金的核收情况，按月将实际核收的金额和杂费收据号码记入本账簿，并检查各项租金有无漏收。

表 6.4 ______铁路局 路产出租、使用账簿

收租站				收租站			
承租人				承租人			
租　期		合同号		租　期		合同号	
项目摘要				项目摘要			
应收租金总额		每次应收		应收租金总额		每次应收	
规定收租日期				规定收租日期			
租金核收情况				租金核收情况			
日期	实收租金	杂费收据号码		日期	实收租金	杂费收据号码	

（三）运输变更费用的处理

（1）车站办理行李、包裹或货物取消托运时，应将原票据收回注销，注明“取消托运”字样。当日办理时比照作废票据处理；次日以后办理时，另以“车站退款证明书”办理退款，收回的票据（报销联、运输凭证联、领货凭证）随“车站退款证明书”上报。因取消托运发生的各项杂费，另填客、货运杂费收据核收，并将收据号码、收费项目及金额填记在原票据记事栏内。

（2）车站办理行李、包裹或货物变更到站时，由变更后的到站重新计算运输费用，补退差额，在交付时填发客、货运杂费收据或“车站退款证明书”办理补退款手续，原变更票据上报本运输企业运输收入管理部门，另以运单作成抄件留

站存查。新到站发现发站原收运输费用计算错误时，应发电报向原发站及其上级运输收入管理部门查询答复后再办理补退款手续。

（四）多、少收款的处理

站、段必须建立健全铁路客货运输票据及报表的“三检”（自检、互检、总检）复核制度，防止发生差错。

车站由于种种原因（如计费有误、计算错误）而在客货票据上多收或少收旅客和收、发货人的票价及运杂费，为多收或少收款。

发生多收款或少收款时，应分别不同情况进行处理：

（1）发站复核发现计算错误时，应及时办理补退款手续，并发电报通知到站及本企业运输收入管理部门，发生的补退款，列原运输收入项目。

（2）到站发现发站原收运输费用计算错误造成少收款时，应发电报通知发站及其上级运输收入管理部门查询答复后办理补款，补收款（不含铁路建设基金）列其他收入。

（3）运输收入管理部门审核铁路客货运输票据发现的多、少收款超过客货运规章规定的补退费用限额时，应填发“票价订正通知书”、“补款通知书”、“退款通知书”，按权责发生制列账，通知原收款站、段办理补退。因特殊情况原收款站、段办理补退款有困难时，可委托有关站、段办理，凭有关函电证明报运输收入管理部门销账。

票价订正通知书（见表 6.5），是铁路运输企业收入管理部门审核各种客运票

表 6.5　_____铁路局　票价订正通知书

处理单位：　　　　　　　　　　　　客票种别：

<table>
<tr><td rowspan="3">原票据</td><td>发售日期</td><td></td><td colspan="2">票　号</td><td rowspan="2">人员别及人数</td><td rowspan="2">原票经由</td><td rowspan="2">里程</td><td rowspan="2">票价</td><td rowspan="2"></td><td rowspan="2">合计</td></tr>
<tr><td>发　站</td><td></td><td>起号</td><td>止号</td></tr>
<tr><td>到　站</td><td></td><td></td><td></td><td></td><td></td><td></td><td></td><td></td><td></td></tr>
<tr><td colspan="2">订　正</td><td></td><td></td><td></td><td></td><td></td><td></td><td></td><td></td><td></td></tr>
<tr><td colspan="3">附记：</td><td colspan="2">原填发人</td><td></td><td colspan="2">补　收</td><td></td><td></td><td></td></tr>
<tr><td colspan="6">____铁路运输企业收入管理部门 经办人：
年　月　日</td><td colspan="5">处理订正：
年　月　日　杂费收据号码</td></tr>
</table>

注：如有异议自行补收完了时，另附说明签章后寄回。

据发现少收票款，通知站段进行处理的通知书。本订正通知书应编号填发一式四份：一份由铁路运输企业收入管理部门留存，并登记到票据进款差错登记簿；另三份寄交站、段收入部门。站段收入部门收到本订正通知书后，登入票据进款差错登记簿，立即将订正通知书三份全部转交站、车、班组进行处理。站、车、班组收到本订正通知书后，应立即登入票据进款差错登记簿，查对原票据，复查确实后，自收到日起 30 日内处理完毕。

补款通知书（见表 6.6），是铁路运输企业收入管理部门审核客货票据时，发现计算错误少收运杂费，通知站、段向旅客或货主补收的凭证。一式三份，甲联由铁路运输企业收入管理部门留存；乙联和丙联寄交给车站。车站收到后，应立即登记并及时办理补收，办理完补收后，将乙联随杂费收据报告联上报，丙联由处理站粘附在原票站存联上存查。

表 6.6　　________铁路局　补款通知书

处理站段：________　　　　　　　　　　　　　　　　编号________

<table>
<tr><td colspan="2">票据种类</td><td colspan="2">票据号码</td><td colspan="3">填发日期</td><td colspan="2">发　站</td><td colspan="3">到　站</td></tr>
<tr><td colspan="2"></td><td colspan="2"></td><td colspan="3">月　日</td><td colspan="2"></td><td colspan="3"></td></tr>
<tr><td rowspan="3">原记载</td><td>品　名</td><td>实　重</td><td>计　重</td><td>类</td><td>项</td><td>号</td><td>运价率</td><td>运价</td><td></td><td></td><td>合计</td></tr>
<tr><td></td><td></td><td></td><td></td><td></td><td></td><td></td><td></td><td></td><td></td><td></td></tr>
<tr><td></td><td></td><td></td><td></td><td></td><td></td><td></td><td></td><td></td><td></td><td></td></tr>
<tr><td rowspan="2">订正</td><td></td><td></td><td></td><td></td><td></td><td></td><td></td><td></td><td></td><td></td><td></td></tr>
<tr><td></td><td></td><td></td><td></td><td></td><td></td><td></td><td></td><td></td><td></td><td></td></tr>
<tr><td colspan="4">记事：</td><td colspan="4">应　补　收</td><td></td><td></td><td></td><td></td></tr>
<tr><td colspan="4">站段收到本通知书日期：
年　月　日</td><td colspan="8">上述款项已于　月　日以杂费收据____号如数补收。</td></tr>
</table>

填发单位：　　　　　　负责人：　　　　　　经办人：　　　　　　年　月　日

退款通知书（见表 6.7），是铁路运输企业收入管理部门审核客货票据时，发现计算错误多收运杂费，通知站、段向旅客或货主办理退款的凭证。一式三份，甲联由铁路运输企业收入管理部门留存；乙联和丙联寄交给车站。车站收到后，应立即登记并及时办理退款，办理完退款后，将乙联随“车站退款证明书”上报，丙联由处理站粘附在原票站存联上存查。

表 6.7 退款通知书

______铁路局　　　　　　　　　　处理站段：

<table>
<tr><td>票据种类</td><td>票据号码</td><td>填发日期</td><td>发　站</td><td>到　站</td></tr>
<tr><td></td><td></td><td>月　日</td><td></td><td></td></tr>
</table>

<table>
<tr><td rowspan="3">原记载</td><td>品　名</td><td>实　重</td><td>计　重</td><td>类</td><td>项</td><td>号</td><td>运价率</td><td>运价</td><td></td><td></td><td>合计</td></tr>
<tr><td></td><td></td><td></td><td></td><td></td><td></td><td></td><td></td><td></td><td></td><td></td></tr>
<tr><td></td><td></td><td></td><td></td><td></td><td></td><td></td><td></td><td></td><td></td><td></td></tr>
<tr><td rowspan="2">订正</td><td></td><td></td><td></td><td></td><td></td><td></td><td></td><td></td><td></td><td></td><td></td></tr>
<tr><td></td><td></td><td></td><td></td><td></td><td></td><td></td><td></td><td></td><td></td><td></td></tr>
<tr><td colspan="4" rowspan="2">记事：</td><td colspan="4">应　退　还</td><td></td><td></td><td></td><td></td></tr>
<tr><td colspan="8" rowspan="2">上述款项已于　　月　　日以　　　号车站退款证明书退款。</td></tr>
<tr><td colspan="4">站段收到本通知书日期：
年　　月　　日</td></tr>
</table>

填发单位：　　　　　负责人：　　　　　经办人：　　　　　年　月　日

(4) 发、到站补收的铁路建设基金必须列原运输收入项目。

(5) 多、少收款超过 180 天无法处理时，少收款由责任者赔偿，责任者无力赔偿或少收款属单位责任的，由单位负责赔偿，在责任单位营业外支出科目列支。多收款转运营财务部门列营业外收入。

（五）迟交运输费用的处理

付款单位未按规定时间交付运输费用，或交付的转账支票空头，以及属于托运人、收货人责任发生的银行退票，均按迟交运输费用处理。发生欠款时，按欠交款单位分别填开“运输进款欠补款报告”，收回欠款时，按规定核收迟交金。发生和收回欠款均应在“运输进款收支报告”中单独列报。

运输进款欠补款报告（见表 6.8），是车站和铁路运输企业收入管理部门掌握托运人、收货人欠交运杂费的凭证。一式三份，甲联是欠款报告，乙联是补款报告，丙联是存根。各站发生的托运人、收货人欠款，应在当日按欠交单位分别填制本报告，列入“运输进款收支报告”的“运输进款欠补款报告欠款”栏内；收回欠款时，应列入“运输进款收支报告”的“运输进款欠补款报告补款”栏内。

表 6.8 ________铁路局　运输进款欠补款报告

________站　　　　　　　　　　　　　　　　　　　　年　月　日

<table>
<tr><td>票据名称</td><td>起　　号</td><td>止　　号</td><td>张　　数</td><td>款　　额</td></tr>
<tr><td></td><td></td><td></td><td></td><td></td></tr>
<tr><td></td><td></td><td></td><td></td><td></td></tr>
<tr><td></td><td></td><td></td><td></td><td></td></tr>
<tr><td colspan="3">合　　计</td><td></td><td></td></tr>
<tr><td>欠款单位名称</td><td colspan="4"></td></tr>
<tr><td>欠 款 原 因</td><td colspan="4"></td></tr>
<tr><td colspan="5">上项进款临时发生欠缴在　　月　　日运输进款收支报告内列报欠款。</td></tr>
<tr><td colspan="5">上项进款已在　　月　　日收回，列入运输进款收支报告内报缴，并以第　　号杂费收据核收迟交金　　　元。</td></tr>
</table>

主　管：　　　　　　　　　　　　　　　　　　　　制表人：

（六）托运人责任垫付款的处理

在运输过程中，对属于托运人责任造成的货物换装、整理、加固或包装补修发生的人工、材料费，车站应填开“垫款通知书”，使用运输进款垫支。垫款在1 000元以下的，冲减垫款本企业其他收入；垫款在1 000元及其以上的，由垫款运输企业列应收账款。垫款站应将“垫款通知书”及有关单据随货物交到站，由到站负责向收货人收回；垫款在 1 000 元以下的由收回垫款的运输企业列其他收入，垫款在1 000元及其以上的由收回垫款运输企业向支出垫款的运输企业清算。车站发生和收回上述垫款，均应在“运输进款收支报告”中单独列报，并附支付和收回垫款的通知书。

垫款通知书（见表 6.9）是中途站垫付属于托运人责任造成的货物换装、整理、包装补修等人工及材料费，用以通知到站向收货人收回垫款的单据。一式四联，甲联及所垫费用的报销单据（如装卸费收据、购买材料的发票等）随货票丁联送至到站；乙、丙联随“运输进款收支报告”报送铁路运输企业收入管理部门，乙联为本局运输收入管理部门的列账凭证，丙联由垫款铁路运输企业收入管理部门寄交到达铁路运输企业收入管理部门，以便核对收回垫款；丁联由垫款站留存，支出的垫款，登记在“运输进款收支报告”的支方。到站收到本通知书甲联，应在办理该批货物交付手续时，凭所附的报销单据，向收货人收回全部垫款，不再另开收据，收回的垫款登记在“运输进款收支报告”的收方，垫款通知书甲联随“运输进款收支报告”上报，对超过限额的垫款，收回垫款局要向垫款局清算。

表 6.9 ______铁路局 垫款通知书

编号________

致________站长　　　　　　　　　　站长________

下记垫款请向收货人收取　　年　　月　　日垫付　　　　（支出站）

<table>
<tr><td rowspan="3">原票据</td><td>种别</td><td></td><td>办理别</td><td></td><td>发站</td><td></td><td>货名</td><td></td></tr>
<tr><td>发送</td><td>月　日</td><td>运价付别</td><td></td><td>到站</td><td></td><td>件数</td><td></td></tr>
<tr><td>号码</td><td></td><td>托运人</td><td></td><td>收货人</td><td></td><td>重量</td><td></td></tr>
<tr><td colspan="4">包装方法及破坏程度</td><td colspan="5"></td></tr>
<tr><td colspan="2">垫款事由</td><td colspan="3"></td><td colspan="2">垫付款额</td><td colspan="2"></td></tr>
<tr><td colspan="9">附凭证　　件
上记垫款已于　　月　　日如数收讫
站长
（收回站）</td></tr>
</table>

（七）多、少缴款的处理

铁路运输收入管理部门审核、对账，发现车站、列车应缴款和实缴款不符时，按多、少缴款处理，填发“多、少缴款订正通知书”，并按权责发生制列账。多、少缴款订正通知书（见表 6.10），是铁路运输企业收入管理部门审核站、段“运输进款收支报告”与所附各种票据整理报告、收支单据、凭证，发现实缴数与应缴数不符，发生多、少缴款时，通知责任单位进行处理的凭证。由铁路运输企业收入管理部门填发，一式三份，一份留存，据以列账；另两份寄交责任单位据以办理补退款。站、段接到本通知后，应在 30 日内处理。补退款时，应在“处理结果”栏简要说明原因。退款时由领款人在“处理结果”栏签收。处理完毕后，一份留存，一份随“运输进款收支报告”报送铁路运输企业收入管理部门。补退款额分别在“运输进款收支报告”的收方“收回少缴款”栏和支方“处理多缴款”栏列报。

表 6.10 ______铁路局 多、少缴款订正通知书

处理单位________　　　　年　　月　　日　　　　编号________

<table>
<tr><td>项　目</td><td colspan="2">金　额</td><td rowspan="6">处理结果：</td></tr>
<tr><td></td><td>原　列</td><td></td></tr>
<tr><td></td><td>应　为</td><td></td></tr>
<tr><td></td><td>少　缴</td><td></td></tr>
<tr><td></td><td>多　缴</td><td></td></tr>
<tr><td colspan="3">摘要：</td></tr>
</table>

______收入管理部门______　制单______　　站、段长______　经办人______

年　月　日填发　　　　　　　　　　　　年　月　日处理

（1）少缴款处理期限不得超过30天，对超过期限未处理的少缴款，转同级运营财务部门先予垫付，由其向责任站、段扣款，在责任人工资内归还。

（2）多缴款超过180天未能处理时，转运营财务部门列营业外收入。

第三节　铁路运输收入进款的管理

一、铁路运输收入进款管理人员的配备

铁路运输收入进款管理人员是负责运输收入进款的保管、存汇及账表编报工作的专职人员，其职责包括以下几项：

（1）落实铁道部、铁路运输企业有关运输收入进款管理的各项规定和进款会计员岗位责任制，检查客货业务人员填制的票据进款交接单收支是否相等，所附凭证是否正确齐全，正确填报运输进款收支报告。

（2）协调当地银行关系，办理运输进款在车站运输收入银行账户的存入、核算、上缴工作，并对收、存、缴过程中的安全、完整及正确核对负完全责任。压缩资金在途。

（3）监督检查客货经办人员执行进款纪律的情况。

（4）按时向铁路运输企业收入管理部门上报规定的银行对账单、车站银行流转额表、运输进款收支报告和其他报表，对上报材料的正确性、及时性、规范性和清晰性负完全责任。按规定整理、装订各种单据和凭证并妥善保管。

铁路运输收入进款管理人员在工作中必须严格执行有关规章制度，遵守工作纪律：

（1）专职进款会计员和进款检查员不得直接从事客货业务。

（2）禁止压票压款，禁止以支票套取现金。

（3）禁止出现账外进款，严禁挪用、转移、截留、逾期列报运输收入进款。

（4）禁止弄虚作假，混列、乱列运输收入科目。

（5）禁止在运输收入进款专户内办理未经上级批准及与运输收入进款无关款项的收付业务。

二、铁路运输收入进款的存汇

（一）铁路运输收入进款专户的建立

运输收入进款银行专户的建立，应遵循安全、方便、快速的原则。车站必须在当地银行建立运输收入进款专户，以满足铁路运输收入进款存汇的需要。预付

款虽然不属于铁路运输收入进款，但其属于托运人、收货人为办理运输业务而预先交付给铁路运输企业的款项，对其亦应一律纳入运输收入进款专户管理。

车站当地无银行或者在当地银行建户不符合上述原则的，其运输进款应由铁路运输企业收入管理部门指定的列车寄送代缴站，由代缴站办理运输收入进款的存汇手续。代缴站与委存站以及银行（由银行负责拆封的）之间应签订代缴款协议。原则上委存站的运输收入进款不再单独建户，与代缴站运输收入进款使用同一银行账户。这种情况下的运输收入进款也可由运输收入管理部门派专车取送。

设立运输收入进款银行专户时，必须按规定向铁路运输企业（铁路局、专业运输公司。）提报开立银行账户审批表，经铁路运输企业收入管理部门审核后报财务部门批准建立。未经批准的运输收入进款专户，不得办理运输收入进款存缴业务。

（二）铁路运输收入进款专户的管理

铁路运输收入进款专户应与企业日常业务所设立的基本存款账户等严格分开，保持独立，所办理的收付业务的范围也要严格区分。应当做到以下几点：

(1) 各级运输收入进款存款专户均应建立“运输收入进款银行日记账”，车站必须按月将银行对账单报铁路运输企业运输收入管理部门进行审核。

(2) 运输收入进款必须坚持专户管理的原则，专户内不办理运输收入范围以外的其他收付款业务。

（三）站、段的运输收入进款的送存

为加速资金周转，提高运输收入进款资金的使用效率，对站、段必须按规定进行运输收入进款的送存。

(1) 站、段的运输收入进款必须在收款次日 12 点前送存银行，并按规定日期上缴上级运输收入管理部门。各级运输收入会计核算单位应按上级规定办法办理运输收入资金的缴拨。各级缴款单位必须努力压缩资金在途时间，加速资金周转。

(2) 各级运输收入存款专户的存款利息收入应在银行结息的当月列账，运输收入管理部门应按铁道部规定，根据每季度运输收入存款专户结息期内铁路建设基金占全部运输收入进款的比例，计算应缴铁路建设基金银行存款利息，全额报缴；其他存款利息列本企业利息收入。办理运输收入进款存汇所发生的相关费用支出由决算单位列财务费用，客货营业窗口找零备用金由决算单位财务部门提供。

三、铁路运输收入进款的结账与报账

（一）铁路运输收入进款的结账

车站、列车运输收入进款应遵守先交款后结账的原则，按日进行结账。结账

时间除特定者外，统一规定为18点。车站旅客售票结账时间为24点，旅客列车结账时间为本次乘务工作终了。当月运输收入进款应在当月列账。实行计算机售票和制票的车站、列车，直接收款人员必须在办理交款手续后方可打印结账报表。

（二）铁路运输收入进款的报账

站段客货车间每日的运输收入进款必须由客货业务人员与车站进款会计员当面交接，现金、支票必须当面点清。运输进款欠补款报告、后付凭证、退票（退款）报告和大客户预付款抵用清单等凭证也应核对无误，双方在票据进款交接单上签字。票据进款交接单一式两份，客货经办人和进款会计员各留一份。

结账时发生多出款，由责任者填写多缴款凭证，并应在票据进款交接单上列为多缴款；短少款由责任者赔补，不得以多补欠；事后发现结账差错，经办人应提出书面经过，经车站领导和进款会计员共同签章后报铁路运输企业收入管理部门处理。

委存站的运输收入进款由本站进款会计员与客货业务人员交接后汇总填制票据进款交接单一式三份，一份留存，另外两份随同填好的现金、支票存款凭证与进款一起封存后，寄送代缴站，由代缴站进款会计员和银行经办人员共同拆封点收。

银行不负责拆封的，应由代缴站进款会计员和站长指定的人员两人以上共同拆封。代缴站进款会计员在点收无误后，应在票据进款交接单上签字并随空款袋返回被代缴站（委存站）一份，另一份由代缴站自存。

代缴站发现委存站的实缴款与票据进款交接单不符的，应重新填制存款凭证。此时应先将运输收入进款送存银行，不得压款，然后再与委存站按代缴协议规定的方式联系处理。

站、段必须按日登记“运输进款收支报告”，做到收支正确，账款相符。“运输进款收支报告”、各种票据、收付款凭证及有关运输收入报表按规定日期分别向上级运输收入管理部门报账。

列车班组的结账时间为每次乘务终了，结账时应编制“车内补票移交报告”一式三份，一份留存，两份随票据存根页、报告页及交款时车站开具的客运杂费收据一并报本站、段运输收入管理部门。

车内补票移交报告（见表6.11），由列车值班员填报，是报告列车内补票交款的报表。

表 6.11　_____铁路局　车内补票移交报告

_____客运（列车）段　第_____次列车第____组　　年　月　日

票据种别	符号	起号	止号	张数	其中作废	金额	进款分项		金额
							1	补收票价	
							2	卧铺票价	
							3	卧铺订票费	
							4	补票手续费	
							5	补超重运费	
							6	候车室空调费	
							7	客票系统发展金	
合　计							8		
附记： 1.附收回原票　张 2.处理铁路局订正、凭证第　号 3.交款收据第　号 4.补无票　人 5.补超重　批　公斤							9	合计	
							10	溢收款	
							11	补交订证、凭证款	
							12	收回少缴款	
							13	退出订证、凭证款	
							14	发生少缴款	
							15	净交款额（9+10+11+12−13−14）	

列车长_____　　　签收人_____　　　月　日收

四、铁路运输收入进款的动支范围

前已述及，铁路运输收入进款实行专款专用、专户存储，一般情况下，铁路运输各级部门均无权动用，只有在下列情况下，才允许按规定办法和手续，动用运输收入进款：

1. 铁道部规定支付的待结算款

铁路运输企业核收的，可直接作为本企业营运收入的运输收入进款；各铁路运输主体之间相互提供劳务，需结算的款项；联合运输所需结算的运杂费等，实际结算时可以直接动用运输收入进款。

2. 垫付旅客和路外人员意外伤亡、急救或埋葬费

铁路运输过程中，由于种种原因发生了旅客或路外人员意外伤亡事故，需要支付现金用于事故处理的，一般应由就近车站负责办理。此种情况下，允许办理事故处理事项的车站使用运输收入进款予以垫付，事后由直属站和车务段或铁路运输企业归还。但直属站和车务段所在地车站不允许使用运输收入进款垫付此类款项。

3. 铁路运输企业批准垫付自然灾害急需款

非直属站和车务段所在地车站（或区间）因发生自然灾害而急需用款时，依

据铁路运输企业电报、命令，经铁路运输企业收入管理部门批准，在办理相关手续后，允许以运输收入进款垫付，事后由铁路运输企业归还。

4. 垫付托运人责任的途中货车整理换装费和包装补修费

若货物在运输途中，由于托运人责任发生货物装载不良、包装不良，从而危及到行车和货物安全，需要在中途站进行货物换装、整理、加固或包装补修等作业时，所发生的人工费、材料费等支出，允许由处理站动用运输收入进款予以垫付。发生垫款时，应填发“垫款通知书”，附人工费、材料费支出等的原始单据寄交货物到站，由到站负责向收货人核收。但承运人责任的该项费用不准垫支，应单独统计由装卸部门直接向站段清算。

5. 垫付保价行李、包裹赔偿款

因铁路部门责任造成保价运输的行李、包裹发生损失而需要赔偿时，可以动用运输收入进款予以垫付。

6. 支付代收款

对于运输收入进款中应清算给其他单位的代收款项，支付时可以动用运输收入进款。

7. 支付行李、包裹、货物运到逾期违约金

按照铁路规章规定，由于铁路责任造成行李、包裹、货物超过运到期限时，铁路部门应向旅客或收货人支付逾期违约金。发生这种情况时，需要由到站填制“车站退款证明书”，动用运输收入进款，向旅客或收货人支付。

8. 退还旅客和托运人、收货人的客货运输费用

车站由于计费有误、计算错误等原因，而在客货票据上多收旅客和收、发货人的票价及运杂费时，应动用运输收入进款向旅客和收、发货人办理退款。

当车站需要以运输收入进款垫付旅客或路外人员意外伤亡的急救医疗、埋葬费，行李、包裹损坏修理费，自然灾害急需款，以及保价行李、包裹赔偿款时，应填制“运输进款动支凭证”。该凭证由动支运输收入进款的车站填制，一式四份，一份留存、一份附有关支付款单据报主管单位，两份随“运输进款收支报告”报铁路运输企业收入管理部门。“运输进款动支凭证”格式如表 6.12 所示。

表 6.12　______铁路局　运输进款动支凭证

垫款日期	垫款项目	垫款原因及参加人姓名、职名、工作单位	金额

______车站站长______　　经办人______　　附件______张

年　　月　　日

五、代收款的管理

铁路运输企业受其他单位的委托为其代收费用时，双方应当签订代收协议，代收方须按规定日期向委托方办理清算。

运输收入管理部门负责代收款的管理，按规定的运输收入会计科目进行核算，并负责向对方办理清算。办理各项代收款业务除铁道部另有规定者外，经双方协商同意可核收代办手续费，代办手续费标准由双方共同商定。收取的代办手续费作为企业其他业务收入核算，按规定交纳税金。

六、运输进款收支报告的填报

运输进款收支报告是车站每日办理运输收入进款收支活动的总结性报告，它完整、全面、详尽地反映了车站运输收入进款的情况，是运输收入进款会计核算的重要依据。

（一）票据整理报告的填报

（1）车站客货营业窗口业务人员应于本班工作终了，按照所办理客货业务使用的票据类别进行整理，如实填报“票据整理报告”。

票据整理报告是车站向铁路运输企业报告各种填写式册页票据的报表，分类反映客货运输收入进款的情况，是填报“票据进款交接单”的依据。本报告按每一种票据分别整理填报。

根据客货票据种类的不同，票据整理报告的格式、内容略有差异。例如售出电子客票整理报告、区段票整理报告、定额票据整理报告（运杂费收据整理报告）、发送货票整理报告（整车）等，分别如表 6.13、表 6.14、表 6.15、表 6.16 所示。

表 6.13　铁路局______车站　　_____售票处售出电子客票整理报告

（　　年　月　日至　　年　月　日）

窗口名	票符	起票号	止票号	总张数	废票张	实售张	票价合计	其中									发售本站票价收入	异地票款合计
								管内	直通	卧铺票订票费	候车室空调费	软票费	季节浮动	其他铁路	车次加价	优惠款		

站长：　　　　制表：　　　　出表时间：　　　年　月　日

表 6.14 ______铁路局 （区段票）票据整理报告

________站　　　　　　　　　　　　　　　　　　年　月　日

<table>
<tr><td rowspan="2">票据名称</td><td colspan="3">票 号</td><td rowspan="2">张 数</td><td rowspan="2">其中作废</td><td rowspan="2">人数重量</td><td rowspan="2">金 额</td><td rowspan="2">附注</td></tr>
<tr><td>符号</td><td>起号</td><td>止号</td></tr>
<tr><td></td><td></td><td></td><td></td><td></td><td></td><td></td><td></td><td></td></tr>
<tr><td></td><td></td><td></td><td></td><td></td><td></td><td></td><td></td><td></td></tr>
<tr><td colspan="4">合 计</td><td></td><td></td><td></td><td></td><td></td></tr>
</table>

<table>
<tr><td colspan="8">进 款 项 目</td></tr>
<tr><td rowspan="20">客运收入</td><td>顺号</td><td>项 目</td><td>金额</td><td rowspan="4">保价收入</td><td>顺号</td><td>项 目</td><td>金额</td></tr>
<tr><td>1</td><td>旅客票价收入</td><td></td><td>20</td><td>行李保价费</td><td></td></tr>
<tr><td>2</td><td>行李运费收入</td><td></td><td>21</td><td>包裹保价费</td><td></td></tr>
<tr><td>3</td><td>包裹运费收入</td><td></td><td>22</td><td></td><td></td></tr>
<tr><td>4</td><td>卧铺订票费</td><td></td><td rowspan="15">代收款</td><td>23</td><td>旅游包车停留费</td><td></td></tr>
<tr><td>5</td><td>车站候车室空调费</td><td></td><td>24</td><td>行李装卸费</td><td></td></tr>
<tr><td>6</td><td>客票系统发展金</td><td></td><td>25</td><td>行李搬运费</td><td></td></tr>
<tr><td>7</td><td></td><td></td><td>26</td><td></td><td></td></tr>
<tr><td>8</td><td></td><td></td><td>27</td><td></td><td></td></tr>
<tr><td>9</td><td></td><td></td><td>28</td><td></td><td></td></tr>
<tr><td>10</td><td></td><td></td><td>29</td><td></td><td></td></tr>
<tr><td>11</td><td></td><td></td><td>30</td><td></td><td></td></tr>
<tr><td>12</td><td></td><td></td><td>31</td><td></td><td></td></tr>
<tr><td>13</td><td></td><td></td><td>32</td><td></td><td></td></tr>
<tr><td>14</td><td></td><td></td><td>33</td><td></td><td></td></tr>
<tr><td>15</td><td></td><td></td><td>34</td><td></td><td></td></tr>
<tr><td>16</td><td></td><td></td><td>35</td><td></td><td></td></tr>
<tr><td>17</td><td></td><td></td><td>36</td><td></td><td></td></tr>
<tr><td>18</td><td></td><td></td><td>37</td><td></td><td></td></tr>
<tr><td>19</td><td></td><td></td><td colspan="2">合 计</td><td></td><td></td></tr>
</table>

制 表：　　　　　　　　总 检：　　　　　　　　收入审核：

表 6.15　____铁路局　运杂费收据整理报告

________站　　　　　　　　　　　　　　　　　　　　　　年　月　日

票号			张数	其中作废	金额	附记
符号	起号	止号				
合计						

进款项目

	顺号	项目	金额
客运收入	1	旅客票价收入	
	2	行李运费收入	
	3	包裹运费收入	
	4	列车车补收入	
	5	客票系统发展金	
	6	车站候车室空调费	
	7	到站补收无票票价	
	8	到站补收超携运费	
	9	到补行包不符运费	
	10	保管费	
	11	补票手续费	
	12	稽查堵漏	
	13		
	14		
	15		

	顺号	项目	金额
客运收入	16	行李保价费	
	17	包裹保价费	
	18		
	19	旅游包车停留费	
	20	行李装卸费	
	21	行李搬运费	
	22		
保价收入	23		
	24		
代收款	25		
	26		
	27		
	28		
	29		
合计			

制　表：　　　　　　　　总　检：　　　　　　　　收入审核：

表 6.16 ＿＿铁路局 发送货票整理报告（整车）

＿＿站　　　　　　　　　　　　　　　　年　月　日

<table>
<tr><td rowspan="2">票种</td><td rowspan="2">票符</td><td colspan="4">货票张数</td><td colspan="5">货物重量</td></tr>
<tr><td>起号</td><td>止号</td><td>总张数</td><td>废票</td><td colspan="2">合计</td><td>其中分区管内</td><td>路局管内</td><td>直通</td></tr>
<tr><td></td><td></td><td></td><td></td><td></td><td></td><td colspan="2"></td><td></td><td></td><td></td></tr>
<tr><td></td><td></td><td></td><td></td><td></td><td></td><td colspan="2"></td><td></td><td></td><td></td></tr>
<tr><td></td><td></td><td></td><td></td><td></td><td></td><td colspan="2"></td><td></td><td></td><td></td></tr>
<tr><td colspan="6">换算箱</td><td colspan="2"></td><td></td><td></td><td></td></tr>
<tr><td colspan="2">费　别</td><td>合计</td><td>分区管内</td><td>路局管内</td><td>直通</td><td>费别</td><td>合计</td><td>分区管内</td><td>路局管内</td><td>直通</td></tr>
<tr><td colspan="2"></td><td></td><td></td><td></td><td></td><td></td><td></td><td></td><td></td><td></td></tr>
<tr><td colspan="2"></td><td></td><td></td><td></td><td></td><td></td><td></td><td></td><td></td><td></td></tr>
<tr><td colspan="11">总合计：　　　其中分区管内合计：　　　其中路局管内合计：　　　直通：</td></tr>
</table>

站长：　　　　　　货运主任：　　　　　　经办人：

（2）车站客运营业窗口业务人员应于本班工作终了，根据旅客退票情况，如实填报“退票报告”，如表 6.17 所示。

表 6.17 ＿＿＿铁路局 退票报告

＿＿＿站　　　　　　　　　　　　　　　　年　月　日

退票时间	原客票										人数		原收						应收						应退票价	核收退票费	净退款额	退票理由
	种别	座别	符号	票号	张数	乘车日期	车次	担当局	发站	到站	全价	半价	基本票价	季节浮动	候车室空调费	卧铺订票费	软票费	小计	基本票价	季节浮动	候车室空调费	卧铺订票费	软票费	小计				

随缴附件：

站长＿＿＿＿＿　　　　经办人＿＿＿＿＿　　　　原客票＿＿＿张

退票报告是车站在按规定手续办理退票后，向铁路运输企业报告核退旅客票款的报告，也是填报“票据进款交接单”的依据。本报告按日根据所退车票票面记载逐项填制，一式三份，其中一份由车站留存，两份按规定日期随所退车票上报铁路运输企业收入管理部门，由其审核后将其中的一份报统计部门，另一份作为记账依据。

（二）票据进款交接单的填报

票据进款交接单（见表 6.18），是车站各营业窗口与本站进款室（代缴站）办理运输收入进款交接时的凭证。由各客货营业窗口根据当日客货运收入业务填制，并以此作为与进款人员办理交接的记录。

表 6.18 ______铁路局 票据进款交接单

______站 年 月 日

票据名称及进款项目	符号	起号	止号	张数	款额	进款及支付项目	款额
卡片式车票进款	—	—	—			现金	
代用票进款						支票	
电子车票进款							
区段票进款							
行李票进款							
包裹票进款						小　计	
客杂收据进款						退票报告退款	
现付货票进款						退款证明书退款	
						预付款抵用	
货杂收据进款							
客货定额收据进款							
						迟交欠款	
收回垫付款							
预付款							
收回货主迟交款							
溢收款							
合　计						合　计	

交款人（签章）： 收款人（签章）： 月 日

（1）将各“票据整理报告”的汇总金额，分票种对应填列到票据进款交接单的收方项目中。结账时出现账实不符的，对于多出款，应在当日列账上缴，严禁保留账外资金；对于短少款，应由责任者当时赔补，并列账上缴。

（2）将“多少缴款订正通知书”、“票价订正通知书”、“补款通知书”、“退款通知书”上所列金额，对应填列到票据进款交接单的相应项目中。

(3) 将使用杂费收据或“车站退款证明书”办理的补退业务的金额，填列到票据进款交接单的相应项目中。

(4) 将“退票报告”所列金额，填列到票据进款交接单的相应项目中。

票据进款交接单收方、支方合计必须相等，收支平衡。

票据进款交接单要求于每日结账后填制一式两份，连同有关收支单据和进款一并交进款室，其中的一份由进款室凭以登记“运输进款收支报告”，另一份经进款室签收后返回营业窗口留存。

（三）运输进款收支报告的填报

车站进款会计员应根据“票据进款交接单”的项目，按日汇总，并分项登记“运输进款收支报告”，做到分类数据正确，收支清楚，字迹清晰，内容及应附的凭证完整，报送及时。“运输进款收支报告”的应缴款数额与实际进款数额应核对相符。

运输进款收支报告（见表 6.19）是反映车站每日办理运输进款收支活动的报告，用以向铁路运输企业收入管理部门报账；车站必须指派专人，按日据实填写本报告；本报告一式两份，一份由车站留存，另一份连同支出票据、凭证，按照规定日期报送铁路运输企业收入管理部门；本报告每日的收支必须平衡，各项收入金额与支出金额必须与有关票据整理报告和相应的单据、凭证相符。

表 6.19　＿＿＿＿铁路局　运输进款收支报告

＿＿＿＿站　　　　　　　　　　　　　　　　　　年　　月

收支项目 \ 款额 \ 报告日期		1日	2日	…	月计	核　对　关　系
收入	1.卡片式车票进款					售出（ ）卡片式车票报告
	2.电子车票进款					（ ）票据整理报告
	3.代用票、区段（市郊）票进款					（ ）票据整理报告
	4.行李票进款					（ ）票据整理报告
	5.包裹票进款					（ ）票据整理报告
	6.发送现付货票进款					（ ）票据整理报告
	7.客运运杂费收据进款					运杂费收据整理报告
	8.货运运杂费收据进款					运杂费收据整理报告
	9.路内装卸费收据进款					（ ）票据整理报告
	10.路外装卸费收据进款					（ ）票据整理报告

续表 6.19

______站　　　　　　　　　　　　　　　　　　　　年　月

收支项目 \ 款额 \ 报告日期		1日	2日	…	月计	核对关系
收入	11.客货定额收据进款					( )票据整理报告
	12.收回垫款					垫款通知书
	13.收回迟交运杂费					运输进款欠补款报告
	14.收回动支凭证款					运输进款动支凭证
	15.溢收款					
	16.预付款					预付款存入凭证
	17.银行利息					
	18.多缴款					多、少缴款订正通知书
	19.收回少缴款					多、少缴款订正通知书
	20.车补进款					车内补票移交报告
	21.					
	22.					
	收入合计					
支出	1.应汇缴铁路局款					
	2.退还旅客票价					( )退票报告
	3.退运还杂费					车站退款证明书
	4.退款凭证退款					退款通知书
	5.旅客、货主责任垫款					垫款通知书
	6.迟交运杂费款					运输进款欠补款报告
	7.动支凭证支付款					运输进款动支凭证
	8.少缴款					多、少缴款订正通知书
	9.预付款抵用					预付款抵用（退款）凭证
	10.处理多缴款					多、少缴款订正通知书
	支出合计					
	解缴银行款					
	车站开出支票退款					
	实汇款					
	处理多收款					
记事				迟交款月末余额		（附清单）
				预付款月末余额		（附清单）
				月末欠汇款		

年　月　日填报　车站站长________　经办人_______　审核人______

为反映车站运输收入进款专户银行收支活动情况，车站进款出纳员还应按旬填制运输进款收支报告附表一式两份，一份由车站留存，另一份上报铁路运输企业收入管理部门。

代缴款站还应同时填制“代缴款站存入银行运输进款汇总表”一式两份，一份由车站留存，另一份上报铁路运输企业收入管理部门。

运输进款收支报告附表（见表 6.20），是反映车站运输收入进款专户银行收支活动的报告，用以向铁路运输企业收入管理部门报账。该表根据本站运输收入专户运输收入进款存入、支出凭证按日分类汇总填制，每日的收支必须平衡，银行结余必须与银行核对相符，即运输进款收支报告附表每日银行结余必须与银行对账单余额相等。

表 6.20　＿＿＿铁路局　运输进款收支报告附表

＿＿＿站　　　　　　　　　　　　　　　　　　　　年　月上旬

顺号		项　目	1 日	2 日	…	上旬计
一		应汇缴铁路局款				
二银行收入	1	送存当月进款				
	2	送存上月未送存款				
	3	减：银行未入账款				
	4	收银行未入账款				
	5	收银行少记账款				
	6	银行多记账款				
	7	收银行退回支票款				
	8	未退出支票款				
	9	银行利息				
	10					
	11					
	12					
	13	1～12 项合计				
三银行支出	14	上缴款				
	15	支票退款				
	16	银行少记账款				
	17	支银行多记账款				
	18	银行退回支票款				
	19	支未退出支票款				
	20	银行汇款手续费				

续表 6.20

________站　　　　　　　　　　　　　　　　　　　年　　月上旬

顺号		项　　目	1 日	2 日	…	上旬计
三	21					
	22					
	23					
	24					
	25	14～24 项合计				
四	26	上期银行结余				
五	27	本期银行结余				
上月银行未入账款						
上月未送存银行款						
本月银行未入账款						
本月未送存银行款						

年　　月　　日填报　　　　车站站长：　　　　　经办人：　　　　　审核：

第四节　铁路运输收入事故

对于运输收入管理过程中出现的事故，应按照有关规章制度的规定进行妥善处理，尽量减少损失。

一、事故分类与等级

（一）运输收入事故的种类

运输收入事故分为现金事故、票据事故和坏账损失三种。

(1) 现金事故，导致现金丢失、被盗、被抢劫的事故。

(2) 票据事故，指在印制、保管、发放、寄送、运输和使用过程中所发生的铁路客货运输票据丢失、灭失、被盗、短少等类事故。

使用过的发送、到达铁路客货运输票据和印刷过程中的半成品，发生丢失、灭失、被盗、短少时，也属于票据事故。

(3) 坏账损失，指因相关业务人员失职导致运输收入进款无法收回而造成的损失。

（二）运输收入事故的等级

运输收入事故分为一般事故、大事故和重大事故三种。

（1）一般事故，指事故损失金额不足1万元的运输收入事故。

（2）大事故，指事故损失金额在1万元及其以上，不足10万元的运输收入事故。

（3）重大事故，指事故损失金额在10万元及其以上的运输收入事故。

二、事故损失金额的计算

上述运输收入事故分类中所指的事故损失金额，应按以下规定进行确定：

（1）现金、银行票据和坏账损失按实际损失金额计算。

（2）卡片式车票和印有固定金额的票据，按票面金额计算。

（3）区段票每张按剪断线最高数额计算。

（4）代用票按每组1 000元计算。

（5）计算机软纸票按每张1 000元计算。

（6）行李票、包裹票、客运杂费收据等未印金额的票据按每组500元计算。

（7）各种货票、货运杂费收据等未印金额的票据按每组1 000元计算。

（8）对使用过的到达铁路客货运输票据事故的金额按上述相应票据计算。

（9）对使用过的发送铁路客货运输票据事故金额能确定运输收入实际损失的，按造成的运输收入实际损失计算，不能确定实际损失的按上述相应票据计算。

三、事故的处理

发生运输收入事故时，应保护好现场，并立即电告运输收入管理部门和公安部门，及时组织破案。

事故发生后应于5日内向本企业运输收入管理部门提出“运输收入事故报告表”并附责任人书面材料，重大、大事故应及时书面报告铁道部。发生运输收入事故除经济赔偿外，可视情节轻重对责任者给予行政处分，情节严重的应追究主管领导的行政责任。

一般事故由站、段处理，并报本企业收入管理部门备案。

重大、大事故由铁路运输企业处理，并报铁道部运输收入管理部门备案。

运输收入事故报告表（见表6.21），是发生运输收入事故后，事故单位向铁路运输企业报告的凭证。

表 6.21 ________铁路局　运输收入事故报告表

<table>
<tr><td colspan="2">发生时间</td><td colspan="2"></td><td colspan="2">发生地点</td><td colspan="2"></td></tr>
<tr><td colspan="2">实物损失</td><td colspan="2"></td><td colspan="2">折算金额</td><td colspan="2"></td></tr>
<tr><td colspan="2"></td><td colspan="2"></td><td colspan="2">事故等级</td><td colspan="2"></td></tr>
<tr><td>责任单位</td><td colspan="2"></td><td>责任者姓名</td><td></td><td colspan="2">职务</td><td></td></tr>
<tr><td>事故概况</td><td colspan="7"></td></tr>
<tr><td>初步分析</td><td colspan="7"></td></tr>
<tr><td rowspan="4">参加分析人员</td><td colspan="3"></td><td colspan="2"></td><td colspan="2"></td></tr>
<tr><td colspan="3"></td><td colspan="2"></td><td colspan="2"></td></tr>
<tr><td colspan="3"></td><td colspan="2"></td><td colspan="2"></td></tr>
<tr><td colspan="3"></td><td colspan="2"></td><td colspan="2"></td></tr>
</table>

单位公章：　　　　　　主管：　　　　　　提报日期　　　年　　月　　日

四、事故的经济赔偿

发生运输收入事故造成的经济损失须由责任者和责任单位赔偿，责任者无力赔偿的部分由事故发生单位负责赔偿，收回的事故赔款列原科目，其中票据事故赔款列其他收入。

五、事故的处罚

因玩忽职守构成运输收入事故的，按以下规定处罚：

（1）发生运输收入事故时，必须按《铁路运输收入管理规程》的有关规定，向有关部门报告。隐瞒事故的，对单位给予通报批评，对单位负责人视情节给予警告至记过处分。

（2）对发生事故的直接责任人，根据事故的等级给予行政处分：

① 构成一般事故的，给予警告处分，其中情节轻微的，免予处分。

② 构成大事故的，给予记过处分。

③ 构成重大事故的，给予记大过至留用察看、开除的处分。

第七章 国际联运收入管理

第一节 国际联运概述

国际联运分为“国际铁路货物联运”和“国际旅客联运”两种。后者称国际旅客联运是因为参加这个联运组织的除各参加国铁路部门之外，还有部分海运轮船公司。参加国际铁路货物联运的各国铁路共同签订了《国际铁路货物联运协定》(简称《国际货运》),参加国际旅客联运的各国铁路和有关轮船公司共同签订了《国际旅客联运协定》(简称《国际客协》)。

一、国际铁路货物联运概述

凡在跨国（两个及其以上国家）铁路的货物运送中，由参加国家铁路共同使用一份运物票据，并以连带责任办理的全程铁路运送，就称为国际铁路货物联运(International Railway Through Goods Traffic)。

国际铁路货物联运是通过几个国家的铁路连续不断地运送，或以不同的运输方式衔接运送到目的地。其特点是:

1. 涉及面广，要求标准高

国际铁路货物联运是涉及多个国家铁路运输的一种国际联合运输形式，由于在运送货物时要顾及各参加国铁路的设备条件、运输组织方式和相关的法规制度，从而也决定了该项业务的复杂性。特别是有关国际联运的规章条款既繁多又复杂，在办理国际联运时，其运物票据、货物、车辆及有关单证都必须符合国际铁路联运的规定和有关国家的政策法规。

2. 使用一份铁路联运票据完成货物的跨国运输，节省人力，减少货损

在国际联运中，参加联运国家铁路作为统一的承运人，承担连带责任，使用一份票据对发货人（即托运人，系《国际铁路货物联运协定》中的称谓，下同）或收货人负责办理从一国铁路始运站至另一国铁路终到站的全过程运输。即使是在两国铁路移交货物时，其交接工作也纯属联运国铁路之间的内部作业而无需发货人或收货人参加。

3. 在运输责任方面采用统一责任制，减少中间环节，简化手续

自铁路承运货物起到交付货物或到达某一转发送车站时止的全部运送过程，

无论国际铁路联运货物的灭失、毁损、短少等或延迟交付的责任是发生在哪一个参加联运国铁路区段，均按参加联运国铁路共同签署的《国际铁路货物联运协定》中的连带责任条款对发货人或收货人负责。

4. 仅使用铁路一种运输方式，时间性强

国际铁路货物联运不涉及其他运输方式的参与，只使用铁路运输一种运物形式，在运输的连贯性、持续性等方面有特定的优势，并具有铁路运输时间性强的特点。

有些货物甚至不经换装就可实现长距离的路途跨国运输而运抵目的地，减少装卸环节。

截止到 2005 年底，我国铁路办理国际联运业务的铁路运输企业有 18 个，车站 5 752 个，2005 年通过国际联运进出口货物运量为 4 580.3 万 t。

我国国际铁路联运的领导和管理机关是铁道部，由运输局和国际合作司（原外事局）负责日常和具体的工作。主要分工是：国际合作司负责国际铁路联运规章的制定，运输计划的对外商定，对各铁路运输企业日常联运事宜的管理，以及同铁组总部的联系。运输局根据与国外铁路商定的运输计划，具体负责国际联运计划的审批和日常的运输指挥调度。各铁路运输企业具体负责国际联运的日常组织和口岸站的工作。铁道部在波兰的华沙铁组总部派有常驻人员，代表中国铁路参与国际联运的管理和协调工作。在各铁路国境车站所属的铁路运输企业，都设有国际铁路联运的专管机构（国际联运处、国际联运办公室）。

二、国际铁路旅客联运概述

凡两个国家或两个以上国家铁路间按国际联运票据办理的旅客、行李和包裹的运送，即为国际旅客联运。参加旅客、行李和包裹联运的铁路间，负有相应的责任。为了做好国际铁路旅客、行李和包裹的直通联运，明确规定各铁路的利益和责任，参加国际联运的各国铁路中央机关，缔结了《国际旅客联运协定》（简称《国际客协》）。目前参加此协定的国家达到 21 个。

国际铁路旅客联运是指发到站不在同一国的旅客、行李和包裹铁路运输，包括海铁联运。下列情况不属于国际联运：

（1）发、到站都在同一国内。

（2）发、到站都在同一国内，只是用发送国的列车、车厢过境另一国运送。

（3）两国车站之间，用发送国或到达国铁路列车、车厢过境未参加国际客协的第三国运送。

国际旅客联运规章规定，国际旅客联运仅限在适用的运价规程中列载的各车站间办理，而且只能经由各国铁路在适用的运价规程中公布的国境站。为此，各国铁路应在适用的运价规程中公布本国铁路办理国际旅客联运业务的车站站名及其至各国境线的里程。我国铁路目前经国家正式批准开通的铁路客运边境口岸(不含办理对港运输的口岸）共有7个，分别是：二连、丹东、绥芬河、满洲里、凭祥、阿拉山口、河口。

第二节　国际联运收入管理

一、国际联运票据

（一）国际货运联运票据

国际铁路货物联运，其运输方式区别于我国的国内铁路货物运输（主要区别在于使用一份单据跨越各个国家的全程运输和连带铁路责任)，所以，使用的运输单据与国内运输单据不同，必须使用《国际货协》统一制定的《国际货协》运单。

《国际货协》运单是由《国际货协》参加国铁路统一制定使用，填写时使用发运国文字和《国际货协》工作语文（现工作语文是中文、俄文)。

《国际货协》运单具有如下功能：

① 它是发、收货人（货主）与铁路间缔结的运送契约，具有法律效力，发货人填制好运单，盖上发货人章交付车站，发运站盖上带有日期的发运章后，即为签订运输合同。

② 它是国际铁路货物联运铁路连带责任的确认，在发运国铁路、通过国铁路和到达国铁路（应都是《国际货协》的参加路和适用路）接受运单后，都应对运输承担《国际货协》和连带责任的义务。

③ 它是用以银行议付货款、信用证核销的法律文件。

④ 它是发货人用以报销运费的财务文件。

1.《国际货协》运单的组成

运单分为以下三种：

(1) 运单正本由运单正本、运行报单、运单副本、货物交付单和货物到达通知单等五联组成：

发货人为报销运费可自行填写一份印有运单抄件（报销运费）的不带号码的补充运行报单。此时，发货人应在运单副本（运单第3联）背面“应向发货人核收的总额（大写)”栏内加盖（运费报销无效）字样的戳记。运单副本上无上述戳记时不给抄件。

（2）发货车站带号码的补充运行报单，必须由发站填写，一式三份：一份留站存查，一份报铁路运输企业，一份随同货物至出口国境站截留。带号码的补充运行报单上印就的号码即为批号（也即运单号），应填入运单和不带号码的补充运行报单“25.批号”栏内。

出口国境站应对带号码的补充运行报单同运单记载的运送费用负责核对、检查，如费用数字相符，上述运行报单即留存该站（保存一年）。如不相符，应在带号码的补充运行报单“91.有关计费记载”栏内作出相应记载，并将其寄送发送企业财务部门处理。如发现缺少带号码的补充运行报单，应将不带号码的补充运行报单复制一份，并在第 91 栏作相应记载后寄发送企业财务部门处理。

（3）铁路内部用无号码的补充运行报单的使用：

用途：每通过一个过境国加抄一份作清算单；

程序：发站→出口国境站→过境站。

货物由我国港口站运入，过境我国铁路运送时，港口站应多编制一份不带号码的补充运行报单，以便我国出口国境站截留后对外清算过境运送费用（我国现在的做法：在港口站由代理人实交运费，不再施行对外清算过境运送费用）。

2.《国际货协》运单填写说明

（1）运单各联和补充运行报单以及慢运和快运的票据，都不得相互代用（目前我国不执行快运）。

（2）运单中规定由发货人填写的各栏和不带号码的补充运行报单中相应各栏均由发货人填写并添附俄文译文（除发往越南、朝鲜两国可只填写中文外）。运单中的由发站和中途站填写的各栏和补充运行报单中相应各栏，由发站和中途站添附译文。

我国出口货物在运单第 5 栏“收货人，通信地址”和第 8 栏“到达路和到站”中，除用中文和俄文译文填写外，发货人根据需要，也可加附贸易合同用的文字。我国发货到未参加《国际货协》的铁路，在运单第 4 栏“发货人的特别声明”中，记载最终到站的实际收货人和他的通信地址时，也可加附贸易合同用的文字。

中朝、中越铁路间运送的货物，可以仅用本国文字和中文填写，不附俄文译文。

我国铁路自用的带号码的补充运行报单，可仅用中文，不附俄文译文。

（3）运单和补充运行报单中记载的事项，应用钢笔、圆珠笔填写清楚，或用打字机打字、印刷或加盖戳记。加盖戳记印文应十分清晰。填写文字必须正确，不得自造简称或简化字。除对特定的危险货物以外，不应加盖红色戳记或用红色墨水、圆珠笔填写（现在有些口岸要求运单必须用微机打印，如阿拉山口/多斯特克）。

发货人在运单记载的事项中，不准有划消或贴补以及擦改或涂抹等类的任何修改。在特殊情况下作修改时，不得超过一栏或相互关联的两栏。此时，发货人应在“发货人的特别声明”栏内注明运单已作修改，并签字或加盖戳记证明。

（4）向发货人返还货物或空容器时，应以原批货物运单中的原到站为发站，并沿用原运单上的收货人带号填写“发货人，通信地址”。

（5）如运单篇幅不足，不能将有关货物的记载事项记入第9～13栏内，以及有关集装箱和运送用具的记载事项记入第18栏和第19栏，则应在运单第1～5联和每张补充运行报单上，各添附一份篇幅相当于运单的补充清单。在补充清单上，按每栏分别记载其所需的有关事项。在运单第9～11栏或第18栏和第19栏内，注明“记载事项见补充清单”。在运单第12栏和第13栏内，注明货物共计件数和总重量。

在运单“发货人的特别声明”和“发货人的添附文件”栏篇幅不足时，发货人也可以添附补充清单。

在上述各种情况下，发货人均应在补充清单上签字，并在运单“发货人添附的文件”栏内注明添附补充清单的份数。

发货人还应向发站提交必要份数的补充清单，以便添附在补充运行报单上。

补充清单也同运单和补充运行报单一样应用发送国文字填写，并附俄文译文，但中朝、中越间运送货物时，不附俄文译文。

（6）过境《国际货协》参加路运送的货物，发货人应按《国际铁路货物联运通用货物品名表》填写货物名称，并在其下注明货物品名表的货物代码。如品名表中无该货物名称，则发站应填写产品分类表的类项。大吨位集装箱货物只记载“集装箱”，不记载货物类项。

（二）国际旅客联运客票

1．乘车票据

国际联运中规定的乘车票据包括：客票、卧铺票和附加费收据。乘车票据的样式分为两种：一种是人工票（它是传统的乘车票据，主要在没有实现电子计算机联网的国家铁路发售）；另一种是电子票（它是与西欧国家铁路样式基本统一的乘车票据，主要在独联体成员国波罗的海3国铁路发售）。我国铁路目前只发售一种乘车票据，但同时承认其他国家发售的电子票。

册页票本，由票皮和相应的乘车票据（册页客票、卧铺票和附加费收据）组成，并按客票卧铺票和附加费收据的顺序订入票皮。册页票本中必须有票皮和客票，如缺少票皮或客票，视为无效，发现后应予没收。

（1）客票。客票是证明铁路同旅客间缔结运输合同的基本票据。《国际客协》的客票为册页客票，如果有个别国家铁路间有单独协议，也可采用卡片客票。

客票按填写方法分为固定册页客票和补充册页客票；按等级分为软席车（1等）票和硬席车（2 等）票；按乘车方向分为单程客票和往返客票；按乘车人数分为散客票和团体客票。

册页票本的票皮和册页客票，用发送国文字以及中文、德文和俄文中的两种文字印制，卡片客票可只用发送国和到达国文字印制。

客票上应载有下列主要事项：① 发站和到站名称。② 印制的客票号码。③ 径路。④ 车厢等级。⑤ 客票票价。⑥ 客票有效期。⑦ 客票发售日期。⑧ 发售客票的铁路名称。

（2）卧铺票。旅客乘坐卧车和座卧车时，除客票外，还应有占用相应铺位的卧铺票。

卧铺票的种类与客票相同，按办理方式还可以分为签认和未签认票（即“OPEN”票）。

旅客凭卧铺票，不论夜间或白天，均有权使用卧铺；但持座卧车票时，仅限在夜间（21：00～次日 7:00）有权使用卧铺，并免费提供卧具，每套卧具的使用时间为 5 昼夜。

卧铺票任何情况下均没有减成。

卧铺票上应载明下列主要事项：① “MC”字母和铁路代号（用电子方法办理的卧铺票为“MC”字母、发售卧铺票铁路的代码和代号）。② 发站和到站名称。③ 径路。④ 发车日期和时分、车次、车厢号和铺位号。⑤ 车厢等级和铺位种类。⑥ 人数。⑦ 卧铺票票价。⑧ 发售卧铺票的铁路名称。⑨ 卧铺票发售日期。⑩ 发售卧铺票的车厢所属路名称。

（3）补加费收据。当变更径路、等级以及同一径路上分乘不同等级车厢等情况下，需开具补加费收据。客票和卧铺票差价应分别单独开具补加费收据，其他项目可开具同一张补加费收据。

（4）免费乘车证。国际联运中允许使用的免费乘车证有三种：铁组公用免费乘车证、铁组一次性私用免费乘车证、国际旅客列车（车通客车）国内段免费乘车证。

2. 国际旅客联运票据的发售和填写

乘车票据由铁路售票处和代售点发售。

填写乘车票据时，应使用圆珠笔或打字机（如不违反国内规章）以俄文拉丁字母填写（按俄文发音用拉丁字母填写）。根据某些铁路间的协议，也可用俄文填写。在车票上不得做任何记号、涂改和修改。修改和涂抹的乘车票据，应沿对角线划销，并随报表作为废票提出。

延长客票的有效期时，站长应在册页客票、卧铺票或卡片客票背面记载列车事项或加盖下列内容的戳记:“客票的有效期延长至……”此项记载应签字并加盖车站戳记证明。

(1) 册页客票。册页客票的发站、到站、等级、经由均已印就，用于客流大的各站间一名旅客的乘车。发售往返乘车用的固定册页客票时，在票皮内订入两份册页客票，在用于往返乘车的册页客票上，划掉“返”字，在用于返程乘车的册页客票上，划掉“往”字。如果旅客享受减成，在“减成率”栏填写减成百分比，在“理由”栏按照《国际客协办事细则》附件第 3 号的相应内容填写。客票右下部为票价栏，在条状线内分别用阿拉伯数字填写瑞士法郎和人民币款额数。最后在“售票处日期戳”方格内加盖售票日期戳，并在客票背面加盖出发日期和车次戳记。

固定册页客票没有存根，根据号码编制报表和进行清算。

补充册页客票分为单程补充册页客票和往返补充册页客票两种。

补充册页客票上的旅客人数、发站、到站、经由、票价等栏，均为空白，售票时复写填发，适用于国际联运各站间一名或数名旅客的乘车。

单程和往返乘车用的补充册页客票均由两联组成。第一联即存根，留在客票发售处所，以便随同客票报告提出，第二联订入册页客票本票皮内交给旅客。发售往返乘车用的补充册页客票只供单程乘车使用时，不适用的相反方向各栏用斜线划销。

补充册页客票应复写填写:

① 旅客人数以阿拉伯数字和中文大写填写。

② 到站名称填入应乘车厢等级栏内，不乘用的车箱等级栏，沿对角线划。

③ 票价栏填写以运价货币和发售国货币表示的一名旅客的全程客票票价和票价总额。

④ 发售儿童乘车用补充册页客票时，在“减成率”栏注明减成数额，在“理由”栏填写“REBENOK”字样。

⑤ 发售有组织的团体旅客乘车用补充册页客票时，在“减成率’栏注明减成数额，在“理由”栏填写“GRUPA”字样。

⑥ 发售盲人陪同（人或狗）补充册页客票时，在“减成率，栏注明减成数额，在“理由”栏填写“陪同”字样。

⑦ 发售散客（人数少于 6 人）往返补充册页客票时，在“减成率”栏注明减成数额，在“理由”栏填写“TUDAIOBRATNO”，字样。

⑧ 铁路在办理团体和散客往返客票时，每一方向均使用单独的册页客票，在返乘客票的上部注明往程册页客票的号码。补充册页客票的样式，如表 11.6 所示。

⑨ 在采用电子方法和打字机办理的补充册页客票上应填写客票有效期的开始和结束日期；客票发售车站的名称、发售客票的日期和时间、售票处号码、在中部记载的旅客人数；往程的发、到站；返程的发、到站（如果只办理单程乘车，则上述部分之一不填写并划销）；乘车径路。应记载规定的减成数额及其代号，或用本国货币记载票价总额。

⑩ 如旅客希望在某些区段乘坐不同等级的车厢，可按乘坐较低等级车厢向其发售全程册页客票，乘坐较高等级车厢的票价差额，用补加费收据另行核收。

(2) 卡片客票。

对年满 4～12 周岁的儿童发售卡片客票时，应顺客票的切线将儿童票

角剪下，留存在客票发售处，以便随同售票报告表提出。

发售卡片客票时，应用针孔机或胶皮戳打出客票发售日期。

对于返程乘车，可发售往返卡片客票，并在背后加盖“返城乘车用，四个月内有效”字样的戳记。

在两相邻站间直通联运中，也可发售返程有效的卡片客票。

(3) 卧铺票。

乘卧车和座卧车时，发售卧铺票。我国铁路的卧铺票目前为两联，复写填发。第一联为白色的存根，留在发售部门，随当月报表报送清算部门；第二联为浅绿色底纹水印纸，填好后订入票皮交给旅客。当旅客凭此乘坐卧车时，由卧车乘务员收回并提交本国清算部门。

卧铺票的办理方法如下：

① 购买卧铺票的旅客人数、客票号、车次、车厢号、铺位号、一名旅客卧铺费、核收的卧铺费总额、手续费、发售日期和列车发车时间、卧铺所属路名称，以及补充卧铺票上的到发站名称、乘车径路、车厢等级、铺位种类和票价等项，均用手工填写。“特别记载”栏根据铁路国内规章填写。如果乘坐卧车的旅客使用数夜卧铺，只给该旅客发售一张全程卧铺票。在“一名旅客卧铺费”栏内用括号注明该卧铺的夜数和一名旅客的全程卧铺费，以瑞士法郎表示，右侧填写折算的人民币。

② 卧铺票上的车厢等级和铺位种类，按下列方法填写：

2/0——开放式硬卧；　2/4——4 人包房式硬卧；

2/3——3 人包房式硬卧；　2/2——2 人包房式硬卧；

BC_4——4 人包房座卧车；　BC_6——4 人包房座卧车；

1/4——4 人包房式软卧；　1/2——2 人包房式软卧；

1/1——1 人包房式软卧。

③ 填写卧铺时，应以旅客乘坐同一车厢不换乘的发、到站作为发、到站。

④ 卧铺票上应加盖售票处的戳记并注明日期。

⑤ 发售卡片客票和卧铺票或只发售卧铺票时，卧铺票订入册页票本票皮中，在这种情况下，在票皮的“票价总额”栏内记载卧铺票价。同卡片客票一起发售卧铺票时，就根据卡片客票有效期，划去票皮上的“2”或“4”个月的有效期。如只发售卧铺票时，在册页票本票皮上不注明有效期。

⑥ 准许发售不记载车次、车厢号、铺位号、发车日期和时间的卧铺票（“OPEN”卧铺票）。在卧铺票上扎针孔（预定铺位）时，将未填的各栏填上，扎针孔时，应提出有效的册页票本或卡片客票和“OPEN”卧铺票。

⑦ 如旅客将所持的乘坐一国铁路车厢用的卧铺票，更换为乘坐另一国铁路车厢的卧铺票，在向旅客收回的卧铺票和卧铺票收据（如旅客有这种收据）上应记载：“本卧铺票更换为乘坐……铁路卧车的第……号卧铺票”。此项记载应有签字，并注明日期。

一名旅客乘坐卧车单独占用包房时，应发售注明该包房的实际铺位数和支付全部费用的客票和卧铺票。当乘坐双人包房时，应发售给旅客一张 1 等客票和一张“单人”或“1/1”卧铺票。在乘车票据上记载“一名旅客乘车”。

⑧ 如旅客乘坐的不是卧铺票上记载的铁路车厢，各铁路间的清算应根据列车员收回的卧铺票上所作的记载办理。

⑨ 售给团体旅客的每张卧铺票，只能供该团体乘同一车厢使用。卧铺票包括的旅客人数，不得超过一节车厢的铺位总数。

⑩ 用电子方法办理的卧铺：

在卧铺票左上角注明发售卧铺票的铁路编码和代号。所有这些内容均为印制。

在上中部打印特别记载。

(4) 补加费收据。

补加费收据复写填发。第一联（存根）留存在发售部门，并随同收款报告表提出，第二联交给旅客。

补加费收据的填写方法如下：

① 客票票价差额和其他运送费用单在一张补加费收据上，卧铺票差额另开一张补加费收据上。

② 补加费收据，按每一方向分别填发。使用往返册页客票时，补加费收据也按每一方向分别填发。在“属于第…号客票”栏内填写册页客票号码和代号“TO”。

③ 在关于卧铺费差额的补加费收据内，应记载变更内容。

④ 专列中挂运的行李车、货车、餐车在办理运送手续时，应在补加费收据的空栏内填写车数和轴数。办理卧车空车走行费时，应在补加费收据的空栏内填写车/公里数。

⑤ 在办理狗的运送手续时，应在右侧最上 1 个空栏内填写“SOBAKA”字样。

⑥ 补加费收据不用的各栏，沿对角线方向打叉划销。

⑦ 如本路国内规章有此要求，则在补加费收据存根背面注明有关事项。

客票、卧铺票和补加费收据填好后按顺序订入票皮，其中卧铺票和补加费收据应订在其所属的客票后面。然后，将每张客票、卧铺票和补加费收据上的人民币款额数相加，总数以阿拉伯数字填入“票价总额”栏条状线内。往程票将“有效期”栏内“4”字划销，返程票或往返票将“2”字划销，在售票处日期戳方格内加盖本售票处日期戳，在票皮右上角填写旅客本人护照号。

（5）团体旅客证。

团体旅客证发给 6 人和 6 人以上的乘车团体的每一旅客，但领队除外，领队乘车使用团体旅客乘车用的册页客票。

团体旅客证应在填好册页客票号码和车厢等级栏之后，发给旅客。对于往返乘车的团体旅客的每个成员，发给一张团体旅客证。在该团体证的背面加盖“往返”戳记。

3. 乘车条件

（1）客票的有效条件。

旅客凭册页票本和卡片客票，有权在票面所载的有效期内乘车。客票有效期规定如下：① 往程册页票本和往程卡片客票，2 个月；② 往返册页票本和往返卡片客票，2 个月；③ 在原发站发售的往返册页票本和往返卡片客票，4 个月；④ 带有“往返”册页客票的册页票本，4 个月。

有效期自发售日起算，到 2 个月或 4 个月后的发售日同日 24：00 时止。如有效期终止的月份没有该日，则客票有效期算至该月最后一天 24：00 时止。发售日期应由发售处在册页票本的票皮、册页客票上、卡片客票和订入册页票本的其他票据上注明。如旅客在列车出发 6 h 前向售票处声明不能乘车，则旅客有权在客票有效期内变更出发日期，而售票处应在客票有效期内变更出发日期，且应在客票上划销原有针孔或戳记，并在有空闲席位的情况下，重新扎孔或盖戳。重新扎孔不得超过 1 次。

如旅客未赶上列车，自列车出发时起 3 h 以内，有权向发售车票的机构申明此事并改乘下次列车，但卧铺票除外。

如旅客由于不得已的原因，不能在规定的客票有效期内结束乘车，在客票有效期终了以前并提出有关证明文件的条件下，有权请铁路延长客票的有效期。一张客票的有效期延长不得超过 2 次，同时，每次延长不得超过 2 个月。

(2) 旅行变更。

① 变更席位。当车内有空闲席位，并根据所适用的运价规程的规定补交票价差额时，旅客可以改乘高于其票面所载等级或种类的席位或车厢。客票票价差额由旅客向铁路售票处、代售点、国际直通联运列车长或卧车列车员补交，他们要向旅客开具补加费收据。

② 变更径路。如旅客在乘车开始前要求变更乘车径路，则按退票的有关规定办理。对新径路，旅客应重新购票。

如在运行途中适用的运价规程所载的某一车站变更径路，应向旅客核收原径路和新径路的票价差额并开具补加费收据。如新径路里程短于原票所载里程，则应在客票背面记载实际运行径路，并发给补加费收据。在补价费收据上注明按新径路经由的铁路。

如果在适用的运价规程未列载的车站上变更乘车径路，且变更径路只涉及接受变更申请的铁路，则按该路国内规章的规定核收票价差额。

铁路责任造成旅客变更径路，如因列车晚点、停运等原因，造成旅客错过乘车票据中所载的接续列车，旅客仍要求继续乘车时，铁路应尽可能安排旅客及其行李乘坐的列车，不核收补加费。必要时，铁路应在客票上签注：列车晚点或停运，因铁路过失延误旅客的时间、延长客票的有效期；并注明：客票在同一径路乘坐高等级和种类的车厢有效，原卧铺免费更换为新票。

(3) 中途下车。

在护照和行政当局的规定允许的情况下，旅客有权在客票有效期内在途中某站下车，不限次数和时间。但中途下车不延长客票的有效期。

旅客中途下车后，应在列车到达时起 3 h 内向车站提出票据，以便做出相应记载。

中途下车后，在客票有效期内，旅客可以在中途下车站或从客票所载乘车径路上更接近到站的任何车站继续乘车，应向车站提出自己的客票以便轧针孔。

如旅客自愿仅从中途某站占用卧铺，则未乘坐卧车区段的卧铺票不予退还。旅客在中途下车时，卧铺票即失去效力，未乘坐区间费用不退，卧铺票由卧车列车员留下。

中途下车后，旅客从非联运站继续乘车，则应按国内规章和运送票据将其行李承运至该国某一联运站；如继续乘坐卧车，则应按该国国内规章和运价规程购买至该国内某一联运站的卧铺票，并支付卧具使用费。

(4) 儿童乘车条件。

① 儿童乘车条件：

不满 4 周岁的儿童，不单独占用席位时，每位成人旅客可免费携带 1 名；超过 1 名时，其他儿童应购买儿童客票。单独占用席位时，每位儿童均应购买儿童客票；单独占用卧铺时，还应购买卧铺票。儿童客票的卧铺票价与成人旅客相同。

年满 4 周岁但不超过 12 周岁的儿童，无论是否单独占用席位，每位儿童均应购买儿童客票；单独占用卧铺时，还应购买卧铺票。

12 周岁以上儿童乘车条件与成人相同。儿童年龄以乘车开始之日护照所载为准。

② 各种减成的规定。为照顾儿童、学生和残疾人乘车，国际旅客联运中对儿童、学生、盲人陪同、旅行团体和往返乘车旅客，在购买客票时给予一定的优惠（卧铺票一律不予减成），具体规定如下：

儿童减成：儿童客票的票价为成人票价的 50%。对在国外学习的年龄超过 12 周岁的学生，当其回国或返程乘车时，凭学生证和学校证明，客票减成 25%。

对于团体，单程乘车时，客票减成 25%；往返乘车时，减成 50%。团体旅客中，不计算持各种免费乘车证的旅客。

对往返乘车，非团体旅客往返乘车时，客票减成 20%。

对盲人的 1 名陪同（可以是人或经过训练的狗）在陪同盲人乘车时，免付客票费。

以上各种减成，旅客只能享受其中最高的一种。

（5）拒绝运输和终止运输合同。

下列人员不准乘车，一旦上车可责令其中途下车：

① 不遵守适用于旅客的国内法令和规章的人员。不退还运送费用，并在乘车票据上做相应记载。

② 处于疾病状态并经医务部门诊断对其他旅客有危害性，而事先没有或无法预定单独包房的人员。对于途中得病的人，无论如何，均应送到能够治疗的最近车站。票价和行李运费，扣除已乘车里程应付的部分后，应根据《国际客协》第 30 条规定办理。

二、国际联运收入的计算

（一）国际联运货运收入的计算

国际铁路货物联运的运费由国内段费用（包括运费、装卸费、口岸费、换装费等）和国外段费用（包括换装费、到达国和过境国运费等）组成。国内运费按我国铁道部《铁路货物运价规则》计算核收，国外到达国运费按到达国铁路收费标准计算核收、过境国按《统一运价》计算核收。为吸引过境运量，各国铁路对过境运输都有相应的优惠减成。

计算国际联运货物运送费用的主要依据是：《国际货协》、《统一货价》、《清算规则》和国内的《铁路货物运价规则》。

《统一货价》是计算过境铁路运送费用的依据，《铁路货物运价规则》是计算我国进、出口货物从国境站（或发站）至到站（或国境站）运送费用的依据。

国际联运货物运送费用包括运费、装卸费、口岸换装费、杂费、押运人费、报关报检费、装载加固费和其他有关费用，按下节规定计算和核收。

1. 计算国际联运费用的基本规定

（1）参加《国际货协》各邻国铁路间运送费用的计收。

① 发送路运送费用，按承运当日发送路的国内规章规定计费，以发送国货币在发站向发货人核收；

② 到达路运送费用，按承运当日到达路的国内规章规定，以到达国货币，在到站向收货人核收（我国进口货物国内段运费、杂费及换装费用已改为在国境站向收货人或托运人或其在国境站的代理人核收）。

（2）过境路运送费用。

过境路运送费用按承运当日《统一货价》计费，以瑞士法郎算出的款额按支付当日规定的兑换率折成核收运送国家的货币，由收、发货人或代理人与过境路清算，通过几个过境铁路运送时，应由各过境国的代理人向过境铁路支付运费，到达铁路的运送费用，可由代理人或实际收货人支付。

2. 我国铁路货运联运运费的计算

我国铁路运费核收的基本文件是《铁路货物运价规则》及其附属规章，计算国际联运货物运送费用的基本条件如下：

（1）计费重量单位。

① 整车货物以吨为单位，吨以下四舍五入；零担货物以 10 kg 为单位，不足 10 kg 按 10 kg 计算；集装箱以箱为单位。

② 出口整车货物超过容许增载的 5% 时，在国境站卸下超载部分的货物。对卸下的货物，按发站至国境站的里程和运价率核收运费、卸车费和暂存费，并加收上述费用的五倍罚款。

③ 以一辆或数辆车接运一批进口整车货物以及数辆车套装接运数批货物（包括换装剩余的整车补送货物），按接运车辆标记载重量计费，货物超过标记载重量时，按货物重量计费。

④ 以一辆接运数批进口货物，每批按 30 t 计费，超过 30 t 按货物重量计费。

⑤ 原车过轨不换装货物，按车辆标记载重量计费，货物超过标记载重量时，货物重量计费。

⑥ 零担货物按货物重量或货物体积折合重量择大计费，即每立方米重量不足 500 kg 的货物按 1 m^3 体积折合重量 500 kg 计算。但有规定计费重量的货物，按规定重量计算。

（2）货物运费费率的执行。

货物运费按照承运货物当日实行的运价率计算，杂费按照发生当日实行的费率核收。

（3）运杂费尾数的处理。

每项运杂费的尾数不足人民币 1 角时，按四舍五入处理。各项杂费凡不满一个计算单位，均按一个计算单位计算（另定者除外）。

（4）铁路运价率表。

按货物的不同运价号分列出基本运价率标准，分为发到基价和运行基价两部分。

（5）国际联运货物运送费用。

① 国际联运运单（每份五张）以及供托运人报销运费的补充运行报单均按规定的费率核收。

② 进出口货物在国境站的验关手续费，整车和集装箱每批 33 元，零担每批 16 元。

③ 进口货物在国境站的换装费，整车普通货物每吨 16 元，其中炭黑、沥青、焦油及按危险货物运送条件运送的货物每吨 32 元。普通零担货物每 10 千克 0.16 元，危险零担货物每 10 千克 0.32 元。集装箱按国内标准规定计算。笨重货物的换装费率，整车货物每件重量 501～1 000 kg 每吨 18 元，1 001～3 000 kg 每吨 22 元，3 001～5 000 kg 每吨 28 元，5 001～8 000 kg 每吨 35 元，8 001～15 000 kg 每吨 42 元，15 001～20 000 kg 每吨 52 元，20 001～80 000 kg 每吨 68 元，超过 80 t 每吨 80 元；笨重零担货物按上述标准计算；笨重危险货物按上述标准加 50% 计算。发送路用专用货车装运的小轿车，换装费按每吨 24 元计算。

换装需要加固时，核收加固材料费，按所用材料成本价加 30% 计算。

④ 进、出口货物声明价格费，按运单记载的声明价格的 3‰ 计算。

⑤ 进、出口货物由于托运人或收货人原因，造成在国境站上发生的整车换装整理费、搬运费、杂作业人工费等按《铁路货物装卸作业计费办法》和铁道部规定的费率核收。

⑥ 进口货物在国境站或中途站办理运输变更时，按本规则规定的费率，以发送路原使用的车辆数核收变更手续费。由于收货人代号改变而变更收货人时，也应核收变更手续费。由于收货人代号改变而变更收货人时，也应核收变更手续费。从朝鲜进口整车煤炭，在国境站办理变更到站，按上述费率减半核收。

⑦ 进、出口货物由于托运人、收货人原因，造成货车在国境站上滞留时，应按货车滞留日数（不包括铁路正常办理手续的时间），从货车到达次日起，不足一日按一日，核收货车滞留费，每车每日 120 元。超过 5 天，从第 6 天起，每车每日核收滞留费 240 元。超过 10 天，从第 11 天起，每车每日核收滞留费 480 元。

危险货物货车滞留费在上述标准基础上每车每日另加10%。

进、出口货物落地时，货物装卸费和暂存费按本规则的规定计费。

⑧ 向朝鲜出口整车散装的煤、石膏、焦炭、矿石、矿粉、熟矾土等和向越南出口整车散装货物，均在国境站用轨道衡复查重量，核收过秤费。进口货物在国境站如收货人或其代理要求过秤复查重量，应记载并核收过秤费。

3. 计算国内段货物运输费用的程序

我国国际联运进出口货物，其国内段运费计算程序如下：

① 按《货物运价里程表》计算出发站至出口国境站间的运价里程，再加上国境站至国境线间的距离。

② 根据国际联运运单上填写的货物品名查找《铁路货物运输品名分类与代码表》，确定适用的运价号。如规定有特定运价时，按特定运价办理。

③ 整车和零担货物按适用的运价号，集装箱货物根据箱型，冷藏车货物根据车种，分别在“铁路货物运价率表”中查出适用的发到基价（基价 1）和运行基价（基价 2）。

④ 货物适用的发到基价，加上运行基价与货物的运价里程相乘之积，再与计费重量（集装箱为箱数）相乘，算出运费。

⑤ 用规定的计费重量与运价里程和规定的铁路建设基金单位相乘，算出铁路建设基金。

⑥ 计算新路新线均摊运费。

⑦ 如果货物通过电气化铁路区段，用通过的铁路电气化区段的里程与规定的计费重量和电气化附加费率相乘，计算出电气化附加费。

⑧ 按规定项目和标准，计算出发生的杂费。

⑨ 如经过铁路特殊运价区段，则应按特定区段运价计算。

⑩ 国际联运货物运输杂费。

⑪ 印花税：以每张货票计算，按运费的万分之五核收，不足一角免收，超过一角的四舍五入到角。

⑫ 上述费用最后相加，就是运输费用总额。

4. 计算货物运输费用应注意的问题

（1）运价里程应注意的问题。

① 运价里程根据《货物运价里程表》按照发站至到站间最短径路计算，发、到站间最近的运价里程为最短径路。下列情况发站在货物运单内注明：

因货物性质（如鲜活货物、超限货物等）必须绕路运输时，运价里程按绕路经由因自然灾害经政府指示，或其他不是铁路责任，托运人要求绕路运输时；

因最短径路运输能力不足，经政府指示或铁路和托运人共同商定的整车货物运输时。

承运后的货物发生绕路运输，仍按运单内记载的径路计算运费。

② 运价里程不包括专用线、货运支线的里程，以及专用线的使用费、机车顶送车费、货车租费等。

国际联运应将国境站至国境线的距离加入。例如，货物经由满洲里站出口，应加算满洲里站至中俄国境线的 9.8 km。

（2）运价号和运价率应注意的问题。

①《铁路货物运价规则》采用分号运价，整车货物分 1 号至 7 号，零担货物分 21 号至 22 号，运价号越大，运价率越高。冷藏货物现仅指机冷车，集装箱货物分为 20 ft 和 40 ft。

20 ft、40 ft 集装箱空箱按其适用重箱费率的 50% 计算。

② 按一批办理的整车货物，运价率不同时，按其中高的运价率计算。零担货物在运单内分项填记重量的货物，应分项计费，但运价率相同时，重量应合并计算。运价率不同的零担货物在一个包装内或按总重量托运时，按该批或该项货物中高的运价率计费。

③ 一级超限货物，运价率加 50%；二级超限货物，运价率加 100%；超级超限货物，运价率加 150%；需要限速运行的货物，运价率加 150%。需要限速运行的超限货物，只收取限速运价率加成。

④ 一批或一项货物，运价率适用两种以上减成率计算运费时，只适用其中较大的一种减成率；适用两种以上加成率时，应将不同的加成率相加之和作为适用的加成率；同时适用加成率和减成率时，应以加成率和减成率相抵后的差额作为适用的加（减）成率。

⑤ 出口货物按发站承运当日实行的运价率计算；进口货物按进口国境站在运单上加盖日期戳当日实行的运价率计算。杂费按发生当日实行的费率计算。

⑥ 铁路运输按自然时 18 时计算工作日：按“公历日”，起止是当日零时至 24 时。而铁路运输的工作日为昨日 18 时至今日 18 时，对当日 18 时后至 24 时之间承运的货物，发站应在运单上注明“翌”字，仍按承运当日实行的费率计算运费，但允许在次日收款。

（3）计费重量应注意的问题。

① 计费重量单位，整车货物以吨为单位，吨以下四舍五入；集装箱以箱为单位。

② 以一辆或数辆车接运一批进口整车货物以及数量车套装接运数批货物（包括换装剩余的整车补送货物），按接运车辆标记载重量计费，货物超过标记载重量时，按货物重量计费。

③ 以一辆车接运数批进口货物，每批按 30 t 计费，超过 30 t 按货物重量计费。

④ 原车过轨不换装货物，按车辆标记载重量计费，货物超过标记载重量时，按货物重量计费。

5. 过境运输费用的计算和核收

(1) 计算过境运送费用的程序和公式。国际铁路联运货物运杂费按照《统一货价》计算，计算程序如下：

① 在《统一货价》的“过境里程表”中分别查找运送货物所通过的各个国家铁路的过境里程。

② 在《国际铁路货物联运通用货物品名表》中，确定所运货物适用的运价等级和计费重量标准。

③ 在《统一货价》的通过参加统一货价铁路慢运货物运费计算表中，根据运价等级和各过境运送里程，找出相应的运价率。在此表中，1 等、2 等货物系指每 100 kg 的运费；3 等为自轮运转货物，系指每轴的运费。货币以分为单位，每 100 分合 1 瑞士法郎。

整车运输货物过境运费计算公式：

运费＝货物运价率×计费重量（或实际重量）×过境里程×减成率

④ 过境我国货物一律按车辆标重计算运费。

(2) 过境运输费用计算和核收应注意的问题。

①《统一货价》对过境货物运费的计算，是以慢运整车货物的运费额为基础的，按快运办理的货物和随旅客列车挂运的整车货物、零担货物（我国暂不办理），则按上述办法计算出运费后，再分别乘以 100%、200%、50% 加成率，即为该批货物的过境运费。超限货物加成 100%。

② 整车货物按照货物实际重量计算，但不得少于规定的计费重量：1 等货物为 20 t，2 等货物为 30 t。例如，焦炭在货物品名表中属于第 27 类 4 项，过境运价等级为 2 级，计费重量 16 t；如果实际装载货物 35 t，则计算重量为 35 t；如果实际装载货物 15 t，则计算重量为 30 t。

③ 如果在货物品名分等表中“计费重量标准”栏内记载为“标重”时，核收按货物实际重量运费时，不得少于发送路车站所拨给的车辆标准载重量。标准载重量即车辆上标记的载重量。如果车辆上有两个标记时，以较少的载重量作为标准载重量。

④ 如果所拨给的车辆的载重量小于货物品名分等表所载的计费重量标准时，运费按实际重量（但不得少于所拨给的车辆标准载重量）计收。

⑤ 如果在国境站按车辆载重量（标准）计算的货物，从一种轨距的一辆或数辆车换装到另一种轨距的一辆或数辆车内，并且接运车辆的载重量小于发路车站所拨给的一辆或数辆的载重量时，运费按照换装后的一辆或数辆车的总载重量计收。

⑥ 零担货物按照货物的实际重量计算（零担货物没有计费重量标准问题）。但如果数种货物包装为一件时，则根据总重量和其中最高运价等级的费率加 50% 计算。

⑦ 国际联运运费的计算与核收。由于各国计算、收费的变化，特别是由参加国的货运代理（或运费代理）与货主结算在实际操作中所产生的各种杂费与实际运费出入较大。如到俄罗斯的运输税占代理报价中很大比例。特别是过境中亚到西欧的货物，甚至按货值比例收运输过境税，其总杂费与运费不相上下，甚至高于运费。

⑧ 俄和东欧一些国家的货币与欧元挂钩，在我国公司以美元计算运费时，要考虑到国际汇率变化的因素。

6. 过境我国铁路货物运输费用的计算和核收

过境我国铁路国际联运货物（以下简称过境货物运输，也称大陆桥运输）是指由境外起运过境我国铁路继续运往境外的国际联运货物。包括：

（1）经我国铁路国境站接入，通过我国铁路运送并经另一国境站出境运往其他国家的货物。

（2）经我国铁路国境站接入，通过我国铁路运送并经一港口站转运到其他国家的货物。

（3）经我国港口站接入，通过我国铁路运送并经一国境站运往其他国家的货物。

我国铁路规定，过境货物的运输，必须由国家有关主管部门批准、认可的具有国际货物运输代理经营资格并有过境货物运输代理业务范围的企业办理。对经港口转发运以及经国境站接入（交出）转运的国际联运货物，港口站或国境站要认真审核，严格把关。凡是以过境货物报关单向海关申报并在《国际货协运单》上加盖“海关监管货物”戳记的均视为过境货物。我国过境货物铁路运输执行《国际货协》规则，以《国际铁路货物联运统一过境运价规程》（统一货价）第 8 条过境里程表中“中华人民共和国铁路过境里程表”计算过境里程，按《统一货价》计费。过境货物运送费用一律在接入国境站或港口站（由港口接入时）向发货人或代理人核收。

为进一步吸引过境我国铁路国际联运货物运量，我国铁道部 2000 年 3 月颁布了《关于过境中国铁路国际联运货物运送费用核收暂行规定》，该规定还对实行《统一货价》提供了减成优惠政策。具体内容如下：

（1）过境货物运费，按《统一货价》规定的费率并与“过境货物运费计算系数表”规定的系数相乘计算。

经由阿拉山口国境站办理货物运送时，港口站或国境站至乌鲁木齐西站的运费按《统一货价》规定的费率并与“过境货物运费计算系数表”规定的系数相乘计算。

过境货物的运价等级，根据《国际铁路货物联运通用货物品名表》的规定计算。

（2）过境货物在国境站或港口站发生的杂费，按照国内规定计费（见铁路货物运输杂费项目和费率表）。国内规章未规定而《统一货价》规定的费率，按《统一货价》的规定计算。

（3）根据《统一货价》计算的以瑞士法郎表示的过境货物运费和杂费，均计算到分（1 瑞士法郎＝100 分），分以下四舍五入。所有以瑞士法郎表示的费用，均按铁道部财务司通知汇率计算，向发货人或代理人核收。以人民币表示的费用计算至角，角以下四舍五入。

（4）过境货物的运费和杂费，均使用国内运费杂费收据核收，并按运输收入报缴。车站在运费杂费收据“附记”栏内注明“过境中铁运送费用”。

（5）通过北疆铁路等地方或合资铁路管内的运送费用，按照国内现行规定计算和清算。

（6）对过境的大宗货物运量，或为吸引原过境他国铁路或通过其他运输方式的过境货物运量，发货人或代理人可向铁路局（集团公司）或铁道部国际合作司预先提出关于过境货物运费下浮申请，经审核并经铁道部批准后，可按照铁道部批准的单独下浮费率计算，并按批准的办法支付过境货物运送费用。

例 7.1　我国台湾省一批蔗糖海运到我国天津新港，然后过境我国铁路从二连运到蒙古。此批货物按棚车运送，通过我国铁路的过境运送费用为：

天津新港至二连站的过境运价里程为 993 kg，货名蔗糖，国际联运代码 1 701.91，统一货价二级，每百公斤运费 2.28 瑞士法郎，每车 60 t 运费 1 368 瑞士法郎。按《统一货价》汇率 5.2 元，等于 7 113.6 元人民币/车，按中铁优惠过境运费核收 60%＝4 268 元/车，实际交付过境运费 41 268 元人民币。

以上费用仅为铁路过境运费，未包括港口作业费、车站杂费及装卸费、关检费、口岸建设费以及其他代理费或相关费用。

货物换装在蒙古国扎门乌德站进行，故未包括计算换装费。如从蒙古国接进过境我国铁路到港口或国境站，应计算在二连车站的换装作业费。

由俄罗斯、哈萨克斯坦、蒙古、越南、朝鲜运到我国或过境我国的货物，在我国的国境站换装应计算换装费用。

（二）国际联运客运收入的计算

在国际旅客联运中，运送费用的概念包括运费和杂费。运费指的是客票费、卧铺费、行李运费以及包裹运费。杂费包括售票手续费、签票费、行包声明价格费等。

国际旅客联运的运价货币是瑞士法郎。

1. 运送费用的计算

国际旅客联运的运费按《国际客运运价规程》(简称《国际客价》)计算,《国际客价》由运送费用构成原则、里程表和票价表等部分组成。

在《国际客价》中,运送费用构成的基本原则是:

① 客票费、行包费以及声明价格费要按国际联运车厢经过的每一国家铁路里程分段,依照各国铁路分别公布的票价表计算(声明价格费按统一的费率表计算),然后加总核收。在哪一国家铁路段的客票费、行包费以及声明价格费,即归该国铁路所有。

② 卧铺费按照提供车厢并担当乘务的国家公布的票价表,对每一不换乘区段分别计算,全程加总核收,不需按各国铁路里程分段。卧铺费全部归提供车厢并担当乘务的铁路所有。

③ 一般情况下,运费和杂费都在发站核收,然后由参加运送的国家铁路中央机关之间进行清算。

在《国际客价》中,里程表由各国分别公布。每一国铁路的里程表应包括两部分,即:

① 一个国境线至另一个国境线里程,用于计算过境运送时的运送费用。

② 国境线至各联运站里程,用于计算始发、终到以及换乘运送时的运送费用。

在《国际客价》中,运费表包括以下内容:

① 每一国铁路公布的本国铁路段客票票价表和本国铁路担当卧铺车的卧铺票票价表。

② 每一国铁路公布的本国铁路段行包运费表。

③ 统一的行包声明价格费率表。

(1) 客票费。

计算国际联运客票费时,先根据旅客要求的乘车径路,在《国际客价》里程表中查出经由的每一国家铁路里程,然后按照旅客提出的车厢等级(1 等车或 2 等车),查出各国铁路公布的相应里程和等级的客票票价,最后将各国铁路段客票加总。多名旅客乘车时,乘以旅客人数。旅客享受减成时,扣除减成数额。

例 7.2 一名旅客乘硬卧车(2 等)从北京经乌兰巴托到莫斯科,计算步骤如下:

① 确定旅客乘车径路为:北京—二连—乌兰巴托—苏赫巴托—莫斯科

② 从里程表中查出里程为:中国铁路(中国铁路里程表第二部分,二连国境线项下)北京—二连/扎门乌德国境线 847 km;

蒙古铁路(蒙古铁路里程表第一部分,俄罗斯同中华人民共和国之间)扎门乌德仁连国境线—苏赫巴托坳乌什基国境线 1 110 km;

俄罗斯铁路（俄罗斯铁路里程表第二部分，纳乌什基国境线项下）纳乌什基/苏赫巴托国境线—莫斯科 5 910 km。

③从票价表中查出各国铁路段 2 等车厢客票票价分别为：

中国铁路（847 km）：28.56 瑞士法郎；蒙古铁路（1 110 km）：37.13 瑞士法郎；俄罗斯铁路（5 910 km）：114.08 瑞士法郎。

④ 将各国铁路段客票票价加总，算出全程客票合计：

$$28.56 + 37.13 + 114.08 = 179.77\text{（瑞士法郎）}$$

计算客票费时应注意以下几点：

① 计算客票票价时，各国铁路里程均应从国境线起算，而不是从国境站算起；

② 在查找里程前，一定要准确确定径路、同一车站距国境线的里程，因里程可能因径路不同而不同。

以俄罗斯铁路为例，扎维列日耶（俄铁）/叶泽里谢（白铁）国境线至加里宁站即有两条径路：

扎维列日耶—列宁格勒—莫斯科—加里宁，里程为 1 323 km;

扎维列日耶—列宁格勒—加里宁，里程 989 km.

③ 在同一国内乘车需换乘时，客票费按总里程计算，不需分段。

例如，从北京乘车到乌兰巴托，在乌兰巴托换乘其他列车再前往莫斯科，在北京购票时，蒙古铁路段客票费仍按 1 110 km 里程计算，而不是分别计算所门乌德—乌兰巴托和乌兰巴托—苏赫巴托的客票票价再加总。

④ 在计算国际联运客票票价时，只能使用《国际客价》公布的里程表，而不能使用以其他方式公布的里程表，如各国的国内客运里程表等。

⑤ 对《国际客价》里程表中没有列载，但位于国际列车运行径路上，而且可以办理旅客乘降的车站（非国际旅客联运站），旅客要求在这些车站下车时，只能发售给旅客到前方最近的一个联运站的车票，并按此计算票价。

（2）卧铺票。

旅客乘坐卧铺车时，需购买卧铺票。计算卧铺费时，先要明确旅客所乘的车次和径路，途中是否必须进行换乘以及换乘地点，每一不换乘区段担当车厢的铁路以及车厢的等级等，然后在里程表中查出每一不换乘区段的里程，在票价表中查出相应铁路担当卧铺车的卧铺票票价，最后将各不换乘区段卧铺费加总。多名旅客乘车时，乘以旅客人数。

例 7.3　一名旅客从北京乘 5 次国际列车经凭祥/同登前往河内。假设该旅客在中国铁路段乘软卧车（1/4），在同登站换乘越南铁路硬卧车（2/4），计算步骤如下：

① 首先确定旅客换乘区段。由于中越两国铁路轨距不同，国境站又没有换轮条件，根据《中越国境铁路协定》规定，旅客必须在同登站（越铁）换乘。

② 在里程表中查出每一不换乘区段里程；

北京、同登 2 799 km（北京—凭祥/同登国境线）+5 km 同登/凭祥国境线—同登站）=2 804 km

同登—河内 62 km.

③ 从票价表中查出每一不换乘区段担当卧车（1/4）卧铺费；

北京—同登（2 804 km）中国铁路软卧车（1/4）卧铺费 40.00 瑞士法郎；

同登—河内（162 km）越南铁路硬卧车（2/4）卧铺费 4.00 瑞士法郎。

④ 将各不换乘区段卧铺费加总，算出全程卧铺费：

40.60+4.00=44.60（瑞士法郎）

计算卧铺费时应注意：

① 计算卧铺费的里程按每一不换乘区段分段，而不按国境线分段；

② 卧铺费没有减成。

例 7.4 从北京乘中国铁路担当的 3 次国际旅客列车前往莫斯科，计算卧铺费的里程为 847+1 110+5 910=7 867（km）。在中国铁路票价表中查出卧铺费为 55.30（2/4）、72.10（1/4）和 144.20（1/2）瑞士法郎。

(3) 行李、包裹运费。

计算国际联运行李、包裹运费时，先根据发送人提出的径路和到站，在《国际客价》里程表中查出经由的每一国家铁路里程，然后从各国铁路公布的行李、包裹运费表中查出相应里程每 10 kg 行李或包裹的运费，再乘以该批行李或包裹总重量的 10 kg 倍数，最后将各国铁路段运费加总。

例 7.5 发送人要求从北京托运一批包裹到平壤，总重量为 800 kg，计算步骤如下：

① 确定该批包裹的运送径路为北京—丹东（中铁）/新义州（朝铁）—平壤。

② 从里程表中查出里程为：

中国铁路（中国铁路里程表第二部分，丹东国境线下）北京—丹东国境线 1 120 km；

朝鲜铁路（朝鲜铁路里程表新义州国境线项下）新义州国境线—平壤 227 km。

③ 从行李、包裹运费表中查出中、朝两国铁路段包裹每 10 kg 运价率，乘以包裹总重量 10 kg 的倍数，算出运费分别为：

中国铁路（1 120 km）：4.88×80=390.4（瑞士法郎）；

朝鲜铁路（227 km）：0.87×80=69.6（瑞士法郎）；

④ 将两国铁路段运费加总，算出全程运费合计：

390.4+39.6=460.0（瑞士法郎）。

计算行李、包裹运费时，应注意以下几点：

① 对 1 000 kg 以内的包裹和任何重量的行李，重量尾数不足 10 kg 的部分，一律进整为 10 kg；对重量超过 1 000 kg 的包裹，重量尾数不足 100 kg 的部分，进整 100 kg。

② 每批包裹在每一国家铁路段的运费，不应低于 0.6 瑞士法郎，不足 0.6 瑞士法郎时，按 0.6 瑞士法郎计算。

③ 一名旅客托运的行李（包括外交人员行李）总重量超过 400 kg 时，全部物品应按包裹办理并按包裹计算运费。

（4）杂　费。

在国际旅客联运中，除运费外，有时还产生杂费。杂费主要包括售票手续费、签票费和声明价格等。

① 售票手续费。售票手续费包括两部分：客票中统一包含的部分和各国铁路各自规定的部分。

《国际旅客联运和国际铁路货物联运清算规则》统一规定，将客票费的 5%作为售票处的收入。各售票处向上级机关缴款以及各国铁路中央机关相互清算时，将这一部分扣除。

除此之外，各国铁路还可以在规定的票价之外加收一定的手续费，以抵补售票处，特别是代理发售铁路车票的旅行社售票处的支出。如我国铁道部和国家计委批准的旅行社代理售票手续费标准为国际列车 50 元/人，国际列车国内段乘车 25 元/人。

② 签票费。售票处在办理中转、返程票和往返票签证手续时，可以收取签票费。签票费标准由各国铁路确定。我国铁路还规定对持铁组一次性私用免费乘车证的旅客，在办理签票时要收取签票费 200 元/人。

③ 声明价格费。国际旅客联运中，行包不办理保价运输，只办理声明价格。行包发送人声明价格时，应支付声明价格费。声明价格费取决于运送里程和行包的声明价格款额，其标准在《国际客价》中统一规定。

声明价格费对经由的每一国家铁路分段计算。因此在计算声明价格费时，首先要确定经由的每一国家铁路里程。声明价格不足 150 瑞士法郎，可以根据每一国家铁路的运送里程直接在声明价格费率表中查找；声明价格超过 150 瑞士法郎时，先要将声明价格为 150 瑞士法郎的费率，乘以声明价格款额中所包含的 150 瑞士法郎的整倍数，然后再加上余数的费率。

例 7.6　一批行李（或包裹）从乌鲁木齐托运到阿拉木图，声明价格为 150 瑞士法郎，计算步骤如下：

① 确定该批行李（包裹）的运送径路为：乌鲁木齐—阿拉山口（中铁）/德鲁日巴（哈铁）—阿拉木图；

② 从里程表中查出里程为：中国铁路（中国铁路里程表第二部分，阿拉山口国境线项下）乌鲁木齐—阿拉山口国境线 481 km；

哈萨克斯坦铁路（哈萨克斯坦铁路里程表第二部分，德鲁日巴国境线项下）德鲁日巴国境线—阿拉木图 861 km；

③ 将声明价格款额分解成 150 瑞士法郎的整倍数和余数：$500 = 150 \times 3 + 50$。

④ 查出中、哈两国铁路段声明价格费：

中国铁路（481 km）：$3 \times 0.23 + 0.09 = 0.78$（瑞士法郎）；

哈萨克斯坦铁路（861 km）：$3 \times 0.41 + 0.17 = 1.40$ 瑞士法郎）；

全程声明价格合计：$0.78 + 1.40 = 2.18$（瑞士法郎）。

计算声明价格时应注意：每批行李或包裹在每一国家铁路段的声明价格费，不应低于 0.03 瑞士法郎，不足 0.03 瑞士法郎时，进整至 0.03 瑞士法郎。

2. 运送费的核收

办理国际旅客联运的车站和售票处，必须向旅客公布运价规程的基本内容，包括票价和运、杂费收费标准等。遇到率费调整时，票价和运费按购票承运当日的现行费率计算。

铁路在制定和公布运价规程时，应对所有旅客一视同仁。

国际旅客联运的运送费用，一般在发站一次性核收，然后由有关铁路中央机关之间进行清算分配。

国际联运的计价货币为瑞士法郎。计算以瑞士法郎计价的客票票价、行包运费和杂费时，得出的每一国家铁路的总款额保留小数点后两位，第三位四舍五入。

车站和售票处收取费用时，应将以瑞士法郎计价的全部运送费用，按照付款当地当日的折算率折算成发送国货币，向旅客核收。我国铁路执行由铁道部财务司不定期公布的折算率，折算成人民币时，先将每张票据上的一名旅客的票价折算成人民币，再乘以人数，得出每张票据款额，最后将所有票据款额加总，向旅客核收。国际联运客票和卧铺票的款额以元为单位，不足 1 元的尾数一律进整至元；行包运费和杂费的款额以角为单位，角以下四舍五入。

我国铁路担当的国际旅客列车和直通客车在运行途中补收费用时，按《国际客价》计算并收取瑞士法郎。旅客支付其他可兑换外币时按发车前一日中国银行公布的现钞买入价将瑞士法郎折算成人民币，然后再折算成旅客所支付的外币核收。

第八章　铁路运输企业收入会计核算

第一节　铁路运输收入会计核算概述

一、铁路运输收入会计的概念

由于铁路运输企业生产经营的特殊性，铁路运输企业对其资金实行的是“收支两条线”的管理方式，即站段核收的运输收入进款不能直接作为本企业的营业收入，而是要逐级上缴，再按照铁道部规定的清算办法进行分配。体现在会计核算方面，即对于运输收入进款的核收与解缴，是通过一套独立的体系进行会计核算的。但这种独立是相对的，铁路运输收入会计仍然是铁路运输企业财务会计的重要组成部分，在会计管理和核算上必须执行国家有关财经制度、政策法规和企业会计准则等。

铁路运输收入会计是由收款铁路运输企业收入管理部门，通过对运输收入原始凭证进行全面专业的审核，按照权责发生制对铁路运输企业在完成客货运输生产过程中取得的运输收入及资金动态进行全面、系统地反映和监督，正确反映运输收入实现过程和铁路运输企业经济效益的专业会计。

由此看出，铁路运输收入会计核算的内容比较简单，只有货币资金动态变化方面的业务和反映结算关系的业务，不涉及资金形态转化方面的业务和有关价值增值方面的业务。

二、铁路运输收入会计的管理体制

铁路运输收入会计核算实行铁道部、铁路运输企业两级会计核算制。各铁路运输企业按照铁路运输收入票据、报表审核和运输收入会计核算的规定，统一使用铁道部推广并集中维护的通用客货票据审核、报表和运输收入会计核算系统软件，对站段报送的客货票据、报表进行审核和核算，形成完整、准确的运输收入数字信息和运输收入会计报表，全面反映运输收入的资金运动及运输收入实现的全过程。

根据铁路运输企业生产经营的特点，运输收入管理实行集中与分级管理相结合、技术与经济相结合、专业管理与全员管理相结合的责任制。铁路运输企业是运输收入管理与核算的主体，站段是运输收入核收与报账的主体。

三、铁路运输收入会计的基本任务

铁路运输收入会计是围绕着铁路运输企业在办理客货运输业务时所涉及的运输收入进款来进行核算的，其基本任务主要包括：

（1）对运输收入进行正确、及时、完整的会计核算，确认各项运输收入，编报运输收入会计报表。

（2）全面反映和监督运输收入资金的动态变化和结存情况，管理运输收入专户银行存款，组织运输收入的资金缴拨，准确反映债权债务的结算情况，压缩在途资金。

（3）正确、及时地反映和办理铁道部与铁路运输企业之间、各铁路运输企业之间、铁路运输企业内部、铁路运输企业与其他企事业单位之间运输收入的资金结算，同时为其相互间的营业收入清算提供收入信息。

第二节　铁路运输收入会计的核算内容

作为一个相对独立的会计核算体系，铁路运输收入会计有其相应的核算内容，这些核算内容可以按不同的标志进行分类。

一、按归属不同所划分的铁路运输收入会计的核算内容

（1）国家铁路（各铁路局、广铁集团公司、青藏铁路公司，单独核算的临管线铁路，集装箱、特货等专业运输公司，以下简称国铁）运输收入；

（2）股改铁路（国铁股份制改造后的公司，指中铁快运、大秦铁路公司、广深铁路公司等，以下简称股改铁路）运输收入；

（3）合资铁路（指国铁控股铁路和参股铁路，以下简称合资铁路）运输收入；

（4）地方铁路运输收入。

二、按项目不同划分的铁路运输收入会计核算的内容

（一）客运收入

（1）旅客票价收入，即车站（含各种营业窗口，下同）发售的旅客票价收入（不含客票系统发展金、卧铺订票费和车站候车室空调费）。

（2）列车担当铁路运输企业卧铺订票费收入的 70%。

（3）列车车补收入，即在本铁路运输企业列车上补收的旅客票价收入（不含票价中的车站候车室空调费及客票系统发展金），卧铺订票费，旅客随身携带品超

重或超限运杂费，铁路专用乘车证票款，各种手续费。

（4）与旅客列车有关的其他收入：

① 旅客列车客运票据事故赔款；

② 发售铁路运输企业卧铺订票费收入的30%；

③ 其他。包括客车租用费、客车车辆使用费，租用、自备客车挂运费，车辆行驶费，包车费，餐车使用费，包用公务车、豪华列车服务费，包车停留费（属于列车停留铁路运输企业收入）、空驶费，国际联运中发生的客运杂费，《铁路客运运价规则》规定核收的与列车有关的其他各种杂费（特定者除外）。

（5）车站客运其他收入。

① 到站补收的旅客票价收入（不含车站候车室空调费、客票系统发展金）、旅客携带品超重运费；

② 站台票、送票费、签证费、行包保管费、搬运费、查询费、接取送达费、携带品暂存费、标签费、退票费、贵宾室使用费、车站核收的各种手续费。

③ 车站客运票据事故赔款，无法交付旅客遗失品、暂存物品的变价剩余款。

④ 路产房屋、站场设施出租费；

⑤ 军运后付客货混编客运收入；

⑥ 外国铁路担当的国际联运列车在中国铁路段的客票收入；

⑦ 合资、地方铁路向国铁支付的铁路公用乘车证票价收入；

⑧ 《铁路客运运价规则》中规定的车站其他客运杂费（特定者除外）。

（6）客票系统发展金，即车站及列车核收的旅客票价中的客票系统发展金。

（7）车站候车室空调费收入，即车站及列车核收的旅客票价中的车站候车室空调费。

（8）行李运费收入，即车站发送行李的全程运费及变更到站运费、国际联运国内段行李运费。

（9）普通包裹运费收入，即车站发送普通包裹的全程运费及变更到站运费、国际联运国内段包裹运费。

（10）行包专列运费收入，即车站发送行包专列的全程运费。

（11）行邮专列运费收入，即专业运输公司开行的行邮专列的全程运费。

（12）邮运收入，即旅客列车挂运的自备邮政车全程运费，租用行李车固定容间租用费及邮政机要人员、押运人员乘车费。

（13）行包其他收入：① 到站补收的行李、包裹品名或重量不符运杂费及无票运输的包裹运杂费；② 行包票据事故赔款，无法交付行李、包裹的变价剩余款；③ 路产房屋、站场设施出租费；④ 《铁路客运运价规则》中规定的与行包运输有关的其他杂费（特定者除外）。

(14) 行包保价收入。

(二) 货运收入

1. 货物运费收入

车站核收的各种货物运费，包括：整车、零担运费，集装箱、特货运费，军事运输运费，国际联运国内段运费，变更到站运费，快运费，轴公里运费，自备货车装备物品及集装用具的回送费，新路新价均摊运费和加收京九线分流运费。

2. 电气化附加费

3. 货运其他收入

货运其他收入具体分为：

(1) 表格材料费，冷却费，D 型长大货物车使用费和空车回送费，取送车费，机车作业费，押运人乘车费，货车篷布使用费，集装箱使用费，自备集装箱管理费。

(2) 货物过秤费，货物暂存费，专用线、专用铁路货车使用费，D 型长大货物车延期使用费，货车篷布延期使用费，集装箱延期使用费，冷藏车（取消托运时）空车回送费，机械冷藏车制冷费，冷藏车加冰加盐费，货物运输变更手续费，清扫除污费。

(3) 合资、地方铁路及在建线货车占用费，合资、地方铁路货车篷布占用费，自备或租用铁路货车停放费，车辆租用费，铁路码头使用费，路产专用线租用费，守车租用费，集装箱租赁费。

(4) 非运用车使用费，分卸作业费，防风网使用费。

(5) 整车、集装箱到站补收货物品名、重量不符运杂费及违约金。

(6) 货运运杂费迟交金，互不清算的托运人责任的垫付款，运输计划违约金，国际联运集装箱服务费，集装箱赔款，篷布赔款，集装箱一口价组织服务费。

(7) 铁路机车出租费，路产房屋、站场设施出租费。

(8) 国际联运运输发生的货运杂费，货运票据事故赔款，货运变价款。

(9) 无法交付货物（包括货底）变卖扣除各项费用后的变价收入，无法交付货物变价剩余款以及拾得款等。

(10) 提供服务清算收入。

(11)《铁路货物运价规则》中规定的其他货运杂费（特定者除外）。

4. 货运保价收入

(三) 铁路建设基金

经国家批准征收的铁路建设基金。

(四) 代收款

(1) 国际联运应清算给外国铁路的旅客票价和行李、包裹、货物运杂费，内地与香港直通旅客列车运输中应清算给有关铁路方的旅客票价和行李、包裹、货物运杂费。

（2）装卸费及其他作业费。

（3）旅客、货主预付款。

（4）经铁道部批准的其他代收款。

第三节　铁路运输收入会计的核算原则及要求

为正确核算铁路运输企业的运输收入进款，全面反映运输收入进款的核收、解缴情况，铁路运输企业在进行运输收入进款核算时必须遵循一定的原则，满足一定的要求。

一、核算的原则

（1）运输收入会计核算以实际发生的经济业务为依据，按照权责发生制的原则处理各项经济业务，如实反映运输收入动态。即对办理完毕的客货运输业务的进款，不管其款额是否收到，均应按规定确认的时间和标准作为运输收入进款入账。发生支付业务时，不管款项是否支付，均应按规定确认发生支付的事项入账。

（2）运输收入进款的核收实行发送核算制，由承运的车站负责计费收款，由收款铁路运输企业负责按照运输收入分项审核，并按其归属核算列账。一项运输任务的完成一般会涉及两个或两个以上的铁路运输企业，核收的运输收入进款需要进行分配，对此可以采用不同的核算方式，但目前铁路运输企业实行的是发送核算制。

（3）运输收入实行专户核算。现金和银行存款收支以实际发生月、日为准，汇总转账或调整凭证以报告月份为准。运输收入进款要专款专用，实行专户存储，以保证其安全与完整。

（4）收入审核是会计核算的基础和组成部分，对运输收入原始凭证必须进行全面审核，未经审核的凭证不得作为列账的依据。运输收入进款的审核是铁路运输企业收入管理工作的重要内容之一，只有经过审核，确认无误的原始凭证才能作为运输收入进款会计核算的依据。

（5）正确设置和运用会计科目，按月汇总、分项填制记账凭证、登记账簿和编制会计报表。运输收入进款核算有一整相对独立的会计科目、会计账簿，及会计报表体系，以全面反映运输收入进款的动态。

二、核算的要求

（1）运输收入会计核算，由收款铁路运输企业运输收入管理部门按照运输收入的归属进行明细审核和会计核算。这是与铁路运输企业对运输收入进款核收采用发送核算制相对应的，即不论运输收入进款的最终归宿如何，一律以收款铁路运输企业为主进行会计核算。

（2）合资、地方铁路运输收入进款票据、报表的审核和会计核算，必须使用铁道部统一客货票据审核、报表的程序和运输收入会计核算程序。不能使用统一的审核和核算系统的铁路运输企业，均由为其提供票据的接轨国铁铁路局（简称接轨铁路局）负责票据审核和会计核算。随着投资主体的多样化，合资铁路、地方铁路会越来越多，为保证铁路运输收入进款会计核算的规范、有序，保证相关会计信息真实可靠，对合资铁路、地方铁路的有关运输收入进款票据、报表的审核和会计核算，要求统一按铁道部的有关规定执行。

（3）国家铁路的运输收入进款，由收款铁路运输企业按国铁铁路局的管辖口径分管内、直通进行明细核算（以下简称分管内、直通核算）。铁路运输收入进款需要按照铁道部规定的清算办法进行分配，为保证这项工作的顺利进行，收款铁路运输企业应区分管内与直通，对运输收入进款进行明细核算。

（4）国铁股改铁路的运输收入进款，由收款铁路运输企业按控股国铁铁路局的管辖口径分管内、直通进行明细核算。即股改铁路管内与直通的划分应与其控股铁路运输企业的管辖范围一致。

（5）合资、地方铁路的运输收入进款，由收款铁路运输企业按合资、地方铁路的归属进行明细核算。合资铁路、地方铁路均为独立核算的经济实体，因此收款铁路运输企业必须根据运输任务的完成情况，以及铁道部运输收入清算办法的规定，正确确定运输收入进款的归属，以保证会计核算的合理性与准确性。

（6）国际联运国内段客货运收入，按照上述普通客货运收入核算的要求进行核算。

（7）军事运输客货运收入，由收款铁路运输企业分管内、直通核算。合资、地方铁路核收的军事运输收入，通过接轨铁路局全额报缴。

（8）运输收入科目发生核算确认差错时，均在原科目中进行调整。

第四节　铁路运输收入进款的核算方法

一、铁路运输收入进款的汇缴

铁路运输企业对运输收入进款实行专款专用、专户存储。各收款单位或部门对于运输收入进款必须按规定时间逐级汇缴上级运输收入存款专户。具体要求如下：

(1) 站段运输收入进款按照本铁路运输企业收入管理部门规定的时间直接上缴本铁路运输企业运输收入存款专户。

(2) 股改铁路和合资、地方铁路运输企业向接轨铁路局，以及铁路局向铁道部汇缴运输收入进款的时间为每月逢 5 日、逢 10 日（月末为最后一日）。

(3) 国家铁路核收的运输收入进款集中上缴铁道部。

(4) 股改铁路、合资铁路、地方铁路核收的国铁、其他铁路运输企业运输收入进款除铁道部另行规定结算的运输收入进款外均通过接轨铁路局报缴。铁道部另行规定结算的运输收入进款按已缴款（或已结算款）处理。

(5) 军事运输后付运费、铁路大客户的运杂费集中在铁道部结算。

(6) 代收款按照代收款协议办理资金结算。

二、铁路运输收入进款的核算方法

（一）客运收入的核算

(1) 旅客票价收入由发售铁路运输企业按车次、列车担当铁路运输企业别核算，国铁铁路局还要分管内（是指发站和到站在同一个铁路局管辖内，不包括通过其他铁路局后再到达本铁路局的，一票直通的按照接轨站算起，下同）、直通（是指发站和到站不在同一个铁路局管辖内，包括通过其他铁路局后再到达本铁路局的，下同）核算。

① 车站发售的国铁担当的旅客列车票价收入中包括全程票价收入、浮动票价收入、国际联运旅客列车由国内及外国铁路发售的国内段客票票价收入和全程卧铺票价收入，以及国铁担当的香港直通车由香港九广铁路公司及内地车站发售的内地国铁段票价收入。不含通过或进入股改铁路、合资铁路、地方铁路实行分段计费高于国铁运价部分的票价收入。

② 车站发售的股改铁路担当的旅客列车票价收入中包括全程票价收入、浮动票价收入和国铁担当列车通过或进入股改铁路段（实行分段计费高于国铁运价部分）的票价收入。

③ 车站发售的合资铁路、地方铁路担当的旅客列车票价收入包括全程票价和国铁担当列车通过或进入合资铁路、地方铁路段实行分段计费高于国铁运价部分的票价收入。

(2) 对发售中途需要换车的中转旅客的直通车票，按车票记载的担当铁路运输企业车次核算票价收入。对发售有车次、席位的联程票（异地票），按车票记载的担当铁路运输企业、车次核算票价收入。

(3) 卧铺订票费由收款铁路运输企业按所属车站发售的各次旅客列车票价中

卧铺订票费的 70% 核算担当铁路运输企业卧铺订票费收入，按 30% 核算发售铁路运输企业卧铺订票费收入。

(4) 办理旅客退票时，冲减相应车次的票价收入。

(5) 列车补票收入、客运其他收入等按收款铁路运输企业核算。

(6) 客票系统发展金、车站客运其他收入按收款铁路运输企业核算。

(7) 车站候车室空调费，按有关规定核算。

（二）行包收入的核算

(1) 行李运费、包裹运费、邮运运费、行包专列运费、行邮专列运费，由收款铁路运输企业按始发站至终到站的全程运费分管内、直通核算。

(2) 其他收入按收款铁路运输企业核算。

（三）货运收入的核算

(1) 货物运费收入由收款铁路运输企业按照货物运输方式、运输区段铁路运输企业别核算，国铁货物运费收入还要分管内、直通核算。

① 车站核收的国铁正式营业线和临管线（包括执行特殊运价的临管线）的各种货物运费，包括整车、零担运费和集装箱、特货运费，军事运输运费，国际联运国内段运费，变更到站运费，快运费，轴公里运费，自备货车装备物品及集装用具的回送费。

② 车站核收的合资、地方铁路运费，包括合资、地方铁路段的整车、零担货物运费和变更到站合资、地方铁路段的运费。

③ 车站核收的股改铁路运费，包括股改铁路区段的整车、零担货物运费和变更到站股份制铁路段的运费，按有关规定、办法进行核算。

④ 新路新价均摊运费、加收京九线分流运费全额按国铁货运运费收入核算。

⑤ 集装箱、特货车（冷藏车、家畜车、长大货物车）运费收入由收款铁路运输企业按始发站至终到站的全程运费并分管内、直通核算。

(2) 整车、零担货物运输的电气化附加费按照通过的电气化区段的归属铁路运输企业核算，集装箱、特货货物按照运输方式核算。

(3) 货运其他收入：① 国铁和合资、地方铁路运输企业所属车站核收的货运杂费收入，按照收款铁路运输企业核算。② 各铁路运输企业车站核收的属于集装箱、特货公司的货运杂费收入，按照集装箱、特货公司其他货运杂费核算。

(4) 出口国际联运货物国内段运杂费由发站核收，进口国际联运货物国内段运杂费，按《铁路货物运价规则》及现行国际联运规章规定的办法核收，均由收款铁路运输企业按现付核算。

（四）铁路建设基金的核算

各铁路运输企业所属车站核收的铁路建设基金，按照铁路建设基金的规定核算，通过国铁铁路局集中报缴。

（五）代收款的核算

铁路运输企业核收其他单位的代收款由收款铁路运输企业的收入管理部门负责审核列账。

办理各项代收款业务核收代办手续费按其他业务收入核算。

（六）预付款的核算

旅客、托运人或收货人（包括铁路大客户）办理的预付款按其他应付款管理。按照实际发生的运输费用办理预付款的拨付。

第五节 铁路运输收入会计凭证、会计账簿与账务处理程序

一、铁路运输收入会计凭证

会计凭证是记录经济业务、明确经济责任的书面证明文件，是登记会计账簿的依据。铁路运输收入会计凭证包括原始凭证和记账凭证两种。

（一）原始凭证

1. 原始凭证的概念及构成要素

原始凭证是在经济业务发生或完成时填制或取得的，用以记载经济业务的发生和完成情况，明确经济责任，并具有法律效力的书面证明。原始凭证是填制记账凭证和登记账簿的原始依据，是非常重要的会计核算资料。

铁路运输收入会计的原始凭证是铁路运输企业在办理客货运输业务时填制或取得的，是证明客货运输业务发生或完成的书面证明，是进行运输收入进款会计核算的依据。

原始凭证包含多种类型，但都必须具备以下基本要素：凭证名称；填制凭证的日期；填制凭证单位名称或填制人姓名；经办人签名或盖章；接受凭证单位名称；经济业务内容；数量、单价和金额。

2. 原始凭证的种类

由于铁路运输分为不同的种类，因而反映其收入进款核收情况的原始凭证也存在多种形式，具体可分为：

（1）铁路运输企业在办理客货运输业务时直接填制的原始凭证，包括计算机软纸票、区段票、代用票、行李包裹票、货票、客货运杂费收据等票据的报告页。上述每一种票据，都直接产生于相应的运输业务。如计算机软纸票、区段票、代用票、行李包裹票属于客运票据，产生于旅客运输业务；货票属于货运票据，产

生于货物运输业务；而客货杂费收据则产生于铁路旅客和货物运输过程中的与铁路旅客和货物运输相关的其他收费项目。

（2）铁路运输企业在办理与客货运输有关业务时填制的原始凭证，包括车站退款证明书、退款凭证、垫款通知书和运输进款动支凭证。由于某种原因，铁路运输企业在办理客货运输业务时，会出现向旅客、托运人、收货人办理退还多收运杂费，或动用运输收入进款的情况，此时应填制相应的原始凭证。例如：

① 车站退款证明书是车站向旅客、托运人、收货人办理退还多收运杂费时填制的付款证明。

② 退款通知书，是铁路局运输收入管理部门审核客货票据时，发现计算错误多收运杂费，通知站、段向旅客或货主办理退款的凭证。

③ 垫款通知书，是中途站垫付属于托运人责任造成的货物换装、整理、包装补修等人工及材料费，用以通知到站向收货人收回垫款的单据。

④ 运输进款动支凭证，是车站需要以运输进款垫付旅客或路外人员意外伤亡的急救医疗、埋葬费，行李、包裹损坏修理费和自然灾害急需款，以及保价行李、包裹赔偿款等时填制的。

（3）铁路运输企业在办理运输收入进款存汇业务时取得的原始凭证，包括现金和转账支票进账单、汇款单、利息通知单、银行对账单等。

3. 原始凭证汇总表

由于实际工作中所产生的铁路运输收入进款原始凭证数量相当大，为方便进行会计核算，要对这些原始凭证进行汇总，编制原始凭证汇总表，以原始凭证汇总表代替原始凭证作为编制记账凭证的依据。这些原始凭证汇总表包括：

（1）票据整理报告、卡片式车票售出报告、退票报告、车内补票移交报告和车内补票移交报告汇总表。

① 票据整理报告，是车站向铁路局报告各种填写式册页票据（软纸车票等）的报表，应按每一种票据分别整理填报，但软纸车票可在一张报告内分格填报。例如售出电子客票整理报告、区段票整理报告、定额票据（如运杂费收据）整理报告等。票据整理报告实质上是计算机软纸票、区段票、代用票、行李包裹票、货票、客货运杂费收据等票据报告页的汇总原始凭证。

② 卡片式车票售出报告，是车站向铁路局报告卡片式车票的报表。目前，铁路运输企业已基本实现电子客票，卡片式车票已基本不用。

③ 退票报告，是车站在按规定手续办理退票后，向铁路局报告核退旅客票款的报告。

④ 车内补票移交报告，是报告列车内补票交款的报表，由列车值班员填报。

⑤ 车内补票移交报告汇总表（见表8.1），是客运（列车）段向铁路运输企业报送“车内补票移交报告”的汇总报表，也是本单位掌握各次列车班组运输收入进款情况的统计分析表。客运（列车）段根据列车长交来的“车内补票移交报告”汇总填制本表一式两份，一份留存，一份附“车内补票移交报告”及有关票据按时报送铁路运输企业收入管理部门。

表 8.1 ____铁路局 车内补票移交报告汇总表

________段　　　　　　　　　　　　　　　　　年　月　日

车次	组别	列车长姓名	收入合计	其中									补无票人数	补超重批数	原票张数	附注
				补收票价	卧铺票价	卧铺订票费	补票手续费	补超重运费	候车室空调费	客票系统发展基金	溢收款	订正（凭证）+或−	发生或收回少缴款+或−			
合计																

收入管理部门负责人________　　　　　　　　　　　　制表人__________

(2) 票据进款交接单，是车站各营业窗口与本站进款室（代缴站）办理运输收入进款交接时的凭证。由各客货营业窗口根据当日客货运收入业务填制，也即根据票据整理报告、卡片式车票售出报告、退票报告、车内补票移交报告等的汇总数分项填制，并以此作为与进款人员办理交接的记录。

关于“票据进款交接单”的填报，第六章已经做了说明，此处不再赘述。

(3) 运输进款收支报告，是反映车站每日办理运输进款收支活动的报告，用以向铁路局收入管理部门报账。本报告每日的收支必须平衡，各项收入金额与支出金额必须与有关票据整理报告和相应的单据、凭证相符。

运输进款收支报告是根据票据进款交接单汇总填报的。

(4) 往来结算通知单，用于记载上下级间发生的各种资金增减、转拨业务，以及与运营财务部门之间结算业务的原始凭证。

(5) 核对签认记录，用于上下级之间、往来单位之间、单位内部各部门之间，在一定期间互相进行账项核对的原始凭证。

(6) 运输收入收支汇总表，即各铁路运输企业通过汇总站段运输进款收支报告而编制的汇总表，是各铁路运输企业据以编制转账凭证的汇总原始凭证。

(7) 车站银行存款流转额汇总表，是各铁路运输企业通过汇总站段“车站银行存款流转额表”而编制的汇总表，是各铁路运输企业据以编制转账凭证的汇总原始凭证。

(8) 军运、国际联运清算表，是国铁铁路局据以编制有关军运、国际联运清算转账凭证的汇总原始凭证。

(9) 运输收入事故处理通知书，是铁路运输企业发生运输收入事故时填制的，经领导审核批准后可作为列账依据的原始凭证。

4. 原始凭证的填制与审核

为真实地记录经济业务，发挥原始凭证的作用，提高会计核算工作的质量，对原始凭证必须按要求认真填制，以保证原始凭证内容真实、正确、完整；各项签名、签章等手续完备；文字与数字书写清楚、规范；编号连续；填制及时。

对于填制和取得的原始凭证还必须进行审核，只有经审核确认无误的原始凭证才能作为进一步编制记账凭证的依据。原始凭证的审核应从真实性、合法性、合规性、完整性、正确性、及时性等方面进行。

（二）记账凭证

记账凭证是会计人员根据审核无误的原始凭证或原始凭证汇总表填制的，用来确定会计分录，并据以登记会计账簿的会计凭证。铁路运输收入进款会计的记账凭证是登记运输收入进款会计日记账、明细账、总账的依据，包括收款凭证、付款凭证、转账凭证、汇总收款凭证、汇总付款凭证、汇总转账凭证六种。

1. 记账凭证的基本内容

作为记账的依据，记账凭证应包括以下基本内容：

(1) 填制凭证的日期；

(2) 填制凭证的单位名称；

(3) 凭证的名称和编号（计算机制证的还必须有会计科目代码）；

(4) 经济业务内容摘要；

(5) 会计科目（包括总账科目和明细科目）；

(6) 金额及其合计数；

(7) 所附原始凭证的张数（或参见凭证的日期和号码）；

(8) 填制凭证人员、记账人员、稽核人员、会计机构负责人（会计主管人员）签名或盖章。收款和付款凭证还必须有出纳人员签名或盖章。

2. 记账凭证的种类

运输收入进款会计的记账凭证是会计人员根据审核无误的原始凭证，或原始凭证汇总表编制的。

(1) 收款凭证，是用来反映现金和银行存款收款业务的记账凭证，是根据记录现金和银行存款收款业务的原始凭证，如现金和转账支票进账单、利息通知单等编制的。收款凭证包括现金收款凭证和银行存款收款凭证两种。

(2) 付款凭证，是用来反映现金和银行存款付款业务的记账凭证，是根据记录现金和银行存款付款业务的原始凭证，如汇款单、缴款单等编制的。付款凭证包括现金付款凭证和银行存款付款凭证两种。

应当注意:办理付款业务必须严格执行运输收入动支范围和银行的有关规定；对手续不全、不符合规定的业务事项，会计人员有权拒绝执行；发生现金转存银行，或从银行提取现金业务时，只编制付款凭证。

(3) 转账凭证，是用来反映不涉及现金和银行存款收付业务的转账业务的记账凭证，是根据记录转账业务的原始凭证，如往来结算通知单、核对签认记录、运输收入收支汇总表等编制的。

(4) 汇总记账凭证，包括汇总收款凭证、汇总付款凭证和汇总转账凭证，汇总记账凭证是为了减少登账次数，便于结账，在对收款凭证、付款凭证、转账凭证进行汇总后编制的，可作为登记总账的依据。

3. 记账凭证的编制要求

为保证记账凭证的正确、规范，记账凭证的编制应符合以下要求：

(1) 记账凭证应分类、按月连续编号。

(2) 收付款凭证一般不得用红字编制，特殊情况下，允许用红字编制银行存款收款凭证，但同时应将原对应科目冲销。

(3) 当一个单位内部同一决算报告有两个不同的银行存款户时，应当对银行存款收、付款凭证按各自归属的银行存款户分别编号，以示区别，避免互相混淆，造成错账、乱账。

(4) 文字与数字的书写，应整齐、清晰、规范，不得使用自造简化字。

(5) 记账凭证，包括汇总记账凭证，应分月按顺序装订成册，并加具封面，妥善保管，不得丢失。

(6) 汇总记账凭证可以根据业务量的大小，以日、五日、旬为单位编制。

4. 记账凭证的审核

记账凭证必须经过审核，确认无误后才能作为登记账簿的依据。记账凭证的审核主要从凭证记录的内容是否真实、凭证的填制是否正确、签章或签名是否齐全等方面进行。

审核过程中所发现的记账凭证错误，应查明原因并按有关规章制度要求进行及时更正。

二、会计账簿

（一）会计账簿的概念与分类

会计账簿简称账簿，是由具有一定格式、相互联系的账页所组成的，以会计凭证为依据，用来序时、分类地记录和反映经济业务事项的簿籍。登记账簿是会计核算的一种方法。

会计账簿按其用途可分为序时账簿（日记账）、分类账簿（明细账、总账）和备查账簿；按其外表形式可分为订本式账簿、活页式账簿和卡片式账簿；按其账页格式分类，可分为三栏式账簿、多栏式账簿、数量金额式账簿等。

铁路运输收入进款会计按照运输收入进款会计科目（即总账科目、明细科目）设立总账、明细账、日记账三种账簿，各铁路运输企业根据经济业务需要可增设辅助账，但不得以表代账。

（二）会计账簿的基本内容

虽然会计账簿的样式差别很大，所记录的经济内容各有不同，但其基本内容是一致的，主要包括封面、扉页和账页三个部分。

1. 封　面

会计账簿封面主要标明单位名称、账簿名称、会计年度、册数等项目。

2. 扉　页

扉页主要用来标明会计账簿的使用信息，如账簿的启用日期、账簿页数、记账人员和会计机构负责人（会计主管人员）姓名、经管人员名章和单位公章、交接记录等。

3. 账　页

账页是账簿用来记录经济业务事项的载体。不同的账页格式虽有差别，但其基本内容是相同的，一般包括：账户的名称、登记账簿的日期栏、凭证种类和号码栏、摘要栏（记录经济业务内容的简要说明）、金额栏（记录经济业务的增减变动情况）、借贷方向栏、总页次（账簿总页数）和分页次（该账户所在的页数）栏。

（三）总分类账的格式和登记方法

1. 总分类账的格式

总分类账也称总账，是根据总分类科目（一级科目）开设账户，用来登记全部经济业务，进行总分类核算，提供总括核算资料的分类账簿。总分类账所提供的核算资料，是编制会计报表的主要依据，任何单位都必须设置总账。

常用的总账格式有三栏式和多栏式两种，具体如表 8.2 和表 8.3 所示。

表 8.2　总　账（三栏式）

总账科目________

年		凭证号码	摘　要	借方	贷方	借或贷	余额
月	日						

表 8.3　总　账（多栏式）

年		凭证号码	摘　要	发生额	××科目		××科目		…	
月	日				借方	贷方	借方	贷方		

2. 总分类账的登记方法

(1) 总账必须按规定的总账科目设置，并分别按资产和负债科目编号顺序排列，不得简化只写科目编号不写科目名称。

(2) 月初余额应按上月末各科目余额转记，本期发生额应按记账凭证借方或贷方合计数填记。业务量较多的单位可编制汇总记账凭证，并据以登记总账。

(3) 月终结账时，应将总账科目余额进行试算平衡，以便与明细账进行核对，并据以编制会计报表。

（四）明细分类账的格式和登记方法

1. 明细分类账的格式

明细分类账又称明细账，是根据总账科目所属的二级科目或明细科目设置的，用于分类、连续登记某一类经济业务事项，提供有关明细核算资料的账簿。明细账一般采用活页式账簿，有的采用卡片式账簿，其格式包括三栏式、多栏式、数量金额式三种。

(1) 三栏式。

三栏式明细账的账页只设借方、贷方和余额三个金额栏，不设数量栏。这种格式适用于那些只需要进行金额核算而不需要进行数量核算的明细分类账户，如“应收账款”、“应付账款”等债权债务类结算科目的明细分类核算。

(2) 多栏式。

多栏式明细账的账页按照明细科目或明细项目分设若干专栏，以在同一账页上集中反映各有关明细科目或某明细科目各明细项目的金额。这种格式适用于费用、成本、收入和财务成果的明细核算。

(3) 数量金额式。

数量金额式明细账的账页按收入、发出和结余再分别设数量和金额栏。这种格式适用于既需要进行金额核算，又需要进行实物数量核算的各种财产物资的明细核算。

由于铁路运输收入进款会计的核算内容比较单一，因此所涉及的明细账主要采用三栏式的账页格式。

2. 明细分类账的登记方法

明细账必须根据规定的总账科目所属的二级科目或明细科目设置，并按资产和负债科目编号顺序排列。明细账应根据记账凭证记账，月终结出本月发生额和余额，并与总账核对相符。

(五) 日记账

日记账是按照经济业务发生的时间先后顺序，逐日、逐笔进行登记的账簿。日记账包括现金日记账和银行存款日记账两种。

1. 现金日记账

现金日记账是专门用来记录现金收支业务的一种序时账簿。现金日记账必须采用订本式账簿，其账页格式一般采用“收入”(借方)、“支出”(贷方)和“余额”三栏式。现金日记账通常由出纳人员根据审核后的现金收款凭证和现金付款凭证，逐日逐笔顺序登记。但由于从银行提取现金的业务，只填制银行存款付款凭证，不填制现金收款凭证，因而从银行提取现金的现金收入数额应根据有关的银行存款付款凭证登记。每日业务终了时，应计算、登记当日现金收入合计数、现金支出合计数，以及账面结余额，并将现金日记账的账面余额与库存现金实有数核对，借以检查每日现金收入、付出和结存情况。

2. 银行存款日记账

银行存款日记账是专门用来记录银行存款收支业务的一种序时账簿。银行存款日记账必须采用订本式账簿，其账页格式一般采用“收入”(借方)、“支出”(贷方）和“余额”三栏式。银行存款日记账通常由出纳人员根据每日审核无误后的银行收付款凭证序时逐笔登记。

对于银行存款日记账，应注意如下问题：

（1）当一个单位开设两个以上的银行存款账户时，应分户建立银行存款日记账；

（2）日常应将银行存款日记账与银行对账单进行核对，发生未进账事项或误进误支事项时，要及时与银行进行沟通，查明原因，及时调整处理。

（3）月末银行存款日记账与银行对账单余额发生不符时，应查明原因，除记账错误外，应编制“银行存款余额调节表”，调整后，银行存款日记账余额与银行对账单余额应互相一致。“银行存款余额调节表”只能用来核对账目，不能作为调整银行存款账面余额的原始凭证。“银行存款余额调节表”应与银行收付款凭证装订在一起进行保管。

（4）银行存款日记账（也包括现金日记账）不得跨年度使用。

银行存款日记账的格式如表 8.4 所示。

表 8.4　＿＿＿铁路局＿＿＿站（段）　运输进款银行存款日记账

入账日期		凭证		摘要	存入		支出				结余
站段	银行	种别	编号		现金	支票	上缴	退款	转拨	其他	

3. 对实行会计电算化单位的日记账的要求

实行会计电算化的单位，日记账可以不采用订本式，但必须达到如下要求：

（1）当天必须输入收款凭证和付款凭证。

（2）月末打印全月的现金和银行存款日记账。

三、记账规则

记账是会计核算的重要环节，运输收入进款会计应按照会计人员分工负责制的原则处理经济业务，做到分工明确，登账及时，内容完整，摘要清楚，字迹端正清晰。账簿应保持整洁，发生差错时应按规定方法进行更正。

（一）开　账

年初开账应将上年度余额转为本年度各科目的年初数，在新账页第一行记明“上年结转”，无需编制转账凭证。

（二）记　账

登记账簿，应以审核无误的记账凭证为依据，按照记账凭证的日期、编号、摘要、金额逐项填写清楚。

在登记入账前，如果发现填制的记账凭证有错误，应重新填制。

已登记入账的记账凭证，在当年内发现填写错误时，应用红字更正法处理。如果会计科目没有错，只是金额错误，也可将正确数字与错误数字之间的差额，另编一张调整的记账凭证。调增金额用蓝字，采用补充登记法；调减金额用红字，采用红字冲销法。发现以前年度记账凭证的错误，应用蓝字填制一张更正的记账凭证。

收、付款凭证原则上不能出现红字，发生科目错误应用转账凭证进行更正。

实行会计电算化的单位，发现已输入并审核通过或登账的记账凭证有错误的，可以采用红字冲销法或补充凭证法进行更正；记账凭证输入时，红字可用负号“－”表示。

日记账和明细账按记账凭证顺序号记账，总账可按记账凭证或汇总记账凭证记账，记账后要在记账凭证规定栏画“√”符号，以表示该记账凭证已经登账，避免重登或漏登。记账必须用蓝黑墨水书写，不得用圆珠笔书写，使用红色墨水仅限于结账画线、改正画线、红字冲账。

（三）结　账

每月记账完毕，应对各个账户结账，先结总账，后结明细账、辅助账。需要结出当月发生额和截至本月累计发生额的，应在摘要栏内加盖“本月合计”和“本月累计”字样，并在其上下方各画一条红线。需要结出余额的账户，结出余额后，应在“借或贷”栏内注明“借”或“贷”字样。没有余额的账户，应在“借或贷”栏内写“平”字样，余额栏内用“0”符号表示。

年度终了，要把各账户的余额结转到下一会计年度，并在摘要栏注明“结转下年”字样；在下一会计年度新建有关会计账簿的第一行余额栏内填写上年结转的余额，并在摘要栏注明“上年结转”字样。

结账时，如结账行上方有空白处，应从余额栏的右上角向下至摘要栏的左下角画一条红色对角截止线。

（四）账户备用戳记

为了明确经济责任，简化手续，运输收入进款会计应备有“银行收讫”、“银行付讫”、“转讫”、“借”、“贷”、“上年结转”、“本月合计”、“本月累计”、“期初余额”、“期末余额”、“上月结转”、“过次页”、“承前页”、科目编号、名称等小型戳和印章，以及刻有单位全称的小型横条戳和刻有会计人员姓名为记账专用的扁方形名章。

四、账务处理程序

账务处理程序又称会计核算形式，是指从填制、审核原始凭证开始，到编制记账凭证、登记账簿，再到编制会计报表的全过程的组织程序和方法。账务处理程序一般包括记帐凭证账务处理程序、科目汇总表账务处理程序、多栏式日记账账务处理程序和汇总记账凭证账务处理程序等四种。

运输收入进款会计采用的是汇总记账凭证账务处理程序，如图 8.1 所示。

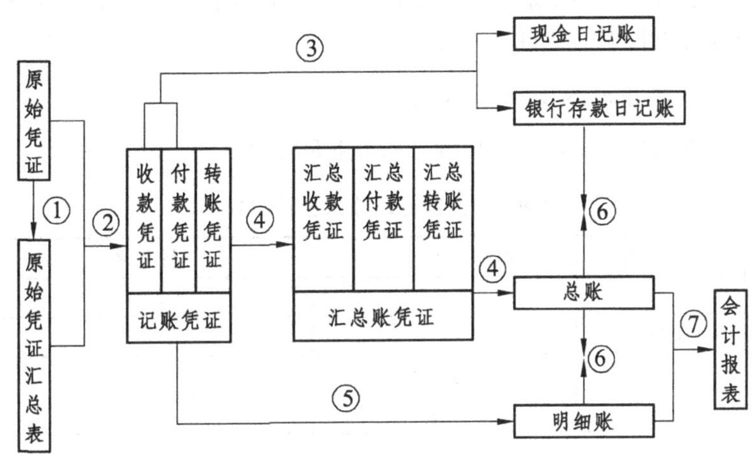

图 8.1

① 根据原始凭证编制原始凭证汇总表。

② 根据审核无误的原始凭证或原始凭证汇总表编制记账凭证（收款凭证、付款凭证和转账凭证）。

③ 根据收款凭证和付款凭证，逐日、逐笔登记现金日记账和银行存款日记账。

④ 定期对记帐凭证（收款凭证、付款凭证和转账凭证）进行汇总，编制汇总记账凭证（汇总收款凭证、汇总付款凭证和汇总转账凭证），并根据汇总记账凭证登记总账。

⑤ 根据记账凭证及其所附原始凭证或原始凭证汇总表逐笔登记各类明细账。

⑥ 月份终了，将现金日记账和银行存款日记账的余额与总账的有关余额核对相符；将各类明细账的余额与总账的有关余额核对相符。

⑦ 月份终了，根据核对无误、试算平衡后的账簿记录，编制会计报表。

第六节　铁路运输收入会计核算

一、铁路运输收入会计科目的设置与分类

铁路运输收入会计科目是根据《铁路运输企业会计核算办法》的统一规定，并结合铁路运输收入会计核算工作特点制定的。铁路运输收入会计科目按其反映的经济内容不同，分为资产类科目和负债类科目；按其提供核算指标的详细程度不同，分为总账科目和明细科目。

铁路运输企业必须按照铁道部《铁路运输收入会计核算规则》的规定设置运输收入会计总账科目，不得增加、减少或合并。而明细科目及其所属的子目，各铁路运输企业可以根据需要自行设置。

（一）铁路运输收入会计科目表

铁路运输收入会计科目名称和编号如表 8.5 所示。

表 8.5　铁路运输收入会计科目

顺序号	总账科目编号	明细科目编号	科目名称
1			一、资产类
2	1001		现金
3		1 001.1	人民币
4		1 001.2	外币
5	1002		银行存款
6		1 002.1	人民币
7		1 002.2	外币
8	1009		其他货币资金
9		1 009.7	车站在途款
10	1131		应收账款
11		1 131.1	少收款
12		1 131.2	迟交运杂费
13		1 131.3	邮运进款
14		1 131.4	军运后付运费
15		1 131.5	国际联运清算款
16		1 131.6	应收外局代收款
17		1 131.7	其他
18	1133		其他应收款

续表 8.5

顺序号	总账科目编号	明细科目编号	科目名称
19		1 133.1	少缴款
20		1 133.2	行包保价赔款
21		1 133.3	其 他
22			二、负债类
23	2121		应付账款
24		2 121.1	多收款
25		2 121.2	国际联运清算款
26		2 121.3	应付外局款
27		2 121.4	应付路外单位款
28		2 121.5	装卸费
29		2 121.6	集装箱公司代收款
30		2 121.7	特货公司代收款
31		2 121.8	快运公司营业部代收款
32		2 121.9	应付本企业核收其他企业运输收入
33		2 121.10	应付其他线货运收入
34		2 121.11	其 他
35		2 121.12	应缴其他代收款
36	2178		应缴铁路建设基金
37		2 178.1	应缴铁路建设基金
38		2 178.2	已缴铁路建设基金
39		2 178.3	铁路建设基金期末余额
40	2181		其他应付款
41		2 181.1	多缴款
42		2 181.2	国际联运应清算给外国铁路的旅客票价、行李、包裹、货物运杂费
43		2 181.3	内地与香港直通旅客列车运输中应清算给有关铁路方的旅客票价、行李、包裹、货物运杂费
44		2 181.4	客货预付款
45		2 181.5	行包快运收入
46		2 181.6	行包快递运费收入
47	2185		运输进款结算
48	2236		内部往来
49		2 236.1	上级往来
50		2 236.2	本级运营往来

（二）铁路运输收入会计总账科目的核算内容

(1)“现金”科目。本科目核算各铁路运输企业办理客货运输进款业务过程中核收的人民币及外币的收入、存入银行、结汇和结存情况。本科目设置“人民币”、“外币”两个明细科目。

(2)“银行存款”科目。本科目核算各铁路运输企业办理客货运输进款业务过程中的运输收入进款在开户银行运输收入进款专户的存入、支付、缴拨及结存情况。本科目设置“人民币”、“外币”两个明细科目。

(3)“其他货币资金——车站在途款”科目。本科目由各铁路运输企业核算车站当月已收而月末未送存银行和已送银行而银行尚未入账的运输收入进款、车站银行存款，以及车站已汇缴而企业在月终尚未收到的运输收入进款。本科目设置“车站未存款”、“车站银行存款”和“汇缴途中款”三个明细科目。

(4)“应收账款”科目。本科目核算铁路运输企业办理客货运输业务过程中应向旅客和托运人、收货人核收而尚未收回的旅客票价和客货运杂费；应收国际联运清算款；应收军运、邮运部门的运杂费；各企业间代付的运杂费。本科目设置“少收款”、“迟交运杂费”、“邮运进款”、“军运后付运费”、“国际联运清算款”、“应收外局代收款”和“其他”等明细科目。

(5)“其他应收款”科目。本科目核算“应收账款”、“内部往来—— 本级运营往来”(应收部分) 以外的其他应收账款。主要包括少缴款、垫付行包保价赔款、待查明款、运输收入进款事故赔款等。本科目设置“少缴款”、“行包保价赔款”和“其他”三个明细科目。

(6)“应付账款”科目。本科目核算铁路运输企业办理客货运输业务过程中应退还旅客、托运人、收货人而尚未退还的运杂费及应付而尚未支付有关单位的运输收入进款，各铁路运输企业间代收的运输收入进款也在本科目核算。主要包括多收款、国际联运及按规定代收的其他运输进款。本科目设置“多收款”、“国际联运清算款”、“应付外局款”、“应付路外单位款”、“装卸费”、“集装箱公司代收款”、“特货公司代收款”、“快运公司营业部代收款”、“应付本企业核收其他企业运输收入”、“应付其他线货运收入”、“其他”和“应缴其他代收款”等明细科目。

(7)“应交铁路建设基金”科目。本科目核算各铁路运输企业征收的铁路建设基金，应缴铁路建设基金存款利息。本科目设置“应缴铁路建设基金”、“已缴铁路建设基金”和“铁路建设基金期末余额”三个明细科目。

(8)“其他应付款”科目。本科目核算“应付账款”、“内部往来——本级运营往来”(应付部分) 以外的其他应付账款。包括多缴款，旅客、货主预付款，变价收入等本科目设置“多缴款”、“国际联运应清算给外国铁路的旅客票价、行李、包裹、货物运杂费”、“内地与香港直通旅客列车运输中应清算给有关铁路方的旅客票价、行李、包裹、货物运杂费”、“客货预付款”、“行包快运收入”、“行包快递运费收入”等明细科目。

(9)“运输进款结算”科目。本科目核算铁路运输企业办理客货运输业务过程中向旅客、托运人或收货人等核收的全部款项及其结算。本科目贷方反映应收取的全部款项，借方反映已结算的款项。

(10)“内部往来——上级往来”和“内部往来——本级运营往来”科目。核算应缴运输进款情况，以及与本企业运营财务部门的资金往来情况。

二、铁路运输收入进款基本业务的核算

（一）站段运输收入进款银行存款的核算

车站和车务段是直接办理客货运输业务的基层单位，所核收的铁路运输收入进款应存入运输收入进款银行专户，并按规定时间通过银行及时上缴。站段对运输收入进款的核算方法，是设置银行存款日记账，并按照收、付款凭证逐日、逐笔进行登记，据以反映运输收入进款银行存款的收支动态。

1. 站段银行存款日记账的记账

(1) 办理运输收入进款银行存款存入业务时，根据经银行盖章退回的现金存款单、现金或转账支票进账单的“收款通知”联等，按日逐笔登记银行存款日记账的“存入”栏。

(2) 办理运输收入进款银行存款支出业务时，根据上缴铁路运输收入进款和退还旅客票价，退还托运人、收货人运费，而填制的汇款单、委托付款凭证等银行结算凭证的“付款通知”联、“支票存根”等，按日逐笔登记银行存款日记账的“支出”栏。

(3) 对于银行责任的误进、误支款，应根据银行出具的特种转账凭证登记银行存款日记账。

(4) 对于银行退回的空头支票，如果银行已经入账，应按退票处理，根据银行出具的“退票凭证”登记银行存款日记账；如果银行尚未入账，则无需登记银行存款日记账，但此时应登记迟交运杂费辅助账，并通知经办人补收有关款项。

2. 站段银行存款日记账的核对

(1) 银行存款日记账应及时与现金存款单、现金或转账支票进账单、银行对账单等核对。

(2) 对上缴铁路局款和退还旅客票价，退还托运人、收货人运费等，要逐笔核对。

3. 站段银行存款日记账的更正

（1）核对银行存款日记账发现有漏登账的业务时，应及时补记入账，并标明该项业务的原办理日期。

（2）核对银行存款日记账发现金额登记有错误时，应采用划线法进行更正，并同时更正银行存款的结余额。

（3）发现银行对账单存在错误时，应及时通知银行进行纠正。

（4）当发现退还托运人、收货人运杂费的支票已经开出，而银行尚未入账时，应在支票存根上注明"未支出"字样，同时将该笔款项在银行存款日记账的"支出"方用红字冲销，次月银行列支时再重新记账。

4. 银行存款动态报告的报送

为综合反映站段银行存款动态，车站应填制"车站银行流转额表"(格式见表 8.6)。

表 8.6 ________铁路局　车站银行流转额表

________站（段）　　　　　　　　　　　　　年　　月

顺号	项　　目	收入	支出	附　　注
1	银行上月结余			记事： （1）应汇铁路局款； （2）未存入银行清单。
2	存入上月进款			
3	汇缴上月进款			
4	银行支付以前月度未退款项			
5	存入本月进款			
6	汇缴本月进款			
7	支付本月应退款项			
8	银行误入款			
9	银行误支款			
10	收回银行误支款			
11	收回银行误入款			
12	银行收、支小计			
13	本月银行结余			
14	本月进款未存入银行款			
15	未退出款			
16	未处理银行误入款			
17	未处理银行误支款			
18	欠汇铁路局款			
19	总　　计			

审核人________　　　　　　　　　　　　　制表人________

车站银行流转额表，是反映站段运输收入进款专户当月资金收、支动态，在途情况及月末账款是否一致的报表。本表由车站按月根据对账后的“银行日记账”记录、库存现金、银行票据据实填制一式三份，一份留存，两份附当月银行对账单、进账单，于规定日期报送铁路运输企业收入管理部门。

本表应与银行存款日记账、银行对账单完全相符。对于银行未进账的运输收入进款单据和未交银行的现金、支票等，应按规定填写清单，清单同本表一并报送。

铁路运输企业收入管理部门对本表审核无误后，一份留存，一份随银行对账单、进账单返回车站，按月装订，妥善保管。

（二）站段运输收入进款相关业务的核算

由于运输收入进款的会计核算是在铁路运输企业进行的，因此站段对运输收入进款相关业务的核算采取的方法主要是，根据业务类型，建立相应的辅助账簿。

1. 迟交运杂费和银行退票的核算

车站应根据实际情况建立“运输进款债权债务登记簿”，根据实际发生和收回情况，按日逐笔登记。对于月末未收回的迟交款、银行退票款，按单位编制明细表上报。

在发生银行退回支票时，除凭退票凭证登记银行日记账外，还应在单独建立的“运输进款债权债务登记簿”上登记，同时按规定开具“运输进款欠补款报告”并注明退票字样，交进款员作为报账依据。

对银行直接退回（包括交款时或交款后的几日内）且未按银行退票进行处理（银行对账单上无收支记录）的空头支票，或因印鉴、金额不符银行拒收的支票，应按迟交款核算，进款会计员应将这类支票返给客货经办人员，并及时修改原支票收到日的“票据进款交接单”和“运输进款收支报告”；跨月发生的，在退回日的“票据进款交接单”和“运输进款收支报告”中修改。

对于月末未收回的迟交款和银行退票款，应按规定编制“迟交运杂费明细表”和“银行退回支票明细表”上报。

运输进款债权债务登记簿（见表8.7），是车站、铁路运输企业收入管理部门登记掌握运输收入进款中各项债权债务发生处理情况的辅助账簿。

表8.7　______铁路局　运输进款债权债务登记簿

______年度　　　　科目：________　　　　单位：________

单位	日期	摘要	发生	处理	结余	单位	日期	摘要	发生	处理	结余

2. 支付垫款的核算

车站按《铁路运输收入管理规程》的要求，经批准由运输进款银行账户垫支的款项，除按规定登记运输进款银行日记账外，还要建立“(垫付)款分户辅助账”，登记其发生和收回情况。

对垫付的旅客和路外人员意外伤亡、急救或埋葬费，各办理站应及时将单据转本单位财务部门，财务部门应在5日内归还垫款。

对应由铁路运输企业收回的垫款，要按期将原始单据寄交铁路运输企业收入管理部门，由铁路运输企业收入管理部门办理清算。

(　)款分户辅助账（见表 8.8），是车站掌握托运人、收货人迟交、欠交运杂费，旅客（货主）预付款，代收款，多缴款或少缴款，多收款或少收款，路外伤亡垫款等应收应付款的明细账簿。分户名和款项别设立，序时登记，每月随运输进款收支报告上报。

表 8.8　______铁路局　款分户辅助账

户名：________　　　　　　　　　　　　年　　月

年		摘　　要	发生额	处理（抵用）额	结余额
月	日				

3. 银行利息收入的核算

车站银行存款户发生的利息收入，应根据银行签发的存款计息凭证，记入银行日记账的收方。

利息收入应随运输收入进款全部上缴。

4. 银行误记账款的核算

银行误记账款属于银行责任误记入运输收入银行专户的款项，发生时，应根据银行回执或特种转账凭证记账。收进的银行误记账款，在运输进款银行日记账的收方登记，并加以注明；处理或误支的银行误记账款，在运输进款银行日记账的支方登记，并加以注明。月末如有未处理的银行误记账款，必须查明原因，并编制“银行误记账款明细表”，随“车站银行流转额表”报铁路运输企业收入管理部门。

5. 预付款的核算

车站应按预付款单位建立“(预付) 款分户辅助账”，反映货主预付款的收支动态。发生预付款的收入、支用、退回业务时，应分别填制预付款存入或抵用凭证。月末，进款会计员应填制“预付款余额明细表”上报铁路运输企业收入管理部门。

对企业、货主直接交存铁路局运输收入专户的预交款，车站应凭铁路运输企业返回的记账通知填制预付款凭证，并按上述规定处理。

6. 大客户预付款抵用的核算

大客户发生运杂费而抵用其预付款时，应根据当日实际发生的运杂费金额，填制“铁路大客户预付款抵用清单”(格式见表 8.9)，并同时填列在“票据进款交接单”支方的规定项目中。每日发生的运杂费金额，需经托运人签章。“铁路大客户预付款抵用清单”应随“票据进款交接单”交车站进款会计员，一式两份，一份车站留存，并据以登记辅助账；一份随“运输进款收入报告”上报铁路运输企业收入管理部门。

表 8.9　______铁路局　铁路大客户预付款抵用清单

年　月　日　　　　编号_____

车站站名				
票据种类		票　符		当日运杂费金额
起　号		止　号		

______铁路局　　托运人______　　年　月　日

铁道部资金清算中心通过货票系统每日向装车站、铁路运输企业公布“铁路大客户运费结算日报”(格式见表 8.10)，车站按日下载打印，随“票据整理报告”报铁路运输企业收入管理部门。

表 8.10　______铁路局　铁路大客户运费结算日报

车站______　　年　月　日　　编号________

大客户名称	前日预付款结余	当日汇入预付款	当日结算运杂费	当日预付款结余	结算货票信息				
					日期	票符	起号	止号	金额

车站对大客户预付款的收入和抵用应单独建立辅助账，按日逐笔进行登记。

依据大客户运输进款管理办法，将从单位的大客户汇款中扣除本清单所列示你单位本日发生的运杂费。

7. 办理运输收入进款存汇所发生的相关费用的核算

办理运输收入进款存汇所发生的相关费用，由开户车站在运营备用金中报销，列决算站段财务费用。对银行在运输收入专户中直接坐支的费用支出，进款会计员应逐笔登记运输进款银行日记账，并在“运输进款收支报告附表”和“车站银行流转额表”的相关项目中列报。

（三）铁路运输企业运输收入进款的核算

铁路运输企业是运输收入进款会计核算的主体，应根据总账科目和有关明细科目，设置总账、明细账，对运输收入进款进行全面的反映。

1. 根据站段对核收的运输收入进款缴存情况编制会计分录

按实际存入银行运输收入进款专户的金额，借记“其他货币资金——车站在途款（车站银行存款)”科目，贷记“其他货币资金——车站在途款（车站未存款)”。

2. 根据站段对缴存的运输收入进款汇缴情况编制会计分录

按实际向铁路局银行运输收入进款专户汇缴的金额，借记“其他货币资金——车站在途款（汇缴途中款)”科目，贷记“其他货币资金——车站在途款(车站银行存款)”科目。

3. 根据实际收到的站段汇缴的运输收入进款情况编制会计分录

按铁路局银行运输收入进款专户实际收到的站段汇缴的运输收入进款的金额，借记“银行存款”科目，贷记“其他货币资金——车站在途款（汇缴途中款)”科目。

4. 根据站段上报的运输进款收支报告支方编制会计分录

应根据应缴运输收入进款的情况，借记有关科目，贷记“运输进款结算”科目。应缴运输收入进款的情况分项目反映在运输进款收支报告的支方，这些项目与应列支会计科目的对应关系如表 8.11 所示。

5. 根据站段上报的运输收入收支汇总表收方编制会计分录

应根据运输收入进款结算的情况，借记“运输进款结算”科目，贷记有关科目。运输收入进款结算的情况分项目反映在运输进款收支报告的收方，这些项目与应列支会计科目的对应关系如表 8.12 所示。

表 8.11　运输进款收支报告支方项目与列支会计科目对照表

序号	运输进款收支报告支方项目	借记科目	
		总账科目	明细科目
1	应汇缴铁路局款	其他货币资金	车站在途款（车站未存款）
2	退还旅客票价	内部往来	上级往来（应缴运输收入）
3	退运还杂费	内部往来	上级往来（应缴运输收入）
4	退款凭证退款	内部往来	上级往来（应缴运输收入）
5	旅客、货主责任垫款	其他应收款	其　他
6	迟交运杂费款	应收账款	迟交运杂费
7	动支凭证支付款	其他应收款	行包保价赔款（或其他）
8	少缴款	其他应收款	少缴款
9	预付款抵用	其他应付款	客货预付款
10	处理多缴款	其他应付款	多缴款

表 8.12　运输进款收支报告收方项目与列支会计科目对照表

序号	运输进款收支报告收方项目	贷记科目	
		总账科目	明细科目
1	卡片式车票进款	内部往来	上级往来（应缴运输收入）
2	电子车票进款	内部往来	上级往来（应缴运输收入）
3	代用票、区段（市郊）票进款	内部往来	上级往来（应缴运输收入）
4	行李票进款	内部往来	上级往来（应缴运输收入）
5	包裹票进款	内部往来	上级往来（应缴运输收入）
6	发送现付货票进款	内部往来	上级往来（应缴运输收入）
7	客运运杂费收据进款	内部往来	上级往来（应缴运输收入）
8	货运运杂费收据进款	内部往来	上级往来（应缴运输收入）
9	路内装卸费收据进款	内部往来	上级往来（应缴运输收入）
10	路外装卸费收据进款	内部往来	上级往来（应缴运输收入）
11	客货定额收据进款	内部往来	上级往来（应缴运输收入）
12	收回垫款	其他应收款	行包保价赔款（或其他）
13	收回迟交运杂费	应收账款	迟交运杂费
14	收回动支凭证款	其他应收款	其　他
15	溢收款	其他应付款	其　他
16	预付款	其他应付款	客货预付款
17	银行利息	内部往来	本级运营往来
18	多缴款	其他应付款	多缴款
19	收回少缴款	其他应收款	少缴款
20	车补进款	内部往来	上级往来（应缴运输收入）

例 8.1 某铁路运输企业 20××年 6 月运输进款收支报告如表 8.13 所示。

表 8.13 ______铁路局 运输进款收支报告

______站 20××年 6 月

顺号	款额 报告日期 收支项目	1 日	2 日	…	月计
1	卡片式车票进款				
2	电子车票进款				3 377 788.00
3	代用票、区段（市郊）票进款				10.50
4	行李票进款				3 643.20
5	包裹票进款				132 918.30
6	发送现付货票进款				537 952.92
7	客运运杂费收据进款				25 305.00
8	货运运杂费收据进款				45 273.57
9	路内装卸费收据进款				8 510.70
10	路外装卸费收据进款				
11	客货定额收据进款				58 179.00
12	收回垫款				420.00
13	收回迟交运杂费				7 046.90
14	收回动支凭证款				
15	溢收款				
16	预付款				33 500.00
17	银行利息				
18	多缴款				30.00
19	收回少缴款				1.00
20	车补进款				
21	退票费				13 523.00
22					
23					

续表 8.13

______站　　　　　　　　　　　　　　　　　　20××年 6 月

顺号	报告日期 款额 收支项目	1 日	2 日	…	月　计
24					
25					
26	收入合计				4 244 102.09
27	应汇缴铁路局款				4 108 289.26
28	退还旅客票价				69 596.50
29	退运还杂费				19 438.43
30	退款凭证退款				
31	旅客、货主责任垫款				120.00
32	迟交运杂费款				11 606.90
33	动支凭证支付款（行包保价）				100.00
34	少缴款				1.00
35	预付款抵用				34 920.00
36	处理多缴款				30.00
37	应汇缴铁路局款				
38					
39					
40					
41	支出合计				4 244 102.09

20××年 7 月 1 日填报　车站站长：印　　经办人：印　　审核：印

（1）根据其支方编制如下会计分录：

借：其他货币资金——车站在途款（车站未存款）　　4 108 289.26 元
　　内部往来——上级往来（应缴运输收入）　　89 034.93 元
　　其他应收款——其他　　120.00 元
　　应收账款——迟交运杂费　　11 606.90 元
　　其他应收款——行包保价赔款　　100.00 元
　　其他应收款——少缴款　　1.00 元

其他应付款——客货预付款 34 920.00 元

其他应付款——多缴款 30.00 元

贷：运输进款结算 4 244 102.09 元

（2）根据其收方编制如下会计分录：

借：运输进款结算 4 244 102.09 元

贷：内部往来——上级往来（应缴运输收入） 4 203 104.19 元

其他应收款——其他 420.00 元

应收账款——迟交运杂费 7 046.90 元

其他应付款——客货预付款 33 500.00 元

其他应付款——多缴款 30.00 元

其他应收款——少缴款 1.00 元

6. 运输进款的上缴与结算

按上缴给铁道部的金额，借记“内部往来——上级往来”科目；按支付给其他运输企业的款项，借记“应付账款”或“其他应收款”科目；按支付给运营财务部门的金额，借记“内部往来——本级运营往来”科目。按上述支付的银行存款的合计金额，贷记“银行存款”科目。

第七节 铁路运输收入会计报表

一、会计报表的性质与要求

会计报表是根据日常会计核算资料编制的，综合反映企业某一特定日期财务状况和某一会计期间经营成果、现金流量等会计信息的总结性书面文件。它是企业财务报告的主要部分，是企业向外传递会计信息的主要手段。

铁路运输收入会计报表，是反映各铁路运输企业在一定时期运输收入资金变化状况和获得经济效益的总结性书面文件。

编制会计报表是会计核算工作的最后一个环节，应当做到真实可靠、全面完整、前后一致、编报及时。针对铁路运输收入会计核算工作的特点，铁路运输收入会计报表的编制必须注意以下几个方面：

（1）会计报表的内容和数据，必须与会计账簿保持一致。

（2）各会计报表之间的对应关系必须正确，相关数据必须保持一致。

（3）报送的会计报表，应加具封面，装订成册，并加盖单位公章和单位领导、总会计师（总经济师）、收入主管的名章。

(4)必须统一使用铁道部规定的通用会计核算系统编制、传输和报送会计报表。

(5) 各铁路运输企业相互之间代收的运输收入进款，均应提供相应的会计信息和书面的会计报表。

(6) 会计报表格式、内容需要变更时，由铁道部统一进行，各铁路运输企业根据需要可增加报表。

(7) 收入管理部门对运输收入信息要实行归口管理，并负责为其他相关部门提供信息。运输收入信息是铁路运输企业内部的重要经济资料，应做好安全保密工作。

二、会计报表的报送

国家铁路、股改铁路的会计报表由接轨铁路局分别单独上报（国铁单独核算临管线铁路的会计报表单独上报），同时，还应上报两个铁路运输企业的合并会计报表；合资铁路、地方铁路运输收入会计报表均由接轨的铁路局负责上报。

三、会计报表的内容

铁路运输收入会计报表包括“资产负债表（会收表 1)”、“现金流量表（会收表 2)”、“运输收入进款监管表（会收表 3)”、“铁道部、铁路局运输收入结算表（会收表 4)”等多个具体报表，这些会计报表分别从不同侧面提供铁路运输收入进款的核收、解缴等相关会计信息，反映铁路运输企业收入进款的全貌。

有关铁路运输收入会计报表的相关信息如表 8.14 所示。

表 8.14 铁路运输收入会计报表编号、编码、使用单位、编报期、报部日期、提报方式

顺号	报表名称	编号	电算编码	使用单位	编报期	报部日期	提报形式
1	资产负债表	会收表 1	010	企业	季、年报	季、年后 15 日	网络传输、书面报送
2	现金流量表	会收表 2	020	企业	季、年报	季、年后 15 日	网络传输、书面报送
3	运输收入进款监管表	会收表 3	030	企业	季、年报	季、年后 15 日	网络传输、书面报送
4	铁道部、铁路局运输收入结算表	会收表 4	040	企业	季、年报	季、年后 15 日	网络传输、书面报送
5	季度军运后付运费清算表	会收表 5	050	企业	季、年报	季、年后 15 日	网络传输、书面报送
6	欠缴运输收入进款占用天数计算表	会收表 6	060	企业	季、年报	季、年后 15 日	网络传输、书面报送
7	季度堵漏保收表	会收表 7	070	企业	季、年报	季、年后 15 日	网络传输、书面报送

续表 8.14

顺号	报表名称	编号	电算编码	使用单位	编报期	报部日期	提报形式
8	运输收入预算完成情况表	会收表 8	080	企业	季、年报	季、年后 15 日	网络传输、书面报送
9	运输收入工作情况表	会收表 9	090～092	企业	季报	季后 15 日	网络传输、书面报送
10	运输收入工作业务量分类汇总表	会收表 10	011	企业	季、年报	季、年后 15 日	网络传输、书面报送
11	运输收入情况说明书			企业	季、年报	季、年后 15 日	书面报送
12	运输企业汇缴款对账表	会收表 11—1	Dz1	企业	月报	月后 6 日	网络传输
13	运输收入进款在途资金对账表	会收表 11—2	Dz2	企业	月报	月后 6 日	网络传输
14	运输收入收支总表	会收表 12	Sz1	企业			
15	运输收入基础月报	会收表 13	Yb1	企业	月报	月后 6 日	网络传输
16	铁路局（股改铁路）运输收入月报	会收表 13—1	Y01	企业	月报	月后 6 日	网络传输
17	其他企业代收合资、地方铁路运输收入月报	会收表 13—2	Y02	企业	月报	月后 6 日	网络传输
18	合资、地方铁路运输企业运输收入月报	会收表 13—3	Y03	企业	月报	月后 6 日	网络传输
19	其他企业代收国家铁路运输收入月报	会收表 13—4	Y04	企业	月报	月后 6 日	网络传输
20	已缴运输收入明细月报	会收表 13—5	Y05	企业	月报	月后 6 日	网络传输
21	行包快运收入明细表	会收表 14—1	M01	企业	月报	月后 6 日	网络传输
22	国家铁路运输收入明细表	会收表 14—2	M02	企业	月报	月后 6 日	网络传输
23	合资、地方铁路运输收入明细表	会收表 14—3	M03	企业	月报	月后 6 日	网络传输
24	分车次旅客列车票价收入明细表	会收表 14—4	M04	企业	月报	月后 10 日	网络传输
25	国有股改铁路公司货运收入明细表	会收表 14—5	M05	企业	月报	月后 10 日	网络传输
26	堵漏保收月报	会收表 15	Yb2	企业	月报	月后 6 日	网络传输
27	本企业发售各次旅客列车票价收入月报	会收表 16—1	F01	企业	月报	月后 6 日	网络传输

续表 8.14

顺号	报表名称	编号	电算编码	使用单位	编报期	报部日期	提报形式
28	国铁旅客列车票价收入月报	会收表 16—2	F02	企业	月报	月后 6 日	网络传输
29	分票种货运收入月报	会收表 16—3	F03	企业	月报	月后 6 日	网络传输
30	分票种客运收入月报	会收表 16—4	F04	企业	月报	月后 6 日	网络传输
31	本企业核收国家铁路、合资和地方铁路货物运费收入月报	会收表 16—5	F05	企业	月报	月后 6 日	网络传输
32	代收其他企业运输收入结算表	会收表 17—1	Js1	企业	月报	月后 6 日	网络传输、excel 格式
33	旅客票价收入进款结算表	会收表 17—2	Js2	企业	月报	月后 6 日	网络传输、excel 格式
34	其他运输收入进款结算表	会收表 17—3	Js1	企业	月报	月后 6 日	网络传输、excel 格式
35	行包收入分析表	会收表 18—1	k01	企业	月报	月后 10 日	网络传输
36	本企业发售各次旅客列车票价收入明细表	会收表 18—2	k02	企业	月报	月后 10 日	网络传输
37	中铁快运公司按铁路局管辖区域的行包专列收入情况表	会收表 18—3	k03	企业	月报	月后 10 日	网络传输
38	中铁快运公司按铁路局管辖区域的营业部核收收入情况表	会收表 18—4	k04	企业	月报	月后 10 日	网络传输
39	本企业核收行李、包裹和邮运运费收入明细表	会收表 18—5	k05	企业	月报	月后 10 日	网络传输
40	货物分运输品类收入表	会收表 19—1	h01	企业	月报	月后 10 日	网络传输
41	国有股改铁路整车、零担货物运费表	会收表 19—2	h02	企业	月报	月后 10 日	网络传输
42	国家铁路特殊运价线路整车、零担货物运费表	会收表 19—3	h03	企业	月报	月后 10 日	网络传输
43	国家铁路货物运费收入表	会收表 19—4	h04	企业	月报	月后 10 日	网络传输

续表 8.14

顺号	报表名称	编号	电算编码	使用单位	编报期	报部日期	提报形式
44	合资铁路整车、零担货物运费表	会收表 19—5	h05	企业	月报	月后 10 日	网络传输
45	地方铁路整车、零担货物运费表	会收表 19—6	h06	企业	月报	月后 10 日	网络传输
46	国家铁路电气化区段电气化附加费收入表	会收表 19—7	h07	企业	月报	月后 10 日	网络传输
47	货物分运价号收入表	会收表 19—8	h08	企业	月报	月后 10 日	网络传输
48	货物分运价区段收入表	会收表 19—9	h09	企业	月报	月后 10 日	网络传输
49	本企业核收国家铁路、合资和地方铁路公司货物运费收入明细表	会收表 19—10	h10	企业	月报	月后 10 日	网络传输
50	本企业担当旅客列车票价清算收入表	会收表 20	Yb3	企业	月报	月后 10 日	网络传输
51	运输收入预算月度完成情况表	会收表 21	Yb4	企业	月报	月后 10 日	网络传输
52	合资、地方铁路运输收入明细表	20—1	Yb5	企业	月报	月后 10 日	网络传输

注：1. 上述“企业”指铁路局、临管线铁路、国铁股改铁路、合资铁路、地方铁路。各企业间相互提供数据的时间，比上述规定提前 2 日。

2. 会计报表需要变更时，由铁道部统一修改。各企业根据本企业业务情况可增加报表，但报送铁道部的会计报表必须按铁道部规定上报。

各铁路运输企业应按上述有关规定，及时编制、报送会计报表。各会计报表的具体填列方法此处不再赘述。

第九章　铁路运输企业收入的监督检查

铁路运输企业收入的监督检查是铁路运输企业收入管理工作的重要内容之一，具体包括运输收入的审核、会计核算和实地稽查三个方面。通过这些工作，以达到对运输收入资金流动及运输收入实现的全过程监控，从而保证铁路运输收入的正确核收和完整、及时上缴。

铁路运输企业的收入管理部门，是具体实施铁路运输企业收入监督检查的职能机构。其权限包括：对本企业内部不执行、或不正确执行规章制度的单位的违纪行为及其所作出的错误决定，有权要求其纠正或撤销，必要时报告主管领导或上级业务主管部门督促执行；对本企业内部违反运输收入纪律的单位和个人，有权作出经济处罚的决定和行政处分的建议，责任单位须按照要求的期限，将处理结果和整改措施呈报收入管理部门。

关于铁路运输收入的会计核算，已在本书第八章进行了论述，本章将就铁路运输企业收入的审核和实地稽查分别进行说明。

第一节　铁路运输收入的审核

一、铁路运输收入审核的概念及任务

铁路运输收入审核工作是铁路财务监督和会计核算的重要组成部分，它是运用会计方法，对客货运输营业单位提报的运输收入票据、凭证和报表进行合规性的检查与核算，确认运输收入正确核收和准确列报，提供运输收入信息资料过程的总称。

铁路运输收入审核工作的基本任务是：

（1）依据国家财经政策和运价政策，对运输收入和使用票据、凭证及报表的合规性、合法性进行完整的专业核算，确认运输收入的完整和正确。

（2）审核客货运输营业单位提报的运输收入票据、凭证和报表是否完整和正

确使用，运输收入进款是否按规定结账、保管、存行和解缴，客货运输票据的请领、使用和结余数量是否正确。

（3）准确、及时编制运输收入报告，为运输收入会计核算和收入信息资料的使用者提供原始记账凭证和数据资料。

（4）揭露和防止贪污、截留、挪用、虚列、逾期列报运输收入和混列运输收入等违反铁路运输收入纪律的行为。

铁路运输企业是运输收入管理与审核的主体，客货运输营业单位（以下简称营业单位）是运输收入核收与报账的主体。各铁路运输企业收入管理部门负责本企业运输收入的审核工作。

为规范铁路运输收入审核工作，明确全国铁路运输收入审核范围、检查方式、核算方法、报告制度、收入资料提供标准，确保铁路运输收入审核工作质量，铁道部根据《会计法》、《铁路运输收入管理规程》以及其他有关规定，制定了《铁路运输收入审核工作规则》，各铁路运输企业必须遵照执行。

二、铁路运输收入审核工作的原则与要求

（一）铁路运输收入审核工作的基本原则

铁路运输企业在组织运输收入审核工作时，必须遵守以下基本原则：

（1）运输收入审核以实际发生的经济业务为依据，按照权责发生制的原则处理各项经济业务，准确反映运输收入及进款动态。

（2）按照营业单位提报票据和凭证记载的运输事项和内容，根据客货运规章的规定，对应收（缴）款与实收（缴）款进行系统的、全面的合规性审核，确认运输收入的完整和正确，做到票、账、款相符。未经审核的票据、凭证和报表不能作为确认运输收入的依据。

（3）审核运输收入票据、凭证和报表出现应缴款与实缴款、实收款与应收款不符时，按应缴款、应收款列账，分别填制“多少缴款订正通知书”、“票价订正通知书”、“补款通知书”、“退款通知书”（以下简称通知书）进行处理，同时登记“票据、进款差错登记簿”。

票据、进款差错登记簿（见表 9.1），是车站、列车及铁路运输企业收入管理部门记载审核客票运输票据和收入报表所发现的差错，以及差错处理情况的账簿。车站、列车对于自行复核客货运输票据、收入报表时发现的差错，以及铁路运输企业收入管理部门审核发现并通知订正的差错，均应按项目、分页记入本登记簿，及时掌握处理情况，并据以定期分析客货运输票据和收入报表的填报质量，以及产生差错的原因，从而加以改进。

表 9.1　________铁路局　票据、进款差错登记簿

年　月　日

处理单位	日期	票据种类或订正类别	票据或订正号码	多收或多缴款	少收或少缴款	差错内容	责任者	检查者	处理结果			
									日期	杂收据或退凭号码	退还款额	补收款额

(4) 逐日审核运输收入票据、凭证和报表，按日确认运输收入，根据审核后相关资料信息编制“运输收入及进款收支平衡报告”，详细反映收款单位运输收入进款和运输收入实现的情况。

(二) 铁路运输收入审核工作的基本要求

(1) 铁路运输企业是铁路运输收入审核工作的主体，负责全面审核运输收入票据、凭证和报表。同时，应按照运输收入的归属及收入信息资料使用者的要求进行明细核算，从而确认运输收入的归属。

(2) 铁路运输收入审核工作的对象是运输收入票据、凭证和报表，内容包括：审核营业单位使用的运输收入票据、凭证和报表是否符合规定和有效；票据和凭证的票符、票号是否相符、衔接；核对营业单位提报的纸张运输收入票据、凭证和报表、提报的电子信息和打印运输收入票据及票据整理报告所填列日期、票符、票号是否一致；对纸张运输收入票据及凭证均要进行手工连号确认。

(3) 在审核的基础上，对运输收入票据及凭证进行加算，核对应缴款与运输票据整理报告、运输进款收支报告所列款额是否相符，并确认当日应收款是否当日结账，当日实收款是否当日列账，发现错误按多缴款或少缴款处理。

(4) 对审核运输收入票据、凭证和报表出现的多缴款或少缴款、多收款或少收款，要及时填发相关通知书，通知责任单位及时办理补退款业务，并将通知书信息录入信息系统，作为修正原始信息的依据。

(5) 铁路运输企业应按旬按车站将审核后的运输收入原始信息汇总整理报告和修正信息及整理报告生成标准接口格式，按照规定的时间传输至运输企业票库。

(6) 运输收入审核工作应按照工作程序有序进行，除特殊情况外，铁路运输企业一般应在接到营业单位提报运输收入票据、凭证和报表或电子信息的三日内完成审核工作。经过审核后的运输收入票据、凭证和报表均要做明确标记，并在有关凭证上签章。

(7) 铁路运输企业要对营业单位传输的信息进行正确性检查，发现漏传、少传、错传信息时，要及时通知责任单位进行处理并做好纪录。对铁道部没有推广通用的应用软件的审核业务，应采用手工方式进行审核。审核中要进行纸张票据与电子信息的核对。

(8) 建立各铁路运输企业收入管理部门审核收入数据和信息的交换制度，国铁铁路运输企业和股改铁路、合资铁路、地方铁路相互间均应为对方提供已审核后的收入信息资料，做到数据共享、节约成本、提高效益。

（三）铁路运输收入审核与确认的基本程序

1. 票据连号

审核营业单位所使用的票据的票符、号码是否衔接、正确。客货运输票据必须是连号使用的，号码应相互衔接。对票据进行连号，是运输收入管理部门审核站段客货票据使用情况的重要手段。运输收入管理部门要对站段报送的各种票据整理报告等收入报表进行审核，确认收入报表中所列报的使用号码、张数，以及其中作废张数、票角、票根、收回原票是否正确有效，报告与报告之间的符号和号码是否衔接，防止缺号或漏报。

2. 进款加算

对运输收入票据及凭证进行逐张加算核对，确认应缴款与运输票据整理报告、运输进款收支报告所列款额是否相符，发现错误按多缴款或少缴款处理。

3. 检查报表

各项运输收入进款，必须按规定分类列示于收入报表的各个项目，运输收入管理部门对收入报表进行检查时，应审核营业单位提报的收入报表是否齐全，收入项目列报是否正确，避免相互混淆，对发生的差错应及时更正。

4. 确认收入

按照票据记载的运输事项，根据有关规章制度和运输费用计算的程序，全部核算运输费用，确定运输费用的应收款与实收款是否一致，及时处理多收款或少收款。

5. 编制报告

根据审核确认后的运输费用，按有关规章制度要求编制报告，对运输收入进行汇总、分类，真实反映运输收入的内容和债权债务的情况。

6. 票据对照

各种票据都要进行对照与核对，发现问题应及时查明原因进行处理，防止违反运输收入纪律的行为。

7. 登销票据账

根据审核确认后的票据整理报告，按月登销客货票据账，并与票据收发月报进行核对，反映票据的印制、领收、使用和结存动态，保证客货运输票据数量的收、支、余正确。

（四）铁路运输收入审核发现差错的处理

对铁路运输收入审核中发现的差错，应区别不同情况，进行相应处理：

（1）审核中若出现电子信息、打印纸张票据或票据整理报告反映的金额，与审核确认的应收款金额相互间存在不符的情况时，均应按确认的应收款列账，分别填制处理通知书处理。如一张票据上同时出现多收款和少收款时，应按相抵后的差额办理退补。

（2）审核中发现属于客货售票、制票系统程序问题产生的计算错误，或属于维护或操作失误造成的计费错误，均应按应收款列账，按多收款或少收款处理。

（3）实行手工审核时，可将已审核后的营业单位报表作为确认收入的报表，审核发生不符时可采用画线更正法进行更正；实行计算机系统审核时，应根据审核后的信息资料重新编制确认运输收入的报表，审核发现错误时采用补充凭证法或红字冲销法进行更正。

（4）在运输收入结账时，确因计算机问题无法取得信息，收入管理部门可按手工录入信息进行审核列账，事后应与营业单位补报的信息进行核对并在次月进行调整。

（5）审核发现营业单位提报的票据、凭证和报表中，有在当日结账后办理的“取消托运”或“作废”等票据及凭证的，以及计算机打印票据、凭证和报表中发现有画线更正数据的均视为无效更正，应填制通知书按少缴款处理。

（6）发现运输收入项目确认差错而需要调整时，均在原项目中进行。

（五）铁路运输收入票据、凭证和报表的提报

各铁路运输企业要根据营业单位的实际情况，确定向收入管理部门提报运输收入票据、凭证和报表的方式、方法和具体寄送办法，并保证其时间的一致性。

（六）铁路运输收入审核信息系统及电子信息的管理

（1）各铁路运输企业收入管理部门，应建立计算机管理制度和岗位责任制度，

加强维护管理工作，积极协调相关部门，保障网络传输渠道的畅通，确保收入审核工作的正常进行。

(2) 各铁路运输企业收入管理部门，应使用铁道部推广的计算机操作系统和通用应用软件审核运输收入票据、凭证和报表。营业单位应使用铁道部推广的客货及行包售、制票系统（以下简称售、制票系统）办理售、制票业务并按照标准数据接口格式（以下简称标准格式）向收入管理部门提供原始电子信息。

(3) 通用应用软件设计的业务流程应符合铁道部有关规则的规定，并应根据客货运规章的变化，及时维护和修改应用软件参数，保证审核工作的正确性和运输收入的完整性。

(4) 收入审核信息由营业单位原始信息和审核修正信息两部分组成，它是运输收入管理、会计核算和收入信息资料的基础信息。为保证基础信息的正确性，各铁路运输企业收入管理部门应与相关业务部门建立相互核对的审核机制。

三、铁路运输收入审核工作的权限与责任

（一）铁路运输企业的收入管理部门在运输收入审核工作中的权限

为保证铁路运输收入审核工作的顺利完成，提高业务质量，需要赋予铁路运输企业收入管理部门一定的权利。铁路运输企业的收入管理部门对铁路运输收入票据、凭证和报表进行审核时，具有下列职权：

(1) 对运输收入票据、凭证和报表的提报时间及质量提出要求。

(2) 监督所属营业单位运输收入结账和存汇款工作。

(3) 调阅与运输收入有关的各种账表、凭证、文件、资料。

(4) 检查所属客货营业单位的票据管理、使用工作。

(5) 限定债权债务的处理期限。

(6) 对各种计算机软件中涉及运输收入管理部分的合规性和正确性提出要求并进行监督。

(7) 对审核发现的各种问题，有权向责任单位提出处理意见。责任单位如无特别理由，必须在限定时间内按处理意见进行处理。

(8) 对违章违纪的单位和个人，有权做出经济处罚决定和提出行政处分建议，责任单位要按建议期限，将处理结果和整改措施呈报提出建议的收入管理部门。

（二）审核工作纪律

运输收入专业审核人员，要严格遵循国家财经法规和铁路规章制度，坚持原则、实事求是、廉洁奉公。发生以下情形的，应负行政、经济责任，主管部门视情节轻重，给予严肃处理：

（1）发现贪污舞弊等违章违纪行为或收入事故，不揭露、不报告、有意包庇的。

（2）有意篡改铁路客货运输原始信息（包括纸张、电子信息）的。

（3）滥用职权，收受贿赂，以权谋私的。

（4）有意将未经检查、核算的运输收入票据、凭证和报表列账的。

（5）未按照本规则规定进行审核、审核后未发现错误或审核系统错误造成严重后果的。

（6）玩忽职守，错列、乱列运输收入项目构成违纪的。

（7）越权批准运输收入进款动支的。

（8）在检查、指导工作中，对现行的规章制度做出错误解释，造成严重后果的。

四、铁路运输收入审核工作的实施

（一）铁路运输收入审核工作的范围

铁路运输收入审核工作涉及运输收入工作全过程的各个环节；涉及车站、车务段及其所属营业单位；涉及管理与核算中使用的各种收入票据、凭证和报表；涉及向旅客、托运人、收货人核收的各项客货运输费用。

（1）铁路运输收入审核的范围包括各营业单位使用有效票据核收的各种费用。

（2）运输收入审核的票据、凭证和报表包括营业单位提报的各种票据的报告页，按照运输收入管理规定编报的各种运输收入报表（包括售、制票系统打印的整理报告等）和办理运输收入进款收支业务的各种凭证和单据，以及按铁道部售、制票系统标准数据接口格式向各企业收入管理部门提供的票据和整理报告电子信息。

（3）运输收入票据、凭证和报表是反映收款单位在一定时期运输收入及进款变化状况的原始票据和单据。其内容和数据，要做到数据计算正确、反映真实，内容完整、提报及时，加盖公章和单位领导、经办人员的签章。收入管理部门对运输收入信息要进行归口管理，并按照规定的时间妥善保管。收入信息是铁路运输企业内部的重要经济资料，应做好安全保密工作。

（二）客货票据的审核

1．电子车票的审核

电子车票（即计算机车票）的审核，应当依据营业单位提报的电子车票信息记载的运输事项，根据客运规章的规定，对应收票价与实收票价进行核对，确认票价是否完整和正确。

审核应重点做到以下几点:

(1) 审核所使用票据的票符、票号是否正确、衔接。

(2) 逐张审核、加算票据的应缴款，并与票据整理报告和运输进款收支报告所列款额进行核对，确认是否相符。

(3) 审核票据整理报告电子信息、打印票据整理报告和电子票据信息，确认相互之间的勾稽关系是否正确。

(4) 审核发到站间的票价里程是否正确。

(5) 审核车票的列车等级、席别（铺别)、人数、票价等是否正确。审核通过合资、地方铁路线路高出国家统一票价部分的票价是否正确。

(6) 审核中转旅客签证后所持车票票价、学生票票价、残疾人票价是否正确。

(7) 审核九龙直通车票价和应收的香港段票价是否正确。

(8) 审核作废票是否按规定上报，与票据整理报告是否相等。

(9) 审核电子车票信息是否按规定及时结账、信息是否完整。

2. 代用票、区段票的审核

代用票、区段票的审核，应当依据营业单位提报的代用票、区段票或电子信息记载的运输事项，根据客运规章的规定，对应收票价与实收票价进行核对，确认票价是否完整和正确。

审核应重点做到以下几点:

(1) 审核所使用票据的票符、票号是否正确、衔接。

(2) 逐张审核、加算票据的应缴款，并与票据整理报告和运输进款收支报告所列款额核对，确认是否相符。

(3) 审核发到站间的运价里程是否正确。

(4) 审核车票的事由、列车等级、席别（铺别)、人数、票价等是否匹配和正确。审核通过合资、地方铁路线路高出国家统一票价部分的票价是否正确。

(5) 对办理变更的代用票还要审核其应附的原票是否齐全、有效，有无涂改。

(6) 审核发现因计算错误而多收票价但未按实际核收金额上缴的、剪断线不符或金额有涂改的，应按高金额列账，按少缴款处理。

(7) 审核保密押运人员票价计算是否正确，文件或协议是否有效，出现不符时按少收款处理。

(8) 审核发现计算错误少收票价或与计费有关项目涂改时，按少收款处理，并填发“票价订正通知书”追补票价差额。

(9) 审核旅游专列开具的代用票时，要根据开行旅游列车文电，审核发站、到站、列车车次、开行时间、座别、铺别，核定列车定员、免收人数及所使用车辆产生的（餐车和娱乐车）使用费、停留费等。

(10) 审核作废票是否按规定上报，与票据整理报告是否相符；审核印章是否齐全、有效。

3. 退票及退票报告、电子改签票的审核

对退回车票及“退票报告”的审核，应核对所附原票是否齐全有效，并根据客运规章的规定，对应退票价与实退票价、应收退票费与实收退票费进行核对，确认应收和应退款额是否完整和正确。

审核应重点做到以下几点：

(1) 盖有“行”字戳记的车票要确认是否办理了行李变更手续。

(2) 退还本站发售的车票时，应与原票存根或售出车票报告核对。同时，应根据退票时间与票面记载的开车时间进行审核，确认是否符合规定的退票时间。

(3) 对中途站退票，应核对列车客运记录和有关证明、退还票价和应收退票费是否正确。

(4) 发现营业单位计算错误、所附原票不齐全或误退无效车票时，应填发“票价订正通知书”进行追补。

(5) 在审核退票时，还应特别注意有无伪造和涂改挖补车票骗取退票款的现象。

(6) 对电子改签票的审核，应核对所附原票是否齐全有效，原票存根票号与改签报告票号是否一致，核对改签报告的改签时间与票面记载的时间是否符合规定。

(7) 审核印章是否齐全、有效。

4. 行李、包裹票的审核

行李、包裹票的审核，应依据营业单位提报的行李、包裹票或电子信息记载的运输事项，根据客运规章的规定，对应收款与实收款进行核对，确认费用是否完整和正确。

审核应重点做到以下几点：

(1) 审核所使用票据的票符、票号是否正确、衔接。

(2) 逐张审核、加算票据的应缴款，与票据整理报告和运输进款收支报告所列款额进行核对，确认是否相符。

(3) 审核行李、包裹票电子信息与打印纸张票据或者手工制票票据所记载的内容是否相符，整理报告电子信息与票据电子信息勾稽关系是否正确。

(4) 审核发到站、经由、运价里程是否符合规定，计算是否正确。

(5) 审核行李票时，应注意旅客人数、车票票号、行李重量；审核包裹票要确认包裹的品名、类别、运价率等是否正确。

(6) 审核免费运输的包裹票时，应注意托运人、收货人、品名及所附证明是否符合规定；对运价下浮的包裹，要按照有关文电检查是否符合下浮条件。

（7）发现错误时，应填发“补款通知书”或“退款通知书”进行处理。

（8）审核作废票是否按规定上报，与票据整理报告是否相符。审核印章是否齐全、有效。

5. 发送货票的审核

目前，铁路运输收入进款实行的是发送核算制，因此，对发送货票的审核，是铁路运输收入审核工作的重要内容。

发送货票的审核，应当依据营业单位提报的纸张货票和电子信息记载的运输事项，根据货运规章的规定，对应收款与实收款进行核对，确认费用是否完整和正确。

审核应重点做到以下几点：

（1）审核所使用票据的票符、票号是否正确、衔接。

（2）逐张审核、加算票据的应缴款，与票据整理报告和运输进款收支报告所列款额进行核对，确认是否相符。

（3）审核货票电子信息与打印纸张票据或者手工制票票据所记载的信息是否相符，票据整理报告电子信息与票据电子信息之间的勾稽关系是否正确。

（4）审核发送现付货票发到站间的运价里程（含特定的指定径路里程）是否正确；对办理国际联运、水陆联运业务的货票，还应审核国境站至国境线和港口站至码头的里程是否计入运价里程。

（5）审核发送现付货票所记载的车种（箱种）、车型（箱型）、标记重量、计费重量、货物品名、品名代码、运价号、运价率及运价率加减成等，确认票面记载事项的逻辑关系是否成立；对有特殊规定的计费重量，应审核其确定方式是否正确；检查零担货票时，还应检查货物是否符合零担计费条件；轻浮货物按体积、重量择大计费是否正确。

（6）审核特定运输以及免费运输的货票时，应检查有关证明、附件是否齐全、有效，临时以电报规定的特定计费条件是否符合规定。不符合规定条件的，应按一般货物处理。

（7）对营业单位办理的进口国际联运业务的货票，应审核货票记载的接运车辆标记载重与原装车辆标记载重等，确认运输方式和计费条件后，审核应收国内段运杂费和国境站发生的杂费是否正确。

（8）审核发送货票运输费用计算是否正确。发现计算错误时，填发“补款通知书”或“退款通知书”进行处理。

（9）审核货票“记事栏”记载的事由，检查是否有下浮文电、免收项目是否符合规定、加（减）成是否按规定计费等。

(10) 货票审核工作除对纸张票据报告页进行连号外，一律根据营业单位传送的标准格式信息进行审核。发现营业单位漏传、少传货票信息时，应及时通知责任单位补传。遇有特殊情况需由收入管理部门补录时，应按有关规定办理。

(11) 审核作废票是否按规定上报，与票据整理报告是否相符；审核印章是否齐全、有效。

6. 到站收款货票的审核和对照

铁路运输企业对于有些运输货物的运杂费实行到付制，由到站负责计费收款，到达运输企业审核列账。

对到达货票应按照以下程序进行审核：

(1) 核对进款。以货票上记载的应收运杂费与运杂费收据核收的运杂费进行核对，确认二者是否相符、正确。发现有运杂费收据而无货票或有货票而无运杂费收据的，应查明原因，确认是否存在漏收运杂费的情况。

(2) 检查货票。对变更货票逐项检查运杂费补退款是否正确。

(3) 票据对照。对变更到站的货票，应根据营业单位拍发的电报和货运调度受理变更到站命令登记簿与变更货票相对照；对因抢险、救灾、防疫等需要，按到付办理的货票，根据“(　) 到付运杂费对照表”与到达货票相对照；到达行包票据的对照工作按铁道部的统一部署进行。

到付运杂费对照表（见表 9.2），是核对应在到站核收运杂费的通知单，用以督促到站收回运杂费，防止漏收。由办理到付运杂费的发送铁路运输企业、进口国际联运国境站主管铁路运输企业、水陆联运最后接运站主管铁路运输企业和办理货物变更站的主管铁路运输企业，根据有关资料按到达铁路运输企业编制。本表一式三份，一份存查，另两份寄送有关铁路运输企业对照。

表 9.2　________铁路局　到付运杂费对照表

致______铁路局　　　　年　　月　　　　编号______

承运换装日期	车种及车号	发站	换装接运站变更	到站	原货票号码	分运货票号码	货物名称	重量	款额	收货单位名称	记事

________铁路局收入管理部门____________　　　　经办人________

年　　月　　日

（4）审核。到达交付货票运输费用计算是否正确，检查电子交付货票信息与纸张票据信息是否相符。

（5）搜查。到站付款的货票由到达企业在次月内全部对照完毕，发现不符时，应向到站及收货人查询，如属漏收运杂费的，应补收；如属货物未到的，应先在本企业搜查，经确认货物未到的，应在对照表上注明“未到”字样，并返回或另表通知填发企业。

对到达货票除应按照以上程序进行审核外，还要将审核结果作为审核客货运杂费收据核收运杂费是否正确的凭证。

7. 客、货运杂费收据的审核

客、货运杂费收据所涉及的收费内容较为庞杂，对客货运杂费收据的审核，应依据营业单位提报的纸张票据和电子信息记载的运输事项，根据客、货运规章的规定，对应收款与实收款进行核对，确认费用是否完整和正确。

审核应重点做到以下几点：

（1）审核所使用票据的票符、票号是否正确、衔接。

（2）逐张审核、加算票据的应缴款，与票据整理报告和运输进款收支报告所列款额进行核对，确认是否相符。

（3）审核填列的运杂费项目是否准确、运杂费的计算是否正确，迟交金是否按规定核收。

（4）应与原运输票据和有关资料进行对照检查。

（5）检查票面记载计费基础信息是否完整，应附票据及附件是否齐全。

（6）发现错误时，应填发“补款通知书”或“退款通知书”进行处理。

（7）检查票据电子信息与打印纸张票据或者手工制票票据的内容是否相符，相互之间的勾稽关系是否正确。

（8）审核补收少收款票据时，应审核填列项目是否正确、通知书编号是否正确、票据的勾稽关系是否正确。确认无误后，应在原通知书上注明核收费用的票符、号码、日期等。

（9）对到站收款的货票和行李票、包裹票，应作为审核客、货运杂费收据核收运杂费是否正确的凭证。

（10）审核作废票是否按规定上报，与票据整理报告是否相符；审核印章是否齐全、有效。

8. 车站退款证明书的审核

对“车站退款证明书”的审核，不仅包括对营业单位复核发现多收款时办理退款业务的审核，还包括根据上级收入管理部门下发的“退款通知书”办理退款业务的审核。审核的内容包括退款的计算是否正确，退款项目是否符合有关规定。对计算错误或重退、误退的，按多收款或少收款处理。

审核应重点做到以下几点：

（1）将“车站退款证明书”与原办理票据进行对照检查，确认所附证明文件是否有效。

（2）退款方式与原收款方式是否一致，领款人是否与原收款票据记载相符，领款单位、经办人印章是否齐全、有效。

（3）“车站退款证明书”是否有单位领导的审批，较大退款是否有收入管理部门的审核和单位领导的审批。审批权限是否符合本企业规定。

（4）审核所退运杂费是否正确，是否对应冲减原收入项目。运输变更时，应收费用是否核收、是否正确。

（5）审核支付运到逾期违约金冲减项目是否正确。

（6）审核退多收款和少收款票据时，还应审核所列项目、通知书编号、票据的勾稽关系是否正确。确认无误后，应在原通知书上注明核收费用的票符、号码、日期等，对照销号。

（7）审核营业单位在结账后办理的“取消托运”而填制的“车站退款证明书”时，应当与收回的票据（报销联、运输凭证联、领货凭证联），以及因取消托运核收各项杂费的客、货运杂费收据进行核对。

各企业和营业单位要建立退款审批制度，明确退款审批权限，未经审批或超出审批权限的款项，均不得办理退款。对违反规定办理退款的，按少缴款处理。

9. 邮运运费的审核

对邮运运费进行审核，主要是审核营业单位提报的“铁路运邮运费结算表”填写是否齐全，计算是否正确。应重点检查临时租用（增加）容间、挂运邮政车是否遗漏，发现计算错误或漏收时，改正后向邮政部门清算。

铁路运邮运费结算表（见表 9.3），由铁路运输企业收入管理部门按月编制，每月 25 日向签订合同挂运邮车或占用容间的邮政部门提出。一式两份，一份留存，另一份交邮政部门。

表 9.3 铁路运邮运费结算表

接收单位________ 年 月 单位：元

日期		车次	运送区间		里程	轴数	使用容间/m³	次数	基数	运价率	运费金额	记事
自	至		自站	到站								
合计												

制表单位______ 单位主管______ 制表人______ 附件____份

年 月 日填制

10. 军运后付票据的核算与结算

铁路运输企业对军事运输实行后付运费制，军运后付票据的审核与结算包括以下内容：

（1）军运后付货票、代用票的审核以及运输费用的结算工作，应集中在铁路运输企业收入管理部门进行并指定专人负责办理，建立稽核制度并注意做好保密工作。

（2）铁路运输企业收入管理部门在审核军事后付运输时，应按营业单位提报的票据或货票信息，按照军代处确认的“铁路军运运费后付凭证”的军运号、付费号和《铁路军事运输计费付费办法》的规定，计算运输费用，编制有关报表，并按权责发生制列账。

（3）审核军运后付代用票时，重点审核提报的后付凭证是否齐全，后付票据的票符、票号是否正确、衔接，“铁路军运运费后付凭证”内的军运及付费号码、印章是否齐全，计费条件是否完整，列车等级、车次、席别（铺别）、人数、票价计算是否正确。

（4）审核军运后付货票时，重点审核提报的后付凭证是否齐全，后付货票的票符、票号是否正确、衔接，“铁路军运运费后付凭证”内的军运及付费号码、印章是否齐全，计费条件是否完整。对内容不全或计费条件不完整的后付凭证应通知车站或要求托运部队补齐，对按规定不填到站的保密运输，应联系军事运输部门补填。

（5）经核算后的军运货票信息和票据整理报告，要按照货票信息系统标准接口格式及时传运输企业货票库。

(6) 寄送有关军运后付凭证、单据、结算账单等资料时，按机要文件办理。

11. 各种租金和使用费的审核

对于批准出租的路产运输设备（包括路产专用线、机车、车辆、房屋、站场等设施）租用合同，应分别建立“路产出租、使用账簿”，掌握租金及使用费的核收情况，按月记载收款日期、杂费收据号码和金额。对逾期未交的租金及使用费，应督促营业单位及时收回并按合同规定核收运杂费迟交金。

12. 预付款的审核

预付款的审核，应根据营业单位上报的“运输进款收支报告”、“预付款存入凭证”、“预付款抵用凭证”及银行收付款单据进行。审核的内容包括以下几项：

(1) 营业单位核收的预付款是否全额列报上缴。

(2) 预付款抵用单位是否真实发生运输费用，预付款抵用金额是否正确。

(3) 预付款余额不足以抵用已产生的运输费用时，不足部分是否按规定列报迟交运杂费以及核收的迟交金是否正确。

铁路运输收入管理部门应按照营业单位和预付款单位建立明细账。

13. 运输收入进款动支的审核

铁路运输收入进款实行专款专用、专户存储，一般情况下，铁路运输各级部门均无权动用。因此，对运输收入进款的动支情况，主要是审核是否存在违反《铁路运输收入管理规程》所规定的运输收入进款动支范围动支运输收入进款的情况。对超出动支范围或手续不全的动支款，要按少缴款处理。填发“多、少缴款订正通知书”，责令收回，并要求责任单位限期说明原因，同时登记“（ ）款分户辅助账”。

（三）运输进款收支报告的审核

运输进款收支报告，是反映车站每日办理运输进款收支活动的报告，依据票据进款交接单，按票据名称来反映运输进款，用以向铁路运输企业报账。运输进款收支报告的审核应按其填制过程及填制依据，全面地、逐项地进行。

1. 审核程序

(1) 审核各种票据整理报告、收支单据、凭证。

(2) 对照审核票据整理报告、收支单据、凭证与“运输进款收支报告”的相关内容。

(3) 审核“运输进款收支报告”。

(4) 营业单位提报的运输收入票据、凭证和报表，与审核确认后的运输收入票据、凭证和报表进行核对。

2. 票据整理报告、收支单据、凭证的审核

(1) 审核各种票据整理报告记录的应缴款与票面实收款是否相符，各项目款额填列是否正确，严禁混列、错列项目。

(2) 审核各种收支单据及凭证是否齐全、真实、有效。

(3) 审核各类支付凭证、单据是否符合运输收入进款动支范围。

3. 票据整理报告、收支单据、凭证与“运输进款收支报告”的对照审核

(1) 根据审核后的票据整理报告、收支单据、凭证，逐项核对“运输进款收支报告”的对应项目，确认填记的内容是否相符。不符时，以审核后的票据整理报告、收支单据、凭证为准，更正“运输进款收支报告”的原列项目、金额，差额按多缴款或少缴款处理。

(2) 对照“运输进款欠补款报告”和银行进账单，核对迟交运杂费的发生、收回是否真实，并与“运输进款收支报告”记录金额进行核对。

(3) 根据本企业运输收入存款专户实收款、车站银行对账单，核对“运输进款收支报告”上记录的应汇缴款和实汇款是否正确，发现不符的，按多缴款或少缴款处理。

4. “运输进款收支报告”的审核

(1) 审核“运输进款收支报告”收支方项目的设置是否符合“运输进款收支报告”的规定，列报运输收入进款的项目是否规范。

(2) 审核“运输进款收支报告”的收方各项目金额与所使用票据的合计金额是否相符，支方项目金额与所附单据的合计金额是否相符。

(3) 对“运输进款收支报告”的收、支各项目进行加算，检查加算后的金额是否与收、支方合计相等，发现不等时，按多缴款或少缴款处理。检查手工填制报表的各项目日累计与旬（月）报累计金额是否相等，发现不等时，应按每日实际累计金额更正旬（月）报，并填发“更正通知书”通知营业单位更正。

更正通知书（见表 9.4），是车站、客运（列车）段和铁路运输企业收入管理部门，用于通知有关单位更正票据、报表错误内容和补充记载遗漏的书面函件。本更正通知书一份附于原票据、报表上备查，一份寄处理单位，并按实际需要抄送有关单位。有关单位接到本更正通知书后，应将更正或补充的内容在有关票据、报表上进行更正或填注，加盖经办人名章，并将本更正通知书粘附于有关票据、报表上备查。

(4) 根据“运输进款收支报告”收、支方各项目记录计算应汇缴款金额、解缴银行款金额，并与原记录金额核对，检查其是否相符。

表 9.4　______铁路局　更正通知书

处理单位________　　　　　　　　　　　　年　月　日

原票据或报告				更正事项	原记载	更正
名　称	日　期	票号或编号	发站或到站			
记事：						

填发单位________　　　　　　　　　　　　经办人________

(5) 根据上月余额及本月发生与处理项目的记录，计算迟交运杂费、预付款月末余额，并与“运输进款收支报告”原记录金额及“运输进款债权债务登记簿”余额核对，确认是否相符，发现不符应查明原因及时处理。

(6) 根据上月末欠汇款金额及本月检查正确的应汇缴款金额、实汇款金额，计算月末欠汇款金额，并与“运输进款收支报告”核对，确认是否相符，发现不符时，根据计算结果更正原记录金额，并向营业单位填发“更正通知书”。

(7) 审核“运输进款收支报告”的填报日期是否正确，签章是否齐全，审核无误后，签章确认。

(四) 银行账表的审核

1. 银行对账单的审核

(1) 根据银行进账单逐笔核对银行对账单存入款是否正确，并与“运输进款收支报告”记录的解缴银行款核对，发现误进、误支时，及时通知营业单位与银行联系调整。

(2) 根据银行支付单据、凭证，核对每笔支付款金额是否正确，去向是否符合运输收入进款动支范围，并与“运输进款收支报告”对应项目记录及所附凭证核对，发现不符时，按少缴款列账，并责成营业单位及时追补。

(3) 分别加算银行对账单收、支款额，核对银行余额是否正确。月末银行存款日记账余额与银行对账单余额不符时，应编制“银行存款余额调节表”，调整后的余额应一致。

2. 车站银行流转额表的审核

(1) 根据核对后的对账单，计算存入上月款，逐笔与上月所附清单核对，确认金额是否正确，现金、支票是否相符，发现上月进款未存入银行的，应查明原因，及时处理。

（2）根据银行对账单，核对汇缴上月进款是否正确，并与上月“运输进款收支报告”中“月末欠汇款”项目及本月银行实收在途款核对，确认是否相符。

（3）根据银行对账单加算存入本月进款和汇缴本月进款，核对流转额表该项目填列是否正确。车站银行流转额表出现银行误支、误进款时，应核对银行所出具的特种转账凭证或凭证复印件。

（4）根据本表收、支合计，加算银行余额是否正确，并与银行对账单进行核对，检查其是否相符。

（5）根据所附清单核对本月进款次月存入银行项目是否正确；通过“存入本月进款”、“支票支付款”项目与“运输进款收支报告”中的应汇缴款核对，检查报告期内银行进款是否正确。检查次月存入是否合理，有无将迟交款列入次月存入进款的情况。

（五）债权债务的处理

1．多缴款或少缴款的处理

审核运输收入票据、凭证和报表，出现应缴款与实缴款不符时，按多缴款或少缴款处理。

（1）审核营业单位在当日结账时所发生的多出款，是否当日列账报缴，有无保留账外现金。发生短少款是否由责任者当时赔补，是否存在用运输收入进款或找零款顶数滚欠的情况。

（2）审核“运输进款收支报告”与所附各种票据整理报告、收支单据及凭证，确认实缴款与应缴款是否相符，出现缴款或少缴款时，填发“通知书”，通知责任单位处理。“通知书”要进行统一编号，并在“票据、进款差错登记簿”上登记，掌握发生和处理情况。

（3）各营业单位的多缴款或少缴款均在发现当日的“运输进款收支报告”上列报。

（4）发现整理报告电子信息、打印纸张整理报告和审核整理报告相互间所记录的信息不符时，均在当日按审核确认整理报告的应收费用项目和应收款额列报，并依据“通知书”列多缴款或少缴款。

（5）发现整理报告电子信息正确，打印纸张整理报告及实收款错误时，应填发“通知书”，要求责任单位及时办理补退业务。

（6）发现整理报告电子信息错误，打印纸张整理报告及实收款额正确时，填制“通知书”用于调整整理报告电子信息，不需要办理补退业务，但要通知责任单位。

2. 多收款或少收款的处理

审核运输收入票据及凭证，出现由于判断或计算错误而发生业务项目或应收款与实收款不符时，均按多收款或少收款处理。

(1) 核算运输收入票据及凭证或统计部门反馈的更正信息，出现应收款与实收款不符时，分别填发“通知书”、登记“票据、进款差错登记簿”，经单位负责人复核批准后及时通知责任单位进行处理。并据此按照运输业务发生的实际时间、项目和应收款额列报当日的运输收入和多（少）收款。处理多收款或少收款时，根据杂费收据等有关票据和返回“通知书”的款额列“处理多（少）收款”。

(2) 运输企业收入管理部门除及时通知营业单位处理外，还要将“通知书”的电子信息和汇总整理报告生成标准接口格式的修正信息，按照规定的时间传输至运输企业票库，与营业单位原始信息共同构成运输收入审核原始信息。

(3) 营业单位在接到通知书后及时处理多收款或少收款。应在收到通知书当日的“运输进款收支报告”填列“多（少）收款”，同时在记事栏中注明发生日期、通知书编号等相关内容。营业单位在使用“杂费收据”或“车站退款证明书”办理补退业务时，在其项目栏内填写“补少收款”或“退多收款”等项目名称，在记事栏内注明应补收或应退还收费的项目名称、通知书编号等相关内容。同时在“运输进款收支报告”中列“处理多（少）收款”项目，并在记事栏内注明发生日期、通知书编号等相关内容。

(4) 出现票据电子信息、打印纸张票据或者手工制票票据相互间所记录的信息不符时，均在当日按应收费用的项目和应收款额列账，同时依据“通知书”列报多收款或少收款。

(5) 出现票据电子信息正确，打印纸张票据及实收款错误时，应填发补、退款通知书，要求责任单位及时办理补退业务。出现票据电子信息错误，打印纸张票据及实收款额正确时，只需要填制“通知书”来调整票据电子信息，通知责任单位，但不需要办理补退业务。

(6) 对客货运规章规定的起码计费单价限额或规定互不退补金额以下的多收款或少收款，可按实收款列账，但应填发“票据、报表、进款差错清单”通知责任单位。

票据、报表、进款差错清单（见表9.5），是铁路运输企业收入管理部门审核、对照及计算票据、报表进款发现差错的清单。由收入管理部门按月、按站段分页编制一式两份，一份留存，一份寄送站、段收入部门，据以帮助及指导站、车、班组收入管理工作。

表 9.5 ______铁路局 票据、报表、进款差错清单

______站（段） 年 月

单位	日期	票据报表名称	票据号码账表页数	差错内容	记事

______收入管理部门______ 经办人______ 年 月 日

(7) 发现差错时，应在纸张票据上按正确金额改正并注明通知书编号，同时在审核后的电子信息上加注标志，但不得修改原始电子信息。

(8) 属于收入管理部门责任而误发的“通知书”，应在查明原因后，经收入管理部门负责人审批，收回注销，并调整原列账项目。

(9) 各营业单位“三检复核”发现和处理多收款或少收款时，不得修改原始信息，应按照相关规定处理，将通知书报上级收入管理部门审核，确认后处理。收入管理部门应负责将“通知书”录入信息系统。

3. 迟交运杂费的处理

对付款单位未按规定时间交付运杂费，或交付的转账支票空头以及属于托运人、收货人责任发生的银行退票和预付款不足抵用部分款额，应按迟交运杂费处理。

迟交运杂费的审核，应通过审核“运输进款欠补款报告”进行，审核其填记是否符合规定。另外还要对是否登记“运输进款债权债务登记簿”，发生和收回是否在“运输进款收支报告”中单独列报进行审核。

4. 债权债务处理的稽核

各企业和营业单位均要建立稽核制度，监督债权债务的处理情况，对处理完毕的有关运输收入票据、凭证和报表要进行全面审核。根据“运输进款债权债务登记簿”与“车站（）款分户辅助账余额表”进行核对，并对货主债权债务签认单进行审核。

审核营业单位对差错问题的处理情况是否正确，按照相关规则中对运输收入票据、凭证和报表审核的有关要求进行审核，重点审核相互间的勾稽关系。

五、运输收入审核报告

运输收入审核报告，是综合反映铁路运输企业一定时期运输收入进款变化状况和运输收入实现情况的书面文件，是运输收入审核工作的总结和审核结果的总体反映。运输收入审核报告是为收入信息资料的使用者提供收入资料，为其经营决策提供依据的。

运输收入管理部门通过对营业单位运输收入票据、凭证和报表的合规性审核实现对运输收入的确认。收入审核工作的特点决定了运输收入审核与确认是同时进行的。通过对运输收入的审核，按照收入信息资料使用者有关规定的要求，对运输收入进行明细的确认，并编制运输收入报告，按月提供运输收入信息资料。

（一）运输收入项目的设置

编制运输收入报告，首先要解决的是其项目设置问题，即运输收入报告的结构如何安排，应能提供哪些运输收入方面的信息，详略程度如何等。运输收入项目要按照《铁路客运运价规则》、《铁路货物运价规则》、《铁路运输收入管理规程》、《铁路运输收入会计核算规则》和《铁路运输进款清算办法》所规定的运输费用项目及运输收入的归属，以及铁路运输、统计和劳资等部门对运输收入项目有关要求的规定，进行明细分项，以满足运输收入管理和核算的需要。

运输收入报告的格式如表 9.6 所示。

9.6　企业运输收入报告

编制单位：　　　　　　　　　　　　　　　　　　　　　　　　单位：元

归属企业名称	行次	运输收入	旅客票价收入（含卧订费70%）	行包邮运收入			货物运费收入			电气化附加费			保价收入				其他收入								铁路建设基金		
				行李运费	包裹运费	专列运费	整车、零担运费	集装箱运费	特货运费	整车、零担电气化附加费	集装箱电气化附加费	特货电气化附加费	行包保价	整车、零担保价	集装箱保价	特货保价	软票费	候车室空调费	客运其他收入	行包其他收入	货运其他收入	集装箱其他收入	特货其他收入	运输关联收入	整车、零担建设基金	集装箱建设基金	特货建设基金
		1	2	3	4	5	6	7	8	9	10	11	12	13	14	15	16	17	18	19	20	21	22	23	24	25	26

单位领导：　　　　　　　　　　稽核：　　　　　　　　　　制表：

（二）运输收入及进款收支平衡报告

运输收入及进款收支平衡报告（见表 9.7），是反映经收款运输企业收入管理部门审核确认后，各收款单位每日运输收入进款动态和运输收入实现过程的报告。它既是运输收入会计核算记账的原始凭证，也是全面反映运输收入实现情况的报告。

表 9.7　运输收入及进款收支平衡报告

制表单位　　　　年　月　日　　　　单位：元

项　目	行次	收入	支出	净数
		1	2	3

单位领导：　　　　稽核：　　　　制表：

本报告是通过对各收款单位每日的运输收入票据、凭证和报表审核所确认的运输收入项目和运输收入进款资金收支凭证的确认结果，按照收款单位逐日编制，确认运输收入的时间按《铁路运输收入管理规程》所规定的结账时间为准。要求做到收入项目完整、数据正确、收支平衡，并按日结出运输收入进款在途款额。

本报告是根据分票种运输收入明细报告汇总编制的。分票种运输收入明细报告根据全面审核确认后的运输收入和划分运输收入项目的规定，以及按照核收运输收入所使用票据的种类进行编制。

分票种运输收入明细报告按客运收入、行李包裹收入、货运收入和其他收入分别进行填报。格式分别如表 9.8、表 9.9、表 9.10、表 9.11 所示。

表 9.8　分票种客运收入明细报告

编制单位：　　　　年　月　　　　单位:元

行次	项目	合计	电子票核收	册页式票据核收	杂费收据核收	退款证明书退款	其他（含军运）
		1	2	3	4	5	6

单位领导：　　　　稽核：　　　　制表：

表 9.9　分票种行李、包裹收入明细报告

编制单位：　　　　　　　　　　年　月　　　　　　　　　　单位:元

行次	项目	合计	行李、包裹票核收	其他票据核收	杂费收据核收	退款证明书退款	其他（含军运）
		1	2	3	4	5	6

单位领导：　　　　　　　　稽核：　　　　　　　　制表：

表 9.10　分票种货运收入明细报告

编制单位：　　　　　　　　　　年　月　　　　　　　　　　单位:元

行次	项目	合计	货票核收	杂费收据核收		退款证明书退款	其他（含军运）
		1	2	3	4	5	6

单位领导：　　　　　　　　稽核：　　　　　　　　制表：

表 9.11　分票种其他收入明细报告

编制单位：　　　　　　　　　　年　　月　　　　　　　　　　单位:元

行次	项目	合计	×票核收	杂费收据核收		退款证明书退款	其他（含军运）
		1	2	3	4	5	6

单位领导：　　　　　　　　稽核：　　　　　　　　制表：

（三）运输收入及进款收支平衡报告的编制方法及要求

1．编制方法

运输收入及进款收支平衡报告的“收入”栏各项数据，根据核收运输费用当日所使用运输收入票据及凭证的应收款额填列。“支出”栏各项数据，根据支付运输费用当日所使用的支付凭证的应退款额填列。“净额”栏各项数据，根据“收入”栏减去“支出”栏的差额填列。

2. 编制要求

(1) 做到收、支方各项目金额的加算与收、支方合计金额相等。

(2) 做到收、支方各项目记录计算的应汇缴款、解缴银行款，与原记录金额核对相符。

(3) 做到上月余额及本月发生与处理项目记录计算的迟交运杂费、预付款月末余额与本表原记录金额及“运输进款债权债务登记簿”余额相符。

(4) 做到上月末欠汇款及本月检查正确的应汇缴款、实汇款，计算的月末欠汇款与本表相符。

(5) 做到本表与营业单位“运输进款收支报告”相关内容的及时核对和相符。

(四) 其他运输收入报告

按照收入信息资料使用者的需求，编制其需要的运输收入数据报告，其报告内容、格式均由需求者提供。

六、审核工作的稽核

(一) 审核工作的稽核

运输企业收入管理部门要建立健全运输收入审核工作的内部控制制度、内部稽核制度和责任考核制度，明确控制的目标、原则和环节。定期或不定期的组织有重点、有针对性的全面检查或相互交叉检查工作，不断提高审核工作的质量。

(二) 审核工作报告

要建立运输收入审核工作报告制度，按月反映审核工作量和在审核中发现和处理问题的情况。

(1) 运输收入工作业务量报告（见表 9.12)，是反映运输收入审核工作量情况的月度报告，按照实际发生和审核运输收入票据、凭证和报表数量编制。本报告应与票据账相关内容一致。

(2) 运输收入审核工作情况报告（见表 9.13)，是反映收入审核工作中发现和处理差错情况的月度报告。它包括运输企业和营业单位发现和处理差错的数量和款额，其内容应与“票据、进款差错登记簿”所登记的内容和收入审核修正信息中的内容相一致。

表 9.12　运输收入审核工作业务量报告

编制单位：　　　　　　　　　　　　　　　　　　　　　　年　　月

项　目	单位	业务量	审核量	审核率
电子客票	张			
代用票	张			
区段票	张			
各种定额票	张			
国际联运行包票	张			
行李票	张			
包裹票	张			
快运运单	张			
发送现付（后付）货票	张			
发送国际联运货票	张			
到付货票	张			
到达国际联运货票	张			
到达变更货票	张			
客杂收据	张			
货杂收据	张			
其他专用收据	张			
退票报告	张			
退款证明书	张			
预付款报告	张			
其他票据	张			
合　　计	张			
客票票据账登销	格			

单位领导：　　　　　　　　稽核：　　　　　　　　制表：

表 9.13　运输收入审核工作情况报告

编制单位:　　　　　　年　　月

顺号	项　目	发现		处理	
		件	金额	件	金额
1	多收款				
2	少收款				
3	多缴款				
4	少缴款				
5	漏（欠）收款				
6	迟交运杂费				
7	银行存款不符				
8	涂改、伪造票据				
9	贪污舞弊案件				
10	其他				
11					
12					
说明:					

单位领导:　　　　稽核:　　　　制表:

（三）建立债权债务情况跟踪制度

详细记录审核中所发现和处理的差错,并建立与原始票据相对应的勾稽关系。

收入管理部门要建立提供数据资料档案管理制度，指定专人负责档案资料的管理工作，要按照资料的种类进行明细分类。

七、资料的移交与积累

审核完毕的各种客货票据，及各种整理报告、订正书类等，要按有关规定进行处理，包括向同级部门移交资料，和按规定作为档案进行存档。

1. 向统计部门移交资料

向统计部门移交客货票据及报表，应在审核完毕后，按规定时间移交。有关共享的电子信息，除铁道部统一接口格式外，与同级统计部门协商。

统计部门使用完毕的客货票据及报表，必须保证不丢、不缺、不混，并按发站装订成册，及时返回。

2. 资料的积累

为了加强运输收入工作的管理，及时分析运输收入完成情况和存在的问题，不断提高收入工作质量，各级收入管理部门应积累以下资料：

（1）各企业运输收入情况。

（2）旅客、行李、包裹和货物的发送量、周转量和平均运程。

（3）各货物品类的发送吨数、周转量、收入率和平均运程。

（4）客货票据工作量、审核量、对照量，平均每人每月的工作量，审核发现多收款或少收款、多缴款或少缴款的件数及款额。

（5）发生运输收入事故的种类和数量。

（6）堵漏保收分项统计情况。

（7）收入管理、增运增收、堵漏保收工作经验。

（8）工作中存在的主要问题和意见，以及专项调查情况资料。

（9）其他。

第二节　铁路运输企业收入的稽查

一、铁路运输企业收入稽查的概念及任务

铁路运输收入稽查工作是铁路财务监督的重要组成部分，是各铁路运输企业收入管理部门依照有关规章、规定、规则授予的职权，对从事铁路客货运输单位的运输收入工作的全过程进行监督、检查、处理工作的总称。

铁路运输收入稽查工作的基本任务是：对管辖区域内从事铁路客货运输单位及相关单位的运输收入工作，依据铁道部有关规章、规定和铁路运输企业依据铁道部规章、规定制定的补充规定，进行监督、检查、指导，查处各种违反铁路运输收入纪律的违章违纪行为，维护铁路运输合同各方当事人的合法权益，保证铁路运输收入的正确核收和按规定解缴。

为规范铁路运输收入的稽查工作，加强对铁路运输收入工作的监督检查，保证国家有关铁路运输收入的规章、制度及运价政策正确地贯彻执行，铁道部根据《铁路运输收入管理规程》，专门制定了《铁路运输收入稽查工作规则》，作为铁路运输收入稽查工作的依据。

二、铁路运输收入稽查工作的管辖

（一）铁路运输收入稽查工作管辖的基本原则

各铁路运输企业的收入管理部门，分别按各自的管辖区域，组织稽查人员进行铁路运输收入的稽查工作。在本管辖区域内，对凡是涉及铁路客货运输收费工作的铁路运输企业的单位和旅客列车（含出入境国际联运旅客列车），以及各铁路运输企业从事铁路运输延伸服务或代理的单位，均可进行涉及铁路运输收入的稽查。

（二）稽查工作在其他铁路运输企业管辖区域内的实施

铁路运输企业的收入管理部门在进行稽查工作时，认为有必要到其他铁路运输企业的管辖区域内，对涉及本企业运输收入的问题进行调查时，经双方共同的上一级收入管理部门批准可以进行。管辖方收入管理部门应派员协助调查，并提供必要的工作便利。

国家铁路的运输企业到由其提供票据的其他铁路运输企业进行检查时，可直接前往检查。

（三）对涉及其他铁路运输企业管辖区域内的稽查工作结果的处理

铁路运输企业的稽查人员，在本管辖区域内查出非隶属单位发生的涉及运输收入的违章违纪问题，以及在其他铁路运输企业的管辖区域内，查出涉及本企业运输收入的违章违纪问题时，均应编制“稽查工作记录”，通知责任单位的上级收入管理部门进行处理。双方对所查问题的定性及处理有争议时，可报请双方共同的上一级收入管理部门裁定。

责任单位的上级收入管理部门对查出的违章违纪问题没有异议，或虽有异议但已经双方共同的上级收入管理部门裁定为收入违纪问题的，必须按规定进行处理，处理结果应向实施检查的收入管理部门反馈。实施检查的收入管理部门，认为情节严重的或未在要求时间内接到处理结果以及认为对方处理不当的，可拍发电报向上级有关部门报告。

铁路运输企业在稽查本企业担当的旅客列车时，不受管辖区域限制。但当列车运行至其他铁路运输企业的管辖区域时，如遇有当地稽查人员上车执行任务时，应以当地的稽查为主，列车担当企业的稽查应主动配合，共同完成任务。

在本管辖区域内稽查外企业担当的旅客列车时，如有必要可随被查列车进入非管辖区域执行任务。

铁路运输企业的稽查人员，在稽查工作中发现属于其他铁路运输企业管辖范围的收入违纪问题时，应当及时通知对方收入管理部门查处。问题较为严重的，应当报告上级收入管理部门。

三、铁路运输收入的稽查人员

(一)稽查人员的设置及任职条件

为保证稽查工作的有效开展，各铁路运输企业必须在收入管理部门中设置专职稽查人员。稽查人员的数额应根据《铁路运输收入稽查工作规则》规定的工作量确定。稽查工作政策性较强，对稽查人员的思想作风、业务素质要求较高。

稽查人员应具备以下基本条件:

(1) 具有中专及以上文化程度；有三年以上运输收入工作实践，并在收入管理部门从事二年以上专业管理工作的经历；身体健康，能够坚持深入站、车进行稽查工作。

(2) 具有一定的政策水平和独立工作能力，作风正派、廉洁奉公、实事求是、坚持原则。

(3) 了解国家的财经政策，掌握财务会计基础理论和计算机应用知识。

(4) 精通《铁路运输收入管理规程》及其引申的各种工作规则和《关于违反铁路运输收入纪律的处罚规定》,以及《铁路旅客运输规程》、《铁路客运运价规则》、《铁路旅客运输办理细则》、《铁路货物运输规程》、《铁路货物运价规则》、《铁路货物运输管理规则》、《铁路乘车证管理办法》。

(5) 熟悉与铁路运输收入有关的其他客货运输规章、规定、命令和奖惩办法。

(6) 稽查人员应选配相当于副科级以上干部担任。必须经铁道部统一考试合格后方准任职上岗。

(二)稽查人员的职责

稽查人员的职责具体包括:

(1) 检查运输收入预算的落实与执行情况。

(2) 检查运输收入工作规范化执行及各项责任制的落实情况。

(3) 检查堵漏保收工作的开展及相关政策的执行情况，检查堵漏保收奖的发放是否符合规定；指导站、段制定增运增收和堵漏保收措施。

(4) 检查各项运输收入是否按规定正确核收；各种运输收入报表是否按规定填报；各项运输进款的列账、解缴、动支是否符合规定。

(5) 检查各种客货运输票据的印制、请领、使用、交接、保管是否符合规定，客货运输票据账登销是否及时、正确以及各级票据库的管理是否规范。

(6) 检查运输进款存放地点有无安全防范措施，是否建立现金交接、保管制度。

(7) 检查铁路职工乘车证的填发和使用是否符合规定。

(8) 检查债权债务的清理是否及时。

(9) 检查是否存在人为原因造成票额浪费和列车虚糜而影响运输收入的行为。

(10) 检查有关运输设备、设施、场地的各项出租、使用合同协议的签订和收费是否符合规定。

(11) 检查无法交付货物、行李、包裹、货底、旅客遗失品的登记、交接、保管和变价收入上缴情况。

(12)调查违反运输收入纪律的违章违纪行为和运输收入事故,提出处理意见。

(13) 检查其他与运输收入有关的工作。

(三) 稽查人员的权限

稽查人员凭稽查证件，在执行稽查任务时，可行使以下职权:

(1) 有权要求被检查单位介绍情况并接受检查，有权调阅与运输收入工作有关的各种账表、凭证、文件、资料。对于能够证明违纪事实的资料有权暂予封存和扣留，并出具查扣证明（以稽查工作记录代替)。

(2) 对稽查工作中发现的违章违纪行为，在稽查现场有权予以制止；对查出的问题编制稽查工作记录，责成被查单位限期处理，必要时可拍发铁路电报向上级机关报告。

(3) 按照《铁路旅客运输规程》的规定，凭稽查证件、稽查臂章查验旅客（含铁路职工）的各种乘车凭证。

(4) 有权参加责任单位对收入违纪问题的分析处理会议；对构成收入违纪行为的单位和个人，有权提出经济处罚和行政处分的建议（另有特别规定的除外)；责任单位如无特别理由须按稽查人员提出的建议限期作出相应的处理，并将处理结果和整改措施报上级收入管理部门和稽查人员的派出单位。

(5) 稽查人员在执行任务乘车时，免于签证，不受车种、席别的限制，出入车站有关处所、使用铁路电话、拍发铁路电报均不受限制。

(6) 为保证稽查工作的正常进行，稽查人员的主管部门应为稽查人员配备必要的工作备品和通讯工具。

(四) 稽查工作纪律

稽查人员在执行任务时，要认真执行国家的财经政策和铁路规章制度，处理问题必须坚持原则、实事求是、廉洁奉公。发生以下情形的，由主管部门视情节轻重，给予严肃处理:

(1) 发现收入违纪行为或运输收入事故，不揭露、不报告、有意包庇的。

(2) 滥用职权，收受贿赂，以权谋私的。

(3) 有意隐瞒、伪造事实，造成不良后果的。

(4) 稽查国际列车时，违反外事纪律造成不良后果的。

(5) 不执行领导批准的稽查工作计划，擅自变更工作计划，简化检查工作程序的。

(6) 在检查、指导工作中，对现行的规章制度作出错误解释，造成严重后果或经济损失的。

(7) 违反收入违纪问题举报保密规定，造成不良后果的。

（五）回　避

为保证稽查工作的公正、公平，在稽查工作实施前或进行中，稽查人员与已经初步判明有严重收入违纪行为或有举报的稽查对象有下列关系的，稽查的派出单位应要求其回避：

(1) 有近亲属关系的。

(2) 有直接利害关系的。

(3) 有其他可能影响公正查处关系的。

具有上述情形的，稽查人员本人要申请回避，被查对象也有权要求其回避，但是否回避由稽查人员的主管部门负责人决定。在决定未作出以前，不得停止稽查工作的进行。

四、稽查工作的计划和组织

（一）稽查工作计划

铁路运输企业的运输收入管理部门，应根据铁道部提出的年度稽查工作重点，结合本企业的实际情况，确定目标、明确任务，制定年度稽查工作计划，对全年稽查工作作出总体安排。

稽查工作计划按时间划分，包括年度稽查工作计划、季度稽查工作计划和月度稽查工作计划。铁路运输企业的运输收入管理部门，应于每一期间终了编制下一期间的稽查工作计划。即年末编制下年度的稽查工作计划，季末根据年度计划编制下季度稽查工作计划，月末根据季度工作计划编制下月份稽查工作计划，确定稽查对象、稽查方式、稽查内容及要求。

（二）稽查工作方式

稽查工作按稽查的范围划分，包括全部稽查、部分稽查和专题稽查三种稽查方式。

(1) 全部稽查，是指对被查单位的运输收入工作所进行的全面稽查。

(2) 部分稽查，是指对被查单位的运输收入工作的某个部分所进行的稽查。

(3) 专题稽查，是指针对运输收入工作的某个方面或某项内容所进行的专门稽查。

（三）稽查工作组织

为保证运输收入稽查工作的高质高效，充分发挥其监督职能，必须对稽查工作进行合理的安排和组织。一般应当做到：

(1) 对所管辖的四等及以下的车站每年进行一次全部稽查；对三等及以上的车站每年进行一次全部或部分稽查，进行部分稽查时，必须包括对现金和银行存款情况的稽查；对每个列车班组每年至少进行两次稽查。

(2) 对管辖区域内没有隶属关系的单位，包括通过管内的外企业担当的旅客列车、外企业设立的客货代办点的运输收入工作，每年安排不少于两次的稽查。

(3) 根据管辖区域内各单位运输收入工作量的情况，应当对稽查人员按稽查工作计划进行分工，明确各自职责与任务，合理组织工作。对稽查人员的分工应根据情况做不定期的调整。

(4) 稽查人员每月深入站、车执行稽查任务的时间应不少于工作日的三分之二。

(5) 稽查人员在执行任务时原则上不得少于二人。

(6) 各级收入管理部门应有计划、有重点的经常深入基层单位进行检查指导。对重点单位、关键部位和业务量较大或经常发生问题的单位，要加强稽查工作的组织，实施重点稽查。必要时可会同有关部门共同进行。

(7) 铁路运输企业每年应根据管辖区域内的实际情况，有针对性地组织一到两次联合稽查或专项稽查活动。

(8) 铁道部每年针对全路普遍存在的共性问题，从各铁路运输企业抽调人员组成稽查组，在全路范围或某个区域内开展专项联合稽查。

五、稽查工作的实施

作为铁路运输企业运输收入进款管理的一个方面，从范围来看，运输收入稽查工作覆盖铁路运输企业运输收入进款工作的全过程。从对象来看，运输收入进款工作涉及车站、车务段、客运（列车）段等单位，及其这些单位内部的车间、班组；涉及运输收入进款工作的各个环节；涉及从事运输收入进款工作的有关人员。有些情况下可能还会涉及一些路外单位和个人。因此，运输收入稽查工作必须针对不同单位组织实施。

（一）稽查车站

1. 稽查的目的与组织

车站是组织客货运输收入进款核收的基层单位，是运输收入稽查工作的重点对象。通过对车站与运输收入有关的各种客货运输资料的检查，以及实地的检查，以确定车站在办理客货运输中，是否存在因违反运输收入纪律和违反运输收入相关规定而造成运输收入漏收、少收的问题，正确评估车站运输收入管理工作的情况。

对车站实施稽查前应事先通知被查单位，告知其稽查时间和需要准备的资料等，但有下列情况之一的，可以不事先通知：

（1）有人举报被查单位有收入违纪行为的；

（2）收入管理部门有根据认为被查单位有收入违纪行为的；

（3）事先通知可能有碍稽查工作的。

2. 运输收入预算执行情况的稽查

车站应按照本铁路运输企业运输收入管理部门的要求，编制运输收入预算，并将其分劈到所属的车间、班组，还要定期分析检查预算的执行情况。对车站运输收入预算执行情况的稽查，即是从这两个方面入手。

（1）检查运输收入预算是否逐级分劈落实到车间、班组，是否建立各级纵向、横向经营责任制。

（2）检查其是否建立预算管理、客货运输市场调查、客货运输营销分析等制度，有无完成运输收入预算的具体措施，运输收入完成情况的相关资料是否齐全。

3. 运输进款的稽查

主要是对运输收入进款的安全措施以及办理部门、办理手续进行检查。

（1）检查站段是否建立运输进款管理的内部牵制制度和现金管理责任制，进款交接手续是否完善，进款保管地点是否配备必要的报警设备和安全防护设施，取送运输进款是否按规定派人护送。

（2）对营业窗口运输进款的稽查：

① 现金检查。现金检查按照清点现金、结算票据、票款核对、填制“现金记录”四个步骤进行。在检查过程中，遇被检查人员因故离开检查地点时，必须将现金、客货票据放入金柜和票箱内加锁。

清点现金时，一般情况下应由经办人自行清点，必要时稽查人员也可亲自进行，同时应有第三人进行监点。在检查现金时，对金柜、票箱、票柜、售票办公桌内的全部现金汇总清点，确认营业窗口实有现金数额。

对当日已出售、使用的全部客货票据（含有价表格）连号加总，结算出当日应收款；汇总当日有效支付单据（包括欠补款报告、抵用凭证）的支付款额，与应收款核对，确定营业窗口应有现金数额。

核对应有现金与实有现金是否相符，发生不符时应查明核实。短少款由责任人当时赔补；多出款应填发杂费收据，列溢收款上缴。

对清点后的全部现金（包括找零备用金）、已确认的有效支付单据、已结算的全部票据（卡片式车票按票种登记，并附“售出卡片式车票记录表”；册页式车票按票种、符号、起止号登记；有价表格按数量登记）如实记入“现金记录”（格式由铁路运输企业自定）内，并由经办人签认。

② 结账检查。检查运输进款是否按日、按时结账，是否按照先交款后结账的原则结账；检查计算机售票、制票窗口结账打印“票据整理报告”是否在交款之后进行；检查营业窗口每日结账发生的多出款是否在当日列账上缴，短少款是否当时赔补。

③ 列报检查。对当月每日的“票据进款交接单”中记载的各票种进款额与当日该票种的“票据整理报告”核对，必要时应检查原始票据，检查窗口是否有迟报、漏报情况。发生迟报、漏报运输进款时，必须追查该进款的去向。

④ 交款检查。根据当月“票据进款交接单”的记载，检查每日窗口应交款与实交现金、支票是否相符，有无压款、挪用、套换现金的情况。

检查“票据进款交接单”中记载的动支款项与动支凭证是否相符，动支凭证是否真实有效，现金支付款是否符合支付范围，动支凭证中记录的收款人是否真实，是否存在伪造动支凭证、冒领动支款、套换现金或贪污运输进款的情况。

检查“票据进款交接单”中记载的迟交款金额与“运输进款欠补款报告”及“（迟交）款分户辅助账”是否相符，“运输进款欠补款报告”中记载的欠款人、金额与对应的原始票据是否一致。

检查预付款核收是否填写“预付款存入凭证”，是否于核收当日在“票据进款交接单”中全额列报上缴，有无保留账外资金或公款私存、挪用预付款等情况；“预付款抵用凭证”中记载的金额是否与“票据进款交接单”相符，抵用单位、金额是否与原始票据、“（预付）款分户辅助账”相符，是否存在相互抵用、透支抵用或虚开“预付款抵用凭证”、挪用运输进款或逃避迟交金等情况。

⑤ 账簿检查。检查各类“（　）款分户辅助账”是否及时登记，余额是否正确，是否定期与迟交、预付单位核对余额，签认记录是否妥善保管，债权、债务处理是否及时，是否存在账款不符、账账不符、账证不符的情况。

（3）对收入（进款）室账款的检查：

① 银行账户管理检查。检查是否按规定开设运输进款专户，专户内有无办理运输进款范围以外的其他收付款业务，是否存在将运输进款存入专户以外的其他账户的情况，存款利息是否按规定列账上缴。

② 列报检查。检查当月“运输进款收支报告”中每日列报的各票种进款是否与当日“票据进款交接单”中记载的该票种进款相符，是否存在漏列、少列或逾期列报的情况。

③ 进款送存、汇缴检查。检查当月各日的“银行进账单”、“现金交款单”的实际送存银行款是否与“票据进款交接单”中记载的“现金”、“支票”金额相等，

是否存在压款、挪用或套换现金的情况，是否按规定时间送存银行，有无送存不及时的情况。

检查汇缴款是否按规定的时间、金额汇缴，有无迟汇、欠汇现象。

检查银行退回支票是否建账，手续是否完备，处理是否及时，迟交金是否按规定核收。

有代缴其他车站进款时，应检查是否执行款袋交接签收制度，解缴款清单是否及时退回交款站。

④ 账簿检查。检查“运输进款银行日记账”是否按日记账，是否与银行当月对账单逐笔进行核对。“车站银行流转额表”的编制上报是否正确及时。多少缴款、迟交运杂费、货主预付款台账与窗口相对应的明细账余额是否一致，是否执行定期对账制度。

4. 运输费用核收的稽查

（1）检查车站剪票、收票制度是否健全，有无漏洞；对自站发现的无票人员和列车移交的拒绝补费人员，是否按章处理；对收回的车票是否妥善保管和按规定处理。

（2）检查检斤、验货制度是否认真执行，检斤设备是否完好；对品名、重量不符的行包、货物是否按规定登记、补费、拍发电报。

（3）检查发送和到达的行李、包裹、货物的品名、重量或体积与票据记载是否相符，有无不符造成运输费用多收、少收的问题。

（4）检查到达行包票、货票的到达、卸车、通知、交付日期是否齐全，对到站应收的各种运输费用有无漏收、少收的问题。

（5）检查因超载在中途卸下的货物凭“货运记录”补送至到站后，是否按规定补收了运输费用和违约金。

（6）检查发送的各种票据填写是否符合规定；核收的运输费用是否正确，各项费用有无漏收或乱收费情况；应有的证件或应记明的事项是否齐全。

（7）核对发、到货票及货物装载清单，检查是否有伪报品名、少计重量、换票运输等造成运输费用少收的问题。

（8）检查下浮运价货物（含包裹）的品名、计费重量、下浮幅度是否符合批准文件所规定的标准，因托运人责任未达到协议运量时是否补收了运费。

（9）检查运输设备的出租是否按规定签订合同、协议并建立台账；各种租用、使用费及其他有关费用是否正确而及时核收。

（10）检查无法交付行李、包裹、货物、货底的交接、登记、保管、处理手续是否符合规定，制度是否健全，变价款是否正确且及时上缴。

（11）检查票价订正通知书、补款通知书、退款通知书、漏（欠）收款处理通知书、查询（指导）书是否按规定登记和处理。

查询（指导）书（见表 9.14），是铁路运输企业收入管理部门，在检查客货票据及收入报表时，发现问题判断不清，向站、段调查了解情况或进行业务指导的函件。本查询（指导）书一式三份，一份铁路运输企业留存，两份寄站、段。站、段收到本查询（指导）书，应在铁路运输企业指定的期限内，查清写明情况，一份留存，一份签复铁路运输企业收入管理部门。

表 9.14 ________铁路局 查询（指导）书

站（段）长________ 编号______

查询（指导）事项： ________收入管理部门________ 经办人__________ 年 月 日
答复： ________站、段________ 经办人__________ 年 月 日

（12）检查旅客遗失物品、拾得现金和暂存逾期未领的旅客携带品的交接、登记、保管、处理手续是否符合规定，账物是否相符，变价款是否正确及时上缴。

（13）检查携带品暂存费的核收及发售站台票款是否正确和按日上缴，账款是否相符。

（14）检查与运输收入有关的规章、办法修改是否及时、正确，命令、文电摘录是否齐全，有无因规章修改不及时而造成多收、少收款的情况。

5. 对站外客、货代办点的稽查

检查在车站范围以外设立的客票代售点、行包和货物托运代办点时，主要检查以下内容：

（1）检查该代办点的设立有无铁路运输企业主管部门的批准文件，是否与车站签订了规范性的代理协议，协议中有关票据管理、进款结算的内容是否符合《铁路运输收入管理规程》的相关规定。

（2）检查是否建立了规范的票据请领、交接、保管、使用、报送和现金进款交接、保管、汇缴等管理制度，在具体操作中是否严格按制度执行。

(3) 检查是否具有防火、防盗安全设施及通讯设备。票据、进款的交接手续是否完善，传递途中是否有专用交通工具和专人护送。

(4) 检查实交款与应交款是否相符，收入列报及进款解缴是否及时，有无压票压款的情况。

(5) 检查行包、货物代办点是否具有必要的检斤设备，及检斤验货制度执行情况。

6. 漏、少（欠）收款的处理

发现漏收、少收款时，应编制稽查工作记录和填发“漏（欠）收款处理通知书”，由被查单位签认。根据漏收、少收款发生的具体情况确定处理期限，处理期限应限定在该项漏、少收款自发生之日起的 180 天内。超过期限未作处理或已无法收回的，按运输收入事故处理。构成收入违纪的，按处理收入违纪的有关规定处理。

漏（欠）收款处理通知书（见表 9.15），是铁路运输企业收入稽查人员在检查车站运输收入工作中，发现漏（欠）收款时通知车站补收处理的凭证。收入稽查人员根据检查发现的漏（欠）收款，分项填写本通知书一式三份，经处理单位签认后，一份随工作报告报主管领导，两份交车站限期处理。车站对收入稽查人员移交的通知书，在限期内处理完毕后，一份留存，一份随杂费收据报铁路运输企业收入管理部门销账。

表 9.15　______铁路局　漏（欠）收款处理通知书

______站

根据　　年　　月　　日检查运输收入工作，发现你站漏欠收下列款项，请于　　月　　日前向有关单位补收后，连同对稽查工作记录所列问题的处理情况报送填发单位。

漏（欠）收款内容	应补收款额	处理结果		
		日期	收据号码	补收款项

处理单位签认______　　　　______铁路局收入稽查　______

（二）稽查列车

1. 稽查的目的和范围

稽查列车时，通过查验旅客车票、携带品以及对列车各部位的实地检查，以确定被查列车乘务班组在运输收入工作中是否按规定要求作业，有无未按规定查验旅客车票、携带品而造成运输收入漏收、少收的问题，是否存在违反运输收入纪律的违纪行为。

稽查列车的范围，包括机车和列车编组中的所有车辆。

2. 费用的补收

稽查列车时查出的问题，涉及补收费用时，应责成列车长按有关规定处理。

3. 稽查工作的组织

在车站稽查列车时，应在车站检票前到达。察看车站检票进站秩序、列车乘务员车门验票、行李及邮政车装货等情况，发现未经检票或无票进站上车、无票运货和装运与邮件无关的物品时，应通知车站或列车长按章处理。

在列车上执行稽查任务时，应注意以下事项：

(1) 在执行稽查列车任务时，应事先与列车长取得联系，必要时也可先执行任务后再通知。

(2) 查验旅客车票时，一般情况下应当会同列车长、乘警共同进行，必要时也可单独进行。不论采取何种方式，均应要求列车乘务人员做好安全措施，维护好车内秩序。根据列车运行区间的长短和车内人数、秩序等情况，决定采取全列车稽查或部分车厢稽查的形式。

(3) 直接面对旅客查验车票、询问情况时，必须按规定着装，佩戴稽查臂章，并注意态度和蔼、礼貌用语。

(4) 稽查列车应在尽量减少干扰旅客休息的原则下进行。夜间检查卧铺车时，不得开启车厢大灯，不得用手电光照射旅客面部。

查验车票时，应注意以下问题以下几个方面：

(1) 检查旅客是否持有有效车票，有无伪造、变造、过期、越站、误乘、重复使用、未剪口、未签证和经由不符等情况；代用票所填写的项目是否正确，合计票价是否与剪断线相符；各种区段票填写是否正确；减价票是否符合条件或持有相应的证件，有无越席乘车或无票人员。

(2) 检查旅客随身携带品中的超重、超大物品是否补收费用。

(3) 检查各种铁路乘车证的填发、使用是否符合规定，相应的证件是否齐全，有无转借、涂改等情况。

(4) 检查卧铺车时，应核对票夹内的车票、铁路职工乘车证、特种乘车证是否相符和有效，票夹内有无夹带现金。

(5) 检查空余铺位是否及时发售，有无因未及时发售而造成虚糜的情况。

(6) 检查列车班组是否按规定区段、时间查验过车票，对上述 (1) ～ (5) 项发生的问题是否发现和进行相应的处理。

4. 行李车的稽查

稽查行李车时，应重点检查以下几个方面：

(1) 核对装运的行李、包裹与票据是否相符，押运人员是否持有车票。

(2) 检查有无无票运输的货物和无票人员。

(3) 检查票据和贵重物品的交接、保管是否安全。

(4) 检查包租的行李车、隔离车所装货物是否超过协议规定的容积、重量。

5. 邮政车的稽查

稽查邮政车时应注意的问题：

(1) 检查车内人员是否持有有效的“邮局押运人员免费乘车证”、“邮局押运人员工作证”和“邮局视导员免费乘车证”以及邮政部门使用的“机要通信押运人员免费乘车证”，检查邮运人员是否超过规定的人数。

(2) 检查行李邮政合用车辆的邮政固定容间是否符合“运邮合同”的规定。

(3) 检查车内有无非邮件物品、非邮政人员和无票人员。

6. 列车其他部分的稽查

稽查餐车、发电车、隔离车、加挂路用车、机车时，应特别注意有无无票人员及物品；稽查路内加挂的各种免费车辆，如试验车、回送车等，应特别注意有无调度命令，是否符合规定。

7. 对列车长办公席的稽查应注意的问题

(1) 对现金进行封款结账，核对票、账、款是否相符。

(2) 检查所备用的各种票据是否齐全；现金、票据的保管是否安全，交接有无制度；交款是否及时，有无积压、挪用等违反收入纪律的情况。

(3) 检查各种票据是否按规定填写、使用；核收的各种费用是否正确；应收回的票据是否齐全；是否执行票据复检制度；是否正确填写“车内补票移交报告”。

(4) 检查运输收入任务的完成情况和堵漏保收措施的落实情况。

8. 货物列车稽查

检查货物列车时，应检查货车、机车、守车、机械保温车等处有无搭乘人员以及无票货物。发现搭乘人员及无票货物时，应编制稽查工作记录，按客货运有关规定处理。

9. 伪造、变造车票的处理

对持用伪造、变造车票（含其他乘车凭证）的人员，除按无票处理外，应移交公安部门处理，重大案件要及时向上级主管领导汇报，建议采取有效措施进行查堵防范。

10. 铁路违章乘车证的处理

检查发现路内人员违章填发、使用铁路乘车证的均按无票处理，并查扣其违章乘车证（必要时可同时查扣相应的证件），通知其所在单位处理。对拒绝补票的，应编制稽查工作记录（或责成列车长编制客运记录），填发“违章乘车处理通知函”（违章乘车补款通知书）（格式见表 9.16），连同查扣的乘车证和证件寄责任者所在单位追补票款和罚款。责任单位如在 30 日内未将应补款和处理结果报送发函单位的，应报告上级机关督促责任单位处理。

表 9.16 ______铁路局 违章乘车补款通知书

编号______

__________：

你单位职工　　　等　　人，于　　　年　　月　　日持用失效、涂改、伪造、违章填发乘车证被查扣，根据铁道部有关规定，应补收票款　　　　元。请将票款汇至　　　铁路局收入管理部门。

开户银行：
户　　名：
账　　号：

（单位公章）
年　　月　　日

…………………………………………………………………………

回　　执

__________：

你单位填发的第　　号违章乘车补款通知书所列票款　　元已于　　年　　月　　日汇付你单位，请查收。

（单位公章）

年　　月　　日

…………………………………………………………………………

会凭—

通知书（代账单）

单位名称：________　　　　　　　　第　　号

下列账款请列入　　　科目　　　月份账　　　　接收单位__________

摘　　要	发出单位列账会计科目		金　额
	借方科目	贷方科目	

财务主管______　　制证______　　　　年　　月　　日　附件_____张

（三）客货运输票据的稽查

客货运输票据时运输收入进款核收的凭证，属于有价证券，对其领收、使用、结存等情况，应按计划组织稽查。

1. 客货运输票据管理的稽查

(1) 检查客货票据账是否及时登销，领收、使用、结存是否正确，客货运输票据账的票据“结存数量”与库存（包括已出库未使用的）票据的实际数量是否相符。发现不符时，应查明原因并编制稽查工作记录。

(2) 检查收到的客货票据是否及时清点入库，“卡片式车票请领单”及“册页式票据请领单”的丙联是否按规定时间签回票据库，库存票据量是否符合规定，卡片式车票的管理是否达到了“五统一”(即售出卡片式车票记录表、售出卡片式车票报告〈年度表〉、售票箱、储票柜、票据账）的要求。

(3) 检查票据库的管理是否达到规定的标准，客货票据出库、使用时的交接制度是否完善，交接手续是否齐全，保管是否安全。

(4) 检查有价表格的管理，是否正确填记“售出有价表格记录簿”，售出款是否按规定及时上缴。

(5) 检查客货营业窗口的票据时，应在不影响正常营业的情况下进行。检查符号是否相符、票号是否衔接，必要时对部分票据进行逐张连号检查。

对窗口售票箱内以及已出库未入售票箱的卡片式车票进行全部或部分清点。

(6) 检查使用过的运输票据（包括报表）是否完整装订成册和按年、月顺序存放，保管是否安全，对保管期满的是否已按规定报批销毁。

2. 客货运输票据印制的稽查

检查承印铁路客货运输票据的印刷厂是否有严格的保密安全制度、所印制的票据是否符合铁道部规定的技术标准，有无违反铁道部批准印制的票种、式样、供应范围印制票据的行为。

3. 票据账实不符的处理

发现库存客货票据与票据账不符时（如系登账错误，应帮助纠正），应查明原因，编制稽查工作记录。多出时补登入账，短少时按票据事故处理，确因印刷错误的，报主管部门处理。

六、稽查工作记录和报告

（一）稽查工作记录

稽查工作终结后，应当编制稽查工作记录。

稽查工作记录，是指对被查单位某项工作稽查结束后，根据稽查结果形成的记录。内容包括：被查单位名称，稽查的时间、内容、结果，责任者姓名，处理意见。落款应注明稽查人员的派出单位名称，并有稽查人员签章。

稽查工作记录应当由被查单位负责人签认，拒绝签认的应当注明。

稽查工作记录由稽查人员编制一式三份，经被检查单位签认后，一份交被检查单位限期处理，一份留存，一份报铁路运输企业收入管理部门领导。必要时可增加份数，抄送有关部门。

稽查人员在稽查工作结束后，对查出的问题视性质、情节的轻重决定是否载入稽查工作记录。但遇有铁道部《关于违反铁路运输收入纪律的处罚规定》所规定的违纪行为，必须记入稽查工作记录。对违纪问题应提出处理意见，并要求被查单位在限期内作出处理，将处理结果和整改措施报上级收入管理部门和稽查人员的派出单位。

（二）稽查工作报告

对某个被查单位稽查工作或某一专项稽查工作结束后，应当向稽查人员所在单位领导提报稽查工作报告。

稽查工作报告要用事实和数据对被查单位的运输收入工作作出客观的评价，对查出的问题要有稽查工作记录和有关凭证、材料为依据，并提出处理意见和改进工作的建议。

第十章　铁路运输收入管理信息系统

第一节　铁路运输收入管理信息系统概述

现代社会进入信息时代后，计算机系统在科研工作、企业管理与社会管理中得到了广泛的应用，以计算机网络与数据库管理系统应用为特点的现代管理信息系统得到了飞速发展。

管理信息系统是依据系统观点、数学方法和计算机的应用而形成的一个由人和计算机等组成的能进行信息收集、传输、加工、保存、维护和使用的系统。管理信息系统在企业的应用和发展促使企业管理人员改变管理模式与方法，从繁琐的事务性工作中解脱出来，有更多的精力提高自身素质，提高管理质量，还能辅助企业主管或上级领导进行经营决策。

一、建立铁路运输收入管理信息系统的意义

铁路运输收入管理信息系统建立与实施是我国铁路运输企业管理信息化工作的重要组成部分，是适应国民经济发展，提升铁路运输企业管理水平的重要手段。

（一）国民经济信息化快速发展是铁路运输管理信息化发展的推动力

随着国际经济的发展和文化交流的增多，社会信息量的增长呈爆炸式趋势发展，世界进入到了信息时代，人们在20世亿90年代提出了信息高速公路的设想。信息高速公路的提出是现代社会生产力发展的必然要求，它的建设为社会带来了巨大的经济利益和社会福利，它的发展可以促进科学、文化和教育的协作和交流。信息高速公路的建立、发展成为衡量一个国家综合国力和文明发达的制高点。因此,我国政府十分重视国民经济信息化的战略思想，并且明确地提出国民经济的发展离不开信息化。

我国正在逐步建立现代化的信息网络，加快国民经济信息化过程，扩大电子信息技术在生产、管理、服务等领域的应用，努力解决交通、通信、商贸、财税、金融、保险、社会服务等领域的信息化、现代化。据统计，我国目前已有大型的应用信息库800多个，建立了中国分组数据公用网（CHINA PAC）和数字数据网（DDN)，大力推动三金（金卡、金桥和金关）工程。作为国民经济重要组成部门

的铁路运输企业必然要适应国民经济的信息化，铁路运输企业的信息化应该为整个社会的经济信息化做出贡献。

（二）铁路跨跃式发展使建设铁路的信息高速公路成为当务之急

为适应经济社会发展的要求，国家对铁路运输提出了更高的要求，高效率地整合和运用铁路运输资源成为铁路运输管理工作的重要工作。自 1997 年 4 月 1 日零时，中国铁路第一次大面积提速调图全面实施，拉开铁路提速的序幕以来，至 2009 年 4 月 18 日我国铁路先后进行了六次大提速。每一次提速不仅体现出加大铁路基础建设的投资结果，同时也体现出铁路运输管理信息化运用水平的提高。

为适应铁路跨跃式发展的要求，铁路运输企业不仅仅要在运输及安全管理方面实现信息化，同时还要在运营决策工作方面实现信息化。通过建设，我国铁路的信息高速公路能够全面地、快速地、准确地进行运营信息的传输和处理，为铁路运输企业的管理决策层提供决策信息。

（三）铁路运输收入管理信息化是加强铁路运输企业财务管理工作的客观要求

铁路运输收入管理信息系统是“铁路运输财务会计管理信息系统”的一个子系统，是铁路运输站段和收入管理部门对运输收入信息进行处理、汇总分析、全面监督审核管理的计算机应用系统。

铁路运输收入是铁路运输企业的销售收入，它具有政策性强、涉及面广、管理分散、时效性要求较高的特点。运输收入管理不仅要正确核计、核收运输收入，保证运输收入的完整，而且还必须对运输收入取得作详细的记录、全面的统计和科学的分析，为铁路运输企业的生产经营决策提供及时、准确、详尽的数据资料。

因此，应用计算机技术，建立运输收入管理信息系统，从而实现对运输收入的全方位管理成了改善运输收入管理的客观需要。

二、铁路运输收入管理信息系统的作用

通过铁路运输收入管理信息系统的运用，能够更好地完成铁路运输收入信息的采集、处理、上传，进款分析报告、客货票据的审核和运输收入的会计核算等工作，实现了运输收入进款的监控、客户账务管理和核查，以及铁路运输企业对站段运输收入票据的稽核、运输会计的核算职能，显著提高了运输收入管理和监督检查工作的效率和质量，符合铁道部有关运输收入管理的规定；规范了站段运输收入管理的作业程序，是运输收入管理实现信息化的有效手段。

（一）提高工作效率，减轻劳动强度

运输收入管理信息系统的建立，大量数据处理工作可以由计算机完成，运输收入管理人员可以从繁杂、单调的事务中解脱出来，有更多的时间和精力去提高业务质量和自身的业务素质，既减轻了劳动强度，又提高了工作效率。

（二）扩大审核范围，提高核算质量

运输收入票据审核是收入检查的重要内容，也是保证运输收入完整和收入会计核算的重要依据。运输收入管理信息系统的建立，可提高票据审核率，并能减少手工审核时难以避免的误差。铁路运输收入管理信息系统的建立，解决了手工会计核算中记账不规范、不统一等问题，提高了会计核算质量。

（三）加快信息流速，促进经营管理

运输收入管理信息系统的建立不仅能及时地记录、汇总和分析运输收入数据资料，而且通过网络系统的迅速传递，提高了收入信息的及时性、系统性、全面性和共享程度，有利于及时向管理决策层提供运输生产活动准确的信息。

（四）实现现代化管理，提高信息化水平

随着运输收入管理水平的逐渐提高，各种现代化的管理方法被运用于收入管理中，如目标管理、全面质量管理等。运输收入管理信息系统利用计算机存贮量大、运算速度快等特点，为各种现代化管理方法的应用提供所需的资料和手段，从而提高收入管理质量。

运输收入管理信息系统的建立与实施把收入管理人员从繁琐沉重的日常计算工作中解放出来，变事后反映为事前的预测和事中控制；变被动管理为积极调查货源、计算盈亏，参与运输生产组织决策；变决策过程中的定性分析为定量分析、系统分析、科学预测，实现运输收入管理现代化。

三、铁路运输收入管理信息系统的管理内容与结构

（一）铁路运输收入管理信息系统的管理内容

根据《铁路运输收入管理规程》的要求，铁路运输收入信息管理的内容包括以下几点：

1．信息及统计资料管理

铁路运输企业要建立完整的运输收入信息管理制度，指定专人负责运输收入管理及有关的各种生产指标、效率指标、效益指标等数据的搜集、分析、预测、存储、反馈工作，并及时向铁道部传递。

铁路运输企业每月对核算、结账完毕的有关铁路客货运输票据、报表，应均衡、分批、完整地向统计部门移交。各种发送货票、客票月报、代用票、区段票最后一批为次月 5 日，军运后付货票、代用票最后一批为次月 7 日，遇法定公休日顺延。统计部门对统计完毕的客货运输票据、报表，应保证不丢失、不短少、不混杂，按票据种类、发站装订成册并及时返回发送收入管理部门。

2. 计算机管理

各铁路运输企业的收入管理部门及站、段，均应建立计算机管理制度。

各铁路运输企业收入管理部门，必须使用铁道部统一推广的计算机操作系统和通用应用软件；要根据客货运规章的变化，及时维护和修改应用软件参数，保证审核工作的正确性和运输收入的完整性。收入管理部门更改设备，必须符合铁道部规定的运输收入信息管理的要求。

各铁路运输企业使用的客、货计算机售票、制票等软件，必须为运输收入管理部门提供标准的信息接口。其软件中涉及运输收入管理的部分必须符合本规程的要求，以保证全部资金的正确分类核算与解缴、债权债务的正确结算、逐级正确编报运输收入报表。

（二）铁路运输收入管理信息系统的结构

根据《铁路运输收入管理规程》的要求，铁路运输收入管理信息系统应能完成铁路运输客货票据管理、运输收入进款管理、运输收入的监督检查、运输收入会计的核算、运输收入的统计分析、运输收入预算管理等信息处理工作。基于上述要求，铁路运输收入管理信息系统主要由运输收入进款和票据报表管理、运输收入会计核算、运输收入统计分析和运输收入预算管理构成。其中运输收入进款和票据报表管理主要由站段运输收入管理信息系统（也称进款管理子系统）、客票核算分析子系统、货票核算分析子系统、收入报表管理子系统等系统构成，其主要功能是完成运输收入进款和运输收入票据、报表的管理；运输收入会计核算系统的主要功能是完成运输收入的会计核算工作。本书将对运输收入进款和票据报表管理系统、运输收入会计核算系统做重点介绍，而对运输收入统计分析系统和运输收入预算管理系统则不做讲解。

铁路运输收入管理信息系统模块结构如图 10.1 所示。

四、铁路运输收入管理信息系统的发展

目前，铁路运输收入管理信息系统已经广泛地应用到站段和铁路运输收入管理工作，各铁路运输企业均根据自己的实际情况独立开发或合作开发出适合本企业实际工作要求的管理信息系统。随着铁路运输企业信息化的进一步提高，必将使用通用化更高，全面覆盖收入管理业务，具有统一数据平台的管理信息系统。

铁路运输收入管理信息系统需进一步重点发展的内容有：

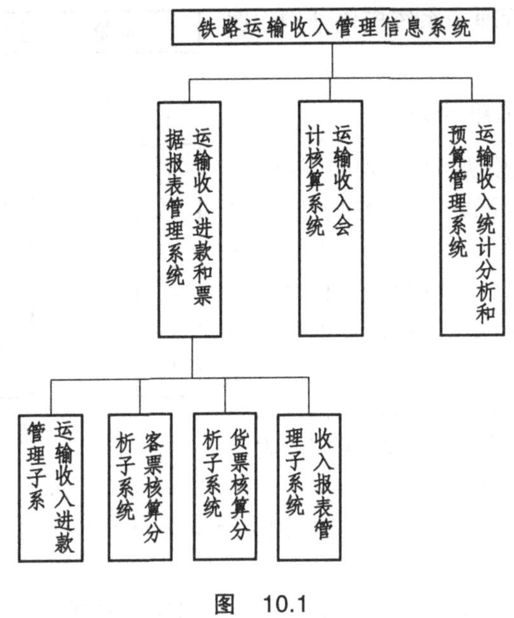

图　10.1

1. 运输收入预测，预算管理子系统

科学地预测收入目标，合理编制运输收入预算并根据市场的要求及时地提出调整方案是铁路运输企业适应市场变化的重要工作内容。建立并完善运输收入预测、预算管理子系统是铁路运输收入管理信息系统的重要发展内容之一。

2. 运输收入分析子系统

运输收入分析工作是运输收入管理的重要环节。搞好运输收入分析，对促进铁路运输业的发展，促进增运增收，不断提高铁路运输业的社会效益和经济效益都有着积极作用。因此，开发研制运输收入分析子系统是进一步完善收入管理信息系统的又一重点。

第二节 铁路运输收入进款和票据报表管理系统

一、运输收入进款管理系统

铁路运输收入进款管理系统是应用于站段收入会计管理的应用软件系统。通过该系统的运用，能够完成运输收入进款的记账、交接、上报管理。该系统划分为银行日记账管理、进款交接单管理和银行辅助账管理等三个主要模块。

运输收入进款管理子系统模块结构如图10.2所示。

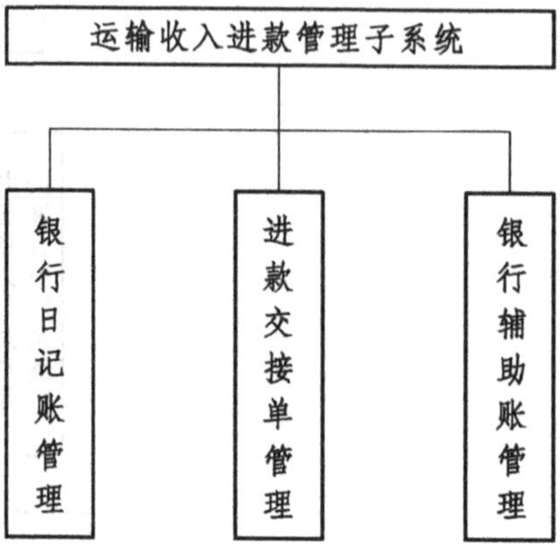

运输收入进款管理子系统
银行日记账管理
进款交接单管理
银行辅助账管理

图 10.2

（一）银行日记账管理

银行日记账管理模块可以实现如下功能：

（1）将银行的存汇款回单分别按收、付款凭证逐一录入，录入后可采用多种模式对数据进行查询和修改，形成原始银行日记账的数据母表，最终生成可打印出标准格式的本账户银行日记账。

（2）根据银行日记账的原始数据及已生成的运输进款收支报告，可生成相应的附表和银行流转额表，并打印报表。

（3）根据银行日记账的原始数据及银行流转额表可形成月末银行未入账款明细表并打印出该报表。

（4）根据银行流转额表通过分笔录入、总数校验的方式形成月末未送存款清单，并打印出清单。

（5）可生成打印上缴款明细表。

（二）进款交接单管理

进款交接单管理模块可以实现如下功能：

（1）每日将各单位提报的票据进款交接单，按实际进款日期统一编号逐一录入，形成原始的票据进款交接单数据母表。录入后可采用多种模式对数据进行查询和修改。

（2）根据票据进款交接单的原始数据按旬生成相应的运输进款收支报告，并打印该报表。

（3）根据进款出纳员生成的各旬运输进款收支报告附表，生成、打印月度银行流转额表。

（4）根据银行流转额表和进款出纳员录入的数据，打印月末未送存款清单。

（5）可形成月末银行未入账款明细表并打印出该报表。

（6）生成符合要求的上报数据并上传至上级审核部门服务器。

（7）增加新委存站时，录入银行流转额表初值。

（8）每月进行一次数据清理操作。

（三）银行辅助账管理

银行辅助账管理模块可以实现如下功能：

(1) 将各单位发生后提报的预付款存入及抵用、欠补款报告、多少缴款等凭证按先后发生的时间顺序和实际编号逐张录入，形成银行辅助账原始数据母表。录入后可采用多种模式对已存在的各种凭证进行查询和修改。

(2) 根据银行辅助账原始数据按月生成相应的分户银行辅助账，并打印该账表。

(3) 根据银行辅助账，生成、打印出月度各相应的余额明细表。

(4) 增加新单位时，录入辅助账余额初值。

二、货票核算分析子系统

货票核算分析子系统是收入会计管理部门进行货票核算分析的应用软件系统。收入管理部门通过网络或其他数据传输形式，将各站段货票数据输入该系统，通过对系统的运用完成货票票据的查询、审核、报表统计分析处理。

货票核算分析子系统模块结构如图 10.3 所示。

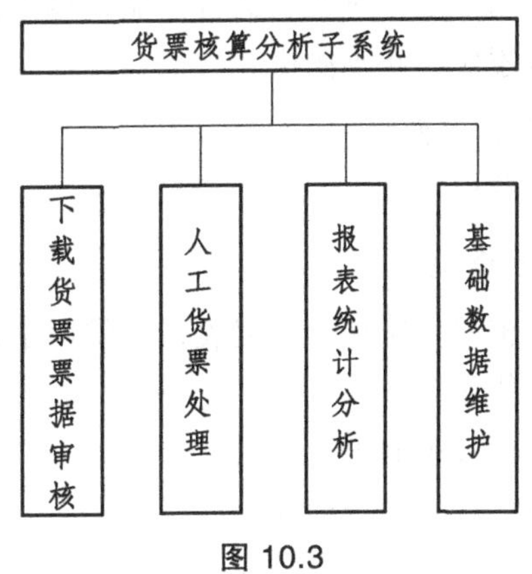

图 10.3

该系统由下载货票票据审核、人工货票处理、报表统计分析和基础数据维护等四个模块组成。

（一）下载货票票据审核模块

下载货票票据审核模块具体包括以下功能：

1. 货票数据下载模块

数据下载是将车站通过网络上传到铁路运输企业收入管理部门电算中心服务器上的电子货票数据下载到本地目录，供核算系统入库、核算使用。

2. 货票数据入库模块

把下载的货票数据导入原始票据库，供票据核算使用。

3. 货票票据审核模块

主要是对车站上报的货票电子资料信息，按照收入审核的有关规章和规程要求，重新计算相关费用，并将核算后的结果与上报内容进行比较，将核算的结果与上报不一致的票据信息存入核算信息库内，供审核人员查询使用。

4. 生成票据整理报告模块

对货票电子票据信息经过核算后，生成票据整理报告，直接将核算后的结果按费用进行分项汇总，以便核算人员进行票据整理报告的审核对照。

（二）人工货票处理模块

人工货票处理模块具体包括以下两项功能：

1. 补录货票票据模块

通过日期和车站查找到票组，对票组进行添加、删除操作；通过票组查询到指定的票据，对票据进行添加、修改操作。

2. 货票审核错误票据查询模块

查询历史票据的错误票据信息。

（三）报表统计分析模块

该模块主要通过生成相关的统计分析报表，提供用于运输收入货票数据的统计分析工作报表，主要功能如下：

（1）货票数据统计分析报表的生成模块；

（2）货票数据统计分析报表的查询模块；

（3）货票数据统计分析报表的打印模块。

（四）基础数据维护

该模块的功能是设置货票数据传输、管理、维护的各项基础数据参数，操作人员及权限设置，相关报表格式和输出设置等。

三、客票核算分析子系统

客票核算分析子系统是收入会计管理部门进行客票核算分析的应用软件系统。收入管理部门按照相关的规定对软纸票据、电子票据进行审核与复审，以生成相关报表。客票核算分析子系统模块结构如图 10.4 所示。

客票核算分析子系统功能共分三大部分：

（一）客票票据审核模块

客票票据审核包括软纸票据审核、电子及软纸票据复审和票据整理报告处理。软件纸票据的审核包括对有计费语言的票种做单一审核功能，对无计费语言的定额票据、常备票据进行审核。

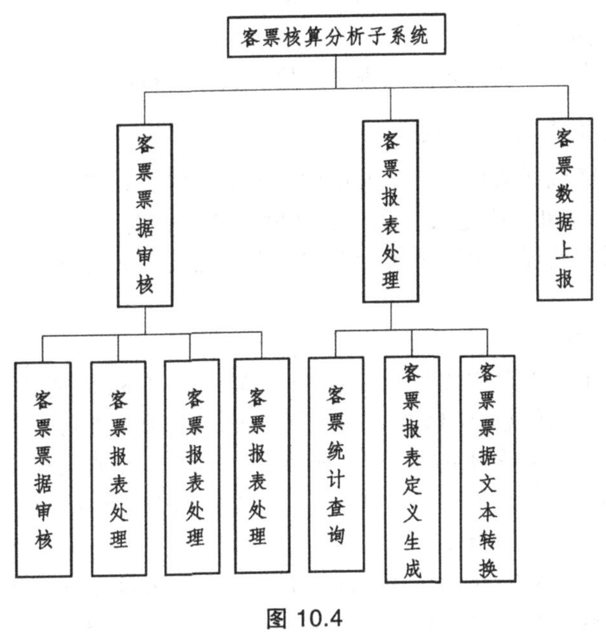

图 10.4

1．软纸票据审核

软纸票据审核功能是对有计费语言的票种、无计费语言的定额票据、常备票据、分车次票据整理报告的数据进行维护及审核。

（1）待审软纸票据整理报告数据录入。待审的有计费语言的票种、定额票据、常备票据和分车次的软纸票据整理报告。新的票据整理报告的录入内容包括录入新的票据整理报告票符、票号，以及该票据整理报告的其他信息；分车次票据整理报告录入是对分车次信息处理的补录，实现会计与车次统计的一致，具体方法是根据分车次票据整理报告的项目定义分车次录入票据整理报告。

（2）软纸票据审核。根据有关铁路运输收入规程的要求对软纸票据的内容进行合规性和正确性的审核，具体方法是选择被审软纸票据审核功能。

（3）软纸票据浏览。可对软纸票据执行浏览和查询特价线费用操作。

2．电子票据复审

电子票据简审模块对电子客票存根数据进行有效性检查，如果正确入库，并对费用拆分形成票据整理报告文件、特价线文件。

检查主要包括，首记录是否与正文记录信息一致（如果不一致，则数据不能入库；但如果在维护参数中设定了“数据有错仍可入库”选项，则可入库）；客票存根数据是否是本月数据。

3. 软纸票据复审

软纸票据复审功能是用户对不同格式的软纸票据进行审核。

4. 票据整理报告处理

票据整理报告处理功能是对票据整理报告数据进行维护。

（二）客票报表处理模块

客票报表处理包括信息统计、通用信息查询、报表处理和票据及票据整理报告转换。 报表处理可对固定报表和自定义报表进行生成、修改、打印、转换文本等工作。客票报表处理包括数据统计查询、报表定义生成处理和票据文本转换等功能。

1. 客票统计查询

客票统计查询功能可完成客票数据统计、辅助定义 SQL 通用查询、固定报表生成和客票统计数据信息导出等。其中固定报表的生成功能可多次操作并生成文本文件，用户可对文件名调整后上报；辅助定义 SQL 通用查询能通过确定查询字段、排序方式和查询条件生成 SQL 语句，实现统计信息生成。

2. 客票报表定义生成处理

客票报表处理的功能是通过 Execl 自定义报表，并在单元格中使用本系统提供的函数提取数据，再结合 Execl 原有的函数公式进行计算。报表分固定报表和自定义报表两种：固定报表只需定义报表格式，不需书写取数公式；自定义报表必须书写取数公式。报表定义分两部分，即报表摘要定义和报表设计。

3. 客票票据文本转换

客票票据文本转换主要是完成软纸客票及相应票据整理报告文本导出工作。

票据整理报告和票据转出文本文件存放在指定目录下，导出有两种形式：分单位、票种按日期导出形式和按票种、单位及日期合并导出形式。票据整理报告文件命名规则为：“cs4+年月.局电报码”；票据文件命名规则为：“年月.局电报码”。

（三）客票数据上报模块

客票数据上报是根据参数设置执行数据分类转输功能。

客票核算分析子系统的工作流程是：

1. 客票票据审核

电子票复审：电子票据取回→数据解压缩→查看取回结果→电子票据复审→

电子票据整理报告与书面票据整理报告对照。

软纸票据复审：软纸票据取回→软纸票据复审→电子票据整理报告与书面票据整理报告对照。

软纸票据审核：软纸票据录入修改定额票据、常备票据、分车次票据整理报告录入→机器形成票据整理报告与书面票据整理报告对照。

2. 票据整理报告报表数据处理

电子票据整理报告报表导入→旬电子票据整理报告报表与旬书面票据整理报告报表对照→票据整理报告报表导出到报表系统。

3. 统计汇总

客票数据统计→统计结果与报表系统处理结果对照→信息查询→形成固定报表。

4. 报表处理

报表生成→报表修改→报表预览打印。

5. 票据转换

文本转换→上传统计部门。

四、铁路运输收入报表子系统

铁路运输收入报表子系统，是收入会计管理部门通过取得各类基础数据，并对其审核后，定义生成运输进款收支报告、运输收入科目平衡表等相关报表的系统。

铁路运输收入报表子系统模块结构如图 10.5 所示。

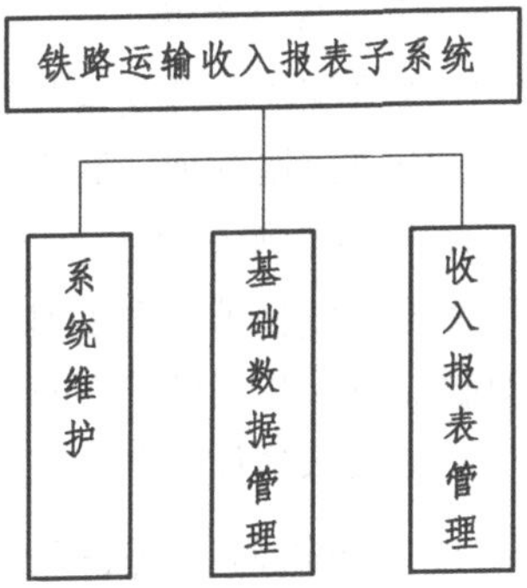

铁路运输收入报表子系统

系统维护

基础数据管理

收入报表管理

图 10.5

铁路运输收入报表子系统功能分三大部分：

1. 系统维护模块

系统维护模块主要是对报表系统的用户数据及权限、系统数据字典等数据进行维护。其中系统数据字典主要包括：车站数据、段管范围数据、票据整理报告科目数据等。

2. 基础数据管理模块

基础数据管理模块主要是对票据整理报告数据进行处理，包括票据整理报告数据的导入、录入查询等待功能。

3. 报表管理模块

报表管理模块主要是根据用户定义报表，把票据整理报告数据、或者录入的数据，生成对应的报表数据。

第三节　铁路运输收入会计核算系统

一、运输收入会计核算系统的内容

铁路运输收入会计核算系统是应用于铁道部、铁路运输企业收入会计管理的应用软件系统。通过该系统的运用，能够完成运输收入会计的账簿管理和会计报表管理。

整个系统划分为六个模块，具体有：

1. 科目管理模块

完成有关科目账的管理，包括建立、查询、审核、结转、打印等功能。

2. 凭证处理模块

用于有关凭证的管理，包括凭证录入或自动生成、查询、修改、平衡检查、打印输出及记账等。

3. 账簿管理模块

完成各种账簿，包括日记账、明细账、总账的打印。

4. 报表处理模块

完成各种财务报表工作，如报表数据形成、报表转换和各种报表查询、修改、汇总、计算、审核、“化万元”、改变属性和打印输出等。

5. 系统管理模块

完成系统的各种安全性管理、性能调整、参数设置等，包括历史和当前数据转换、历史数据查询、数据备份与恢复、用户管理、系统参数设置等功能。

6. 字典管理模块

主要完成各种字典的维护，包括科目字典、科目摘要字典、凭证摘要字典、自动制证目录和来源等各种字典的输入、转换、维护等功能。

运输收入会计核算系统模块结构如图 10.6 所示。

二、运输收入会计核算系统的模块功能

（一）科目管理模块

1. 科目账建立模块

通过手工输入科目账的各明细科目期初结余和累计借贷发生额，自动生成全部非明细科目的相应金额，建立全部科目账的初始数据，供后续工作使用。

2. 科目账审核模块

从期初结余、本期借贷发生额、期末结余三个方向，按月审核具有上下级关

系的科目金额是否相符，借贷是否平衡，资金来源和资金占用是否相等，以确定科目账是否有误。

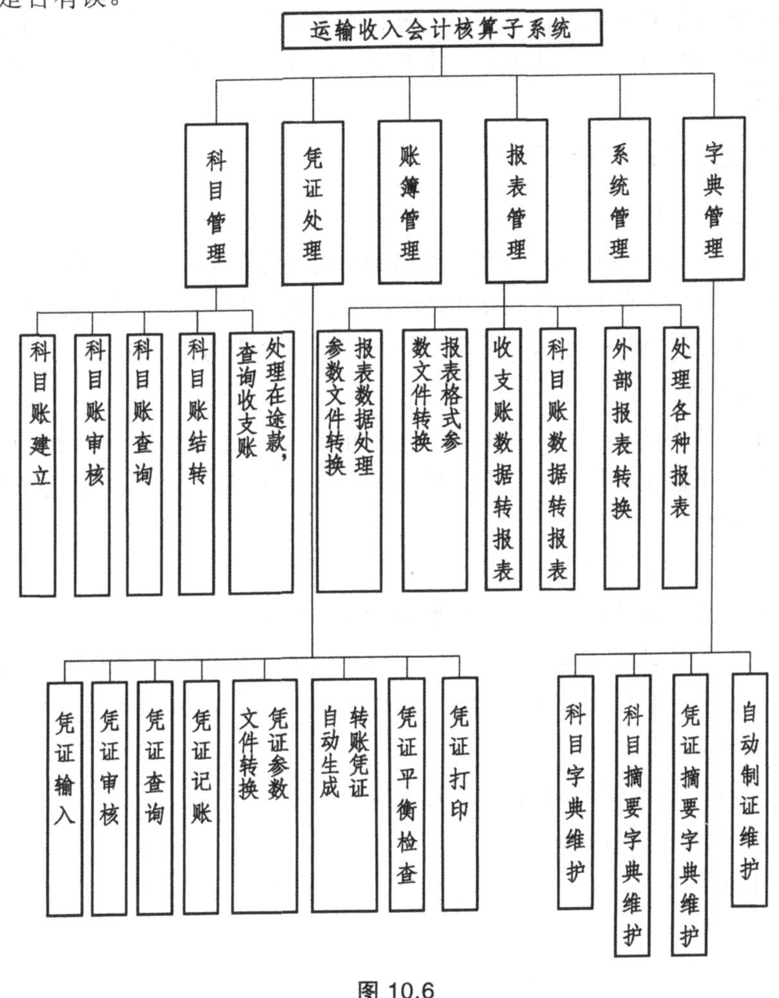

图 10.6

3. 科目账查询模块

按月查询任意科目及其下属科目金额的期初结余，本期借贷发生额和期末结余，是科目账的综合查询。

4. 科目账结转模块

将每月科目账中各科目的期末余额结余转入下月，可以连续数月结转，也可以重复结转，结转工作必须每月都做。年终结转前，全年的会计账表必须全部完成，然后结转，此时将原来的数据库文件名做修改，并生成新一年的数据库文件。

5. 处理在途款，查询收支账模块

当输入收支账明细科目码时，显示该科目本月收支金额，并要求输入本月在途款，然后形成所有上级科目本月在途款；当输入收支账非明细科目码时，显示该科目及其下属科目的本月在途款、本月进款、收进上月在途款、本月付款，用以查询收支。

（二）凭证处理模块

1. 凭证输入模块

分收款、付款和转账三种类型，将原始数据按凭证格式输入。输入明细科目金额后，自动生成所有上级科目及其金额，凭证号按月自动顺序生成，可以修改，能够查出并杜绝凭证重复输入，并可以制止借贷不平衡的凭证输入。

2. 凭证审核模块

由凭证审核人员对已经输入的凭证进行正确性、合法性、合规性的审核。对审核无误的凭证做审核标志。只有审核无误的凭证才能用以记账。已经记账的凭证不能取消审核。

3. 凭证查询修改模块

可以分收款、付款和转账三种类型查询任何凭证。

对已输入的凭证做正确性修改，一般是由输入人员修改本人所编凭证，审核后的凭证只有取消审核后才能修改。

4. 凭证记账模块

对已经审核无误的凭证做记账处理。

5. 凭证参数文件转换模块

把人工编辑的能自动生成的转账凭证目录和数据来源参数文件，转换成程序处理所需要的形式。

6. 转账凭证自动生成模块

根据参数文件的定义，将银行收支账、明细科目账及各种报表的有关数据自动制成相关的各个转账凭证。

7. 凭证平衡检查模块

分收付款和转账两种类型，以月为单位随时检查全部凭证是否借贷平衡，对于收付款类型，能显示银行存款的月初结余，本月借贷发生额和当前结余。

8. 凭证打印模块

打印输出符合会计规则的收款、付款和转账凭证。

（三）账簿管理模块

打印输出符合会计规则的银行收/支日记账、总账及各级明细账。

（四）报表管理模块

1. 报表数据处理参数文件转换模块

把人工编辑的用于报表数据处理的参数文件，转换成程序处理所需要的形式。

2. 报表格式参数文件转换模块

把人工编辑的报表格式定义成参数文件，转换成程序处理所需要的形式。

3. 收支账数据转报表模块

将每月收支账数据从数据库中取出，形成报表处理需要的文件形式。

4. 科目账数据转报表模块

将每季科目账数据从数据库中取出，形成报表处理需要的文件形式。

5. 外部报表转换模块

将其他软件形成或人工编辑的各种文本文件，转换成本系统报表处理程序要求的无格式相对文件，这是与其他系统的接口。

6. 处理各种报表模块

根据参数文件的定义，对报表进行各种处理，主要功能如下：

(1) 收集数据。根据参数文件定义的数据来源，从上期报表、收支账、科目账及其他报表中将有关数据取出，直接或计算后存入本报表相应位置。

(2) 报表修改。分按行修改和按栏修改两种方式，指定本报表的任意数据项进行录入或修改。

(3) 报表计算。根据参数文件定义的计算公式，在本报表内取出若干数据进行计算，结果放入报表的相应位置。

(4) 报表审核。根据参数文件定义的审核关系，分表内审核和表间审核两种方式，对本报表内数据之间的关系、本报表与其他报表数据之间的关系进行正确性检查。

(5) 报表汇总。对各单位或临管线报表进行汇总，形成本报表数据文件。

(6) 报表计算单位转换及平衡。根据参数文件定义的转换单位，对报表的全部或部分数据进行计算单位转换，并保待报表内部及报表之间的平衡关系。

(7) 报表查询。分按行修改和按栏修改两种方式，查询本报表中的任意一批数据。

(8) 报表打印。根据参数文件的定义，将一个报表或若干报表合并为一个报表后的数据，按照报表打印要求的形式形成并打印输出。

(9) 修改报表属性。随时通过“报表封存”将报表文件改为“只读”状态，不允许修改；或通过“报表启封”将报表文件改为“读写”状态，允许修改。

（五）系统管理模块

1. 用户管理

管理用户信息，主要包括用户的用户名、密码和权限。管理员可以添加新用户并对用户进行权限设置。为满足财务制度的要求，用户管理提供了完全的身份检查机制。身份检查主要是通过用户及其权限实现的。使用系统的人员必需在进入系统前注册，向系统说明自己的合法身份，系统验明无误后方准进入。之后在进入每个具体功能时，系统都要进一步检查该用户是否具有使用该功能的权限。

系统初始化时生成一个 system 用户，该用户没有口令，而且只具有用户管理权限。系统初始化完成后，管理者应为该用户增加口令，并为每个合法人员建立用户并分配权限，这些都要通过用户管理实现。

2. 修改用户参数

修改调节系统运行的参数，主要包括记账年度、记账单位、收付款凭证每张打印行数等。

3. 等待修改账簿格式

修改各种栏式日记账、明细账、总账每页的行和列数。程序内部设定所有账簿均以 US 标准打印纸打印，如果变更纸张大小、打印比例，需修改每页的行列数，来适应新的纸张规格。

4. 等待数据备份

备份当前库中数据。由于本系统使用客户机/服务器方式，数据存于后台的 ORACLE 数据库中，对前台用户是不可见的。虽然服务器一般都采用双机热备等措施保护数据，避免意外事件的侵害，但仍有造成数据损坏的可能，比如因用户误操作删除了数据等，因而，用户往往希望能将数据保存到自己的介质上，如本地硬盘、软盘、磁带等。

数据备份功能的作用即是将当前库中数据以文本文件的形式转储到本地硬盘上，用户可以使用操作系统的拷贝、备份等命令再将其移动到其他介质上。备份出来的数据可以通过数据恢复功能恢复到后台数据库中。

5. 等待数据恢复

恢复使用数据备份功能备份出来的数据。

6. 过期数据转入历史库

历史库用来存放所有过期数据，包括科目字典、科目账、凭证等。使用历史库的目的是为了减小当前库的数据量，以提高检索速度，缩短处理时间。通常建议当前库中只保留近两年的数据，将以前的数据都转储到历史库中。

7. 历史数据转入当前库

通过当前数据转入历史库功能转到历史库中的数据，如需修改，可以通过本功能转回当前库。

8. 删除历史数据

删除历史库中的数据。这是通过程序清理数据的唯一方法。

（六）字典管理模块

1. 科目字典维护

维护科目字典。考虑到每年的科目可能有所变化，科目字典是按年存放的，即每年一个科目字典，因而，维护时也是按年维护的。

2. 科目摘要字典维护

输入凭证时，每个科目都要输入摘要，而同一科目出现时，摘要常常是相同的。为加快输入速度，程序将“记住”每个科目使用过的摘要，在再次输入该科目时自动弹出，供用户选择。该字典即用来存储每个科目用过的凭证摘要，通常情况下，它是由程序自动维护的，但如果您闲着没事儿，也可以自己维护。

3. 凭证摘要字典维护

输入凭证时，每个科目都要输入摘要，摘要通常是汉字形式的。为加快输入速度，可以为常用摘要建立简码，该字典即是摘要简码字典。

4. 自动制证维护

自动制证是指根据用户指定的方法，从已有的科目账、数据报表中抽取数据，自动制作一些相对固定的转账凭证。自动制证的目的是减少输入量，避免重复劳动。自动制证维护包括自动凭证的定义与自动凭证的生成。

参考资料

[1] 铁路运输收入管理规程. 中华人民共和国铁道部命令第 24 号.

[2] 铁路运输进款清算办法. 中华人民共和国铁道部铁财[2005]16 号.

[3] 铁路运输收入会计核算规则. 中华人民共和国铁道部铁财[2005]238 号.

[4] 铁路运输收入票据管理工作规则. 中华人民共和国铁道部铁财[2006]38 号.

[5] 铁路运输收入稽查工作规则. 中华人民共和国铁道部铁财[2006]91 号.

[6] 铁路运输收入审核工作规则. 中华人民共和国铁道部铁财[2008]47 号.

[7] 铁路企业全面预算管理办法. 中华人民共和国铁道部铁财[2009]63 号.